Gerhard Dallmann

Brücke, Boot und Bienenhaus

Gerhard Dallmann

Brücke, Boot und Bienenhaus

Ein Ferienerlebnis

Evangelische Verlagsanstalt Berlin

ISBN 3-374-00429-6

2. Auflage 1989
Lizenz 420.205-107-89. LSV 6530. H 5458
Illustrationen, Schutzumschlag und Einband: Fred Westphal
Printed in the German Democratic Republic
Druck: Graphischer Betrieb Jütte, Leipzig
00620

1

Aus einem blumenumrankten Haus an dem Weg, der die Haffdörfer miteinander verbindet, traten zwei Jungen auf die Straße. Abenteuerlust funkelte in ihren Gesichtern, und der kleinere von ihnen klatschte ein übers andre Mal in die Hände – er zählte noch nicht ganz elf Jahre, ein Kerlchen mit listigen Augen und blonden, struppsigen Haaren, die kein Kamm hätte zähmen können. Trotz des hitzeverheißenden Sommermorgens hatte er sich in einen irrsinnig dicken Wollpullover gestopft. Wozu nur? Die Füße steckten in Tennisschuhen, echt neu. Auf denen hätte er wohl zu gern gehüpft oder Salto mortale geschossen, um die Freude über das bevorstehende Erlebnis loszuwerden, wäre da nicht der Seesack gewesen, ein riesengroßer Seesack, der ihn daran hinderte. Tapfer hatte er ihn zu schleppen, diesen proppenvoll gepreßten Sack, voll von allerlei Krimskrams wie Zahnbürste, Seifenpott, Wäsche, Zusatzwäsche, Reservezusatzwäsche, Ersatzreservezusatzwäsche ...

Und dieser gewaltige Apparat bammelte dem Kleinen an viel zu langem Riemen von der viel zu schmalen Schulter herab auf den Rücken und bauzte beim Gehen mal in die Kniekehlen, mal in den Podex oder schleifte auf der Erde.

Sein Bruder, wohl um einen Kopf größer, sah dagegen manierlicher aus. Ein blauer Kammstiel schaute aus der Gesäßtasche und verriet ein klein Stücklein Kultur und Anstandswillen. Auch er trug knallweiße Tennisschuhe an den Füßen. Seinen Kopf aber krönte eine blaue Tuchmütze mit Schirm, eine echte Kapitänsmütze. Diese, behauptete er, stünde ihm als Kapitän der ALRAUNE einfach zu. Auch er balgte sich mit einem fürchterlichen Seesackungeheuer herum.

Nur zwang er ihn besser, waren doch seine Beinmuskeln schon fast männlich wulstig und nicht so streichholzstöckig wie die seines Brüderleins. Was aber schleppte er mit sich? Leicht verrieten das die durchdrückenden Kanten und Ecken der Konserven, der Flaschen, des Eingemachten ... Mama hatte ausdrücklich gesagt: das muß sein, mein Kind, das muß sein, das braucht jeder, der eine Seereise tut. Zudem hatte Vater schon Tage vorher all das auf einer langen Liste vornotiert, was die beiden Jungen mitnehmen sollten. Und weil Vater darauf bestanden hatte, da hatte eben gestern abend beim Packen alles in die Seesäcke hineingemußt, alles: der Kleinkram bei dem Kleinen, der Großkram bei dem Großen.

Nun, da sie auf der Straße waren, klopfte er dem Stips auf die Schulter und jubelte mit erlöstem Herzen:

„Fidibus, Mensch, jetzt hält uns keiner mehr. Keiner! Jetzt stehn wir auf eignen Füßen!“

Und Fidibus stöhnte das befreiteste Ja seines ganzen Lebens.

Einen letzten Blick noch warfen sie zum Fenster hinauf, dorthin, wo Mutter hinter der Gardine sich Gedanken über Gedanken machen wird und ... Richtig, natürlich – wie konnte es auch anders sein! Mutter steckte ihren Kopf halslang hinaus und rief ihnen noch mal und abernochmal ihre alte, riesengroße Sorge nach:

„Eckart, bitte! Wage nicht zuviel!“

„Nein, Mama.“

„Bleib immer hübsch in Ufernähe, falls ihr untergeht! Denk mir an den Kleinen!“

„Ja, Mama.“

„Und bei Seekrankheit nimm die Tabletten!“

„Ja, Mama.“

„Und erkältet euch nicht!“

„Nein, Mama.“

„Und wenn ihr angekommen seid, schreibt sofort!“

„Ja-ha, Mama. Tschüs!“

„Und wie es Oma geht . . .“
„Tschühüs!“ schrie Eckart in die Luft, riß seinen Bruder am Arm und zog ihn rasch mit sich fort. „Komm bloß, Fidi, sonst kriegen wir es schriftlich.“
„Ja“, stöhnte der Kleine unter der Last.
„Mutti macht sich unnötig Gedanken.“
„Ja, immer.“
„Muttis müssen sich immer ihre Gedanken machen, dafür sind sie Muttis. Das steckt so im Blut.“
„Finde ich aber Quatsch.“
„Klar. Wir sind doch keine kleinen Windelkinder mehr, oder?“
„Nee-hee“, ächzte der Kleine. „Trotzdem, dieses Lausedings ist schwer.“
„Durchhalten, Fidi, wir sind Männer.“

Noch fühlten sie Mutters Blick im Nacken. Als sie aber um die Ecke in die Grabenstraße bogen, die zum Wasser hinabführt, gönnten sie sich ein Verschnaufen.
Da standen sie nun und prusteten und grinsten, einer immer heiterer als der andere.
An der Tür seiner Segelmacherei lehnte ein welt- und seebereister Mann. Dieser war den großen und kleinen Fahrensleuten wegen seiner tausend spannenden Erzählchen wohlbekannt. Als der die beiden kommen sah, wie sie sich schleppten, vornübergebeugt wie Schauerleute auf alten Kohlendampfern, nickköppte er vor sich hin. Wußte er doch zu gut, welch Geheimnis in ihren Adern trieb. Haffwasser, sagte er zu sich, ist Seewasser. Und wer einmal Seewasser geschlürft hat, den wird es immer wieder hinausziehen, auf die Flüsse, auf die Seen, auf die Ozeane, in die große, weite Welt. Das war vor Jahrhunderten so, das war gestern so. Das wird immer so sein, dachte der alte Mann und blinzelte.

Darum redete er auch mit ihnen, wie man mit echten Seemännern zu reden hat. Denn wer mit Mütz und Seesack durch die Gegend schiebt, der will zu seinem Schiff und mit dem Schiff auf den Ozean.

„Na, Seeleute?“ unkte er. „Nach Kap Hoorn?“

„Nee, bloß nach Honululu, zu Oma“, bekam er zur Antwort.

„Da fahrt ihr doch besser mit der Bahn.“

„Wir sind doch nicht blöde! Mit der Bahn! Hahaha!“ rief Eckart und faßte sich an den Kopf.

„Das fehlt noch“, gab Fidibus eins drauf. „Mit der Jolle sind wir viel eher da!“ Und rackelte tapfer sein Gepäck in die Höhe.

„Nananaaa!“ Warnend zog der alte Segelmacher die Silben in die Länge. „Das sagt sich so leicht. Wenn's aber um Kap Hoorn herumgehen soll . . .“ Er hob den Finger und wackelte mit ihm, wie eine Kompaßnadel zappelt. „Kap Hoorn kann's überall mal geben, Jungs. Paßt Achtung!“ Und er sagte das mit einem weisen, prophetischen Blick, so, als wollte er kommende Ereignisse bereits vorausgesehen haben.

Die Jungen aber lachten: „Na und?“

„Und“, fuhr der Alte fort, „paßt mir auf die Walfische auf. Die fressen lütte Gören und kniepen ihnen in den Mors.“

„Denen bändseln wir das Maulwerk zu. In zehn Jahren sind wir wieder zurück, topp!“

„Wenn ich dann noch lebe“, lächelte der Alte. „Nun geht schon und verquackelt nicht die schöne Zeit!“

Lachend zogen sie weiter.

Nicht aufhalten lassen jetzt. An Bord, an Bord, an Bord und Leinen los! Und Segel gesetzt! Und ab in die Ferien!

„Ahoi!“ riefen sie – und ahoi flüsterte der Alte und dachte bei sich selbst: Nicht kleinzukriegen sind sie. Na ja, uns hätte man damals auch nicht an die Leine legen dürfen. Selbst Eisenketten hätten wir zerbissen.

Die beiden gelangten auf das Gelände des Yachthafens. Auf dem Steg, an dem unter schattenwerfenden Bäumen die Alraune schlummerte, warfen sie ihr Gepäck ab. Endlich! Und reckten und dehnten die verbogenen Glieder mit Achundwehgestöhne, damit wieder alles in die vorgegebene Ordnung geraten konnte und die Gelenke richtig einschnappten – rechter Arm oben rechts, linkes Bein unten links. Der Kleine pellte sich aus seinem Wollgehäuse, denn er schwitzte wie eine frische Dampfnudel. Dann spuckte er ins Wasser und sagte: „So!“

Sie waren angelangt.

Die Alraune gehörte zum Bootstyp Pirat, eine Jolle aus wunderschönem, naturgelacktem Mahagoniholz, und war Eigentum des Vaters. Der hatte – gewissermaßen als Belohnung für ihren Schulfleiß – erstmalig eine kleine Segelfahrt über ein paar Tage gestattet. Daß unterwegs nichts Böses passieren darf und wird, hatte der Große mit hochheiligem Ehrenwort und mit Herzblut unterschreiben müssen, der Mutter mit einem Küßchen auf die Wange, dem Vater mit mannhaftem Blick in die Augen.

Immerhin hatte es doch Wochen gedauert, bis die Eltern dem Drängen der Jungen nachgegeben hatten, und das auch nur durch einen Umstand, der die Waagschale der Entscheidung schließlich auf Ja senkte: sie, die Eltern selbst, hatten eine Dienstreise anzutreten und wollten die Jungen nur ungern allein im Haus lassen. Sie zünden uns die vier Wände an, und sie waschen sich nicht, sagte der Vater, und die Mutter sagte: sie verhungern mir. Darum war es schon besser, sie fuhren zur Großmutter nach Wolgast. Und was das Segeln betraf, meinte der Vater seinen Ältesten in einem verläßlichen Alter zu wissen. Wer also wollte zimperlich sein? Sollen sie sich einmal beweisen, die Kinder!

Nun war die Stunde gekommen. Eckart verstaute, was zu verstauen war: Flaschen, Konserven, Eingemachtes . . . Die

Wäsche samt Zusatzwäsche, samt Reserve- und Ersatzwäsche flog ins Vorschiff und wurde, zusammengepreßt in ihrem Behältnis, sicherheitshalber noch mit dem Fuß nachgeschoben. Drin! Peng! Darauf schlug er die Segel an, zog die Leinen durch die Decksaugen und schrie endlich das langersehnte: „Fidibus! Schmeiß die Festmachenden los, wir zischen ab."
Heia, war das ein Kommando! Losgelöst aus ihrer Vertäuung, drehte sich die ALRAUNE sacht im freien Wasser, zog in die Mitte des Stroms, weg vom Ufer – weg, weg, weg, weiter, immer weiter ...
Da legte Eckart die Finger an die Mütze und grüßte das zurückbleibende Land, ehrfürchtig wie ein hundertjähriger, achtbarer Hochseekapitän grüßt ... und der Kleine spuckte über Bord und sagte: das bleibt hier ... und das schwarze Rund des Schloßturms linste aus den Baumwipfeln hervor und krönte bald die Silhouette der alten Herzogsstadt ... und ein Angler im Schilf starrte unverwandt auf die wippende, dippende Pose und wartete auf seinen Fisch ... und die Lerche stieg in die Luft und tirilierte ... und die Bisamratte ruderte durchs Uferkraut, verschwand, tauchte auf, verschwand, tauchte auf ... und es war ein Tag wie selten einer ... und die Kinder hatten Ferien ... und die Sonne lachte tausendfach ... und der Kleine sagte ei-ei-Ssörr ... und der Große schrie: ich könnte mir in den Hintern beißen.
Der Tag begann mit dem goldensten Reichtum, den ein Himmel je über zwei Jungenherzen auszuschütten vermochte. Aaah!
Leise segelte das Boot stromab, gluckste vor Freude in dem sich schlängelnden Fluß, glitt später durch den baumbestandenen Kanal, hinter dem sich das Haff in fast grenzenloser Weite dehnte, und trug seine junge Last sicher mit sich fort. Die Erhebungen des jenseitigen Ufers verbarg noch der Sommermorgendunst unter seinem lieblichen Schleier. Fahrwassertonnen kreisten verträumt in der auslaufenden Strö-

mung. Über das zitternde Glänzen des Silberspiegels blies feiner Wind winzige Wellchen und überhuschte das Wasser mit dunklen Flächen krüsligen Hauchs. Das Rascheln in den Wipfeln der Pappeln verlor sich im Nichts, als das Boot weiter und weiter vom Ufer fortstrebte.
Da hatten die beiden sich nichts mehr zu erzählen. Schwieg die Welt, schwiegen auch sie. Ja, der Mensch muß auch mal schweigen können. Das merkten sogar Kinder schon. Sei stille, sei stille, du kleiner Mensch, sei stille!

Fidibus hatte sich längelang auf die Bodenbretter der Jolle gestreckt. Die Arme unter dem Kopf, döste er vor sich hin. Eckart führte das Ruder. Denn Eckart war der Kapitän. Er beobachtete das Wasser, sah nach den Segeln, durchforschte den Himmel nach windanzeigenden Wolken und wandte seine seemännischen Kenntnisse an. Wasser, Wind und Wolken, der Seeleute dreifaltiges Weh – sie geben ihre Anzeichen für kommende Wetter. So hatte er einst gelernt. So war es auch.
Oh, wie die Sonne brannte! Im Südwesten schwelte ein Vorhang blaugrauen Dunstes. Ihm fuhren sie entgegen. Doch was heißt fahren? Der anfangs freundliche Ostwind war bald wieder schlafen gegangen. Nun war von Fahren, von Vorwärtskommen keine Rede mehr. Selbst Schleichen wäre schon maßlos übertrieben gewesen. Denn auch das letzte, zarteste Püsterchen Wind hatte aufgehört zu sein. Glimmer senkte sich über das Wasser, und Flimmer füllte die Luft. Aus der Ziegelei der Rauch trieb schnurgerade in die Höhe, wo er müde und in dünnen Schwaden hängenblieb, irgendwo, stundenlang. Flaute nennt das der Seemann und Windstille der Dichter.
„Soll ich am Mast kratzen?“ fragte Fidibus und rekelte sich hoch. „Man sagt, dann kommt Wind.“
„Tu's doch“, gähnte Eckart.

„Oder einer alten Katz drei blaue Haare ausruppen. Das soll noch besser wirken.“
„Tu’s doch, du Quatschi.“
„Aber wenn der Kapitän dreimal nach Luv spuckt und jedesmal den Priem mitgehn läßt, dann kommt bestimmt Wind.“
„Unübertreffliche Weisheit. Schlaf lieber und verschone mich mit deinen sinnvollen Aussprüchen.“
„Wind her, Wind hin. Ich finde das schön so.“
„Aber dann kommen wir nie zu Oma.“
„Ätsch, vor einer Woche waren wir noch in der Schule.“
„Schule? Was ist das? Kenne ich nicht.“
„Und du hattest Angst vorm Zeugnis. Ätsch!“
„Halt die Klappe jetzt endlich mal!“ lachte Eckart. „Sag mir lieber, ob du schon die Brücke siehst und von wo der Wind kommt, wenn er kommt.“
Fidibus deckte die Hand vor die Augen, um das gleißende Licht abzuschirmen. Er suchte, wohin Eckarts Finger wies.
„Nichts. Alles grau in grau.“
Die Brücke, die Eckart meinte, war ehemals ein sehenswertes Bauwerk gewesen. Jetzt stand sie zerstört da, nur noch ein armseliges Eisengestell. Von Osten her kommend, erkennt ein geübtes Auge sie als strichfeines, wie ein auf den Horizont gesetztes Karo. Früher, als der grausige Krieg noch nicht übers Land getobt hatte, zählte sie wahrlich zu den Wunderwerken der Technik. Eine doppelgleisige Bahnlinie führte damals über sie hinüber, und diese verband alle Ostseebäder der Insel Usedom mit der weiten Welt des Festlands. Durch die Hände verrückter Kerle mußte sie noch in den letzten Kriegstagen gesprengt werden. Mußte? Warum? In Sekunden zerrissen da ihre eleganten Bogen wie Bindfäden und versanken in den Fluten der Haffenge. Lediglich das Stahlquadrat, dieses riesige Mittelgerüst, ist als graues Mahnmal stehengeblieben. Die Brückenträger hat man abgehoben und fortgetragen. Für die Schiffahrt ist der Wasserweg wieder frei geworden. Nur zwei

Fundamentteile, kantig und scharf wie Korallenriffe, unsichtbar und mordsgefährlich, blieben vergessen unter der Wasseroberfläche, ganz dicht neben der Fahrstraße.
Diese Brücke sollte Fidibus suchen helfen.
An deren Nordufer finden wir auf ausgestrecktem Hügel das Dorf Karnin, und diesem gegenüber, am anderen Ufer, liegen die Gehöfte von Kamp, zwei, drei Bauernhöfe, kaum eingedruckt in unseren Landkarten. Also, wer kennt das schon . . . Windfangende Bäume decken die Häuser und sagen jedem: hier ist die Welt zu Ende. Zwar tuckert täglich das Milchboot nach Kamp hinüber, klappert mit Kannen, bringt hin und wieder Post oder Medizin oder einen Gast vielleicht – aber darüber hinaus gibt's nichts anderes als Schilf oder die uralten, weißbekleckten Reusen am Ufer.
Doch das alles war noch weit, sehr weit entfernt, eine Tagesreise vielleicht oder zwei – wenn diese stumpfsinnige Windstille anhielt.
Eckart starrte über die Bordkante in das grünalgige Wasser, in dem sich die ALRAUNE um sich selbst drehte. Unbarmherzig knallte die Sonne ihre Hitze in die Luft, so daß jeder vernünftige Mensch vor ihr fliehen sollte. Die Jungen aber schützte weder ein schattiges Dach noch ein kühlender Hauch. Gnitzen kribbelten über die Haut und naschten von den Schweißtröpfchen, die aus den Poren perlten. Es war einfach heiß, wahnsinnig heiß. Selbst die Möwen hatten ihre Lust am Fliegen verloren. Mittagsfaul ruderten sie auf dem Wasser und träumten sich was . . .
Die Jungen hatten sich die Hemden über den Leib gezogen, um keinen Sonnenbrand zu bekommen. Fidibus klagte über Durst.
Eckart mahnte: „Durchhalten! Sei ein Mann!"
Endlich entdeckten sie die fadendünnen Umrisse der Karniner Brücke. Lieber Himmel, dachte Eckart, noch so weit! Stunden kann das dauern, Tage! Und er errechnete, wie lange es noch hell sein wird.

Doch einer weisen Lehre zufolge: Wind wird kommen, irgendwann, aber Wind wird kommen. Die Dunstwand hatte sich bereits verflüchtigt. Über das Wasser wehte es von Westen her dunkel auf. Er kommt, er kommt, der liebe Wind, jubelte Eckart. Schon flatterten die Segel durch. Der Wind hatte die ALRAUNE erreicht und sanft gestreichelt.
Eckart weckte den dösenden Fidibus und gab ihm Anweisungen, die ihn aus seinem Nilkrokodilsdämmer zurück ins Diesseits beorderten. Denn schon drückte der erste Püsterich des himmlischen Windmachers das Boot leise auf die Seite. Ja, er war gekommen, der Wind. Erst in mattem Flügelschlag, dann zügiger, immer zügiger, und die Fahrt ging an, dem Wind entgegen, der Brücke entgegen. Und das war auch wirklich fällig...
Fidibus meldete Bärenhunger: „Mittagszeit ist längst vorbei. Ich vertrockne."
„Wenn die Mittagszeit vorbei ist, brauchst du nichts mehr. Du bist ein Freßsack."
Fidibus zankte: „Der Mannschaft steht aber etwas zu. Auch Schlafen und Nichtstun strengen an. Ich brauche Aufbaustoffe."
Eckart, Kapitän und Proviantmeister zugleich, entgegnete: „Wir wissen nicht, wie lange wir von unseren Vorräten leben müssen. Kap Hoorn ist noch weit."
Doch weil auch er sich jämmerlich ausgehöhlt fühlte, genehmigte er jedem eine Klappstulle und gegen Durst Limonade.
„Ich bestelle mir nachher bei Oma zehn mittelgroße Spiegeleier und ein Mastkalb. Ei-ei-Ssörr", sagte Fidibus und grabbelte in dem Sack herum, in dem Wust von Vorratsdosen und Eingewickeltem. Was er fand, hielt er triumphierend in die Höhe:
„Hier!"
Zwei vollfett beschmierte Stullen klappte er ausgebreitet in die pralle Sonne. „Es ist serviert, Ssörr."

Ein Windstoß kam und spielte dazwischen. Unversehens legte sich die ALRAUNE schräg; der Kleine versuchte mit Rücken und Ellbogen irgendwonirgendwo Halt zu finden. Das Butterbrotpapier wehte auf, zog ein paar irre Kreise und wollte entwischen. Fidibus faßte grapsch danach, faßte daneben, rutschte aus und landete trapsch mit seinem dünnbehosten Humtata auf der soeben fein servierten Wurstplatte. Das Ergebnis war ein gestaltlos zusammengepreßter oder auseinandergepreßter Fladen. Die Limonadenflasche jauchzte vor Freuden auf, entleerte sich schaumsprudelnd und verhalf dem Gepampe zu einer wohlschmeckenden Soße.

„Du Saftnase! Kein normaler Sterblicher stellt geöffnete Pullen ungesichert in ein Boot. Aus dir wird nie ein Seemann!" schimpfte der Kapitän. „Trink aus, was noch drin ist, oder gib mir den Rest."

„Ei-ei-Ssörr", maunzte Fidibus.

„Und das Brot wird natürlich gegessen. Weggeworfen wird nichts!"

„Ei-ei-Ssörr." Und mit hintertückischem Grinsen, mit einem Blick von schräg links unten nach schräg rechts oben, lotete er seinen Chef aus. „Welche Hälfte wollen der Herr Kapitän? Die untere? Die obere?"

„Die untere natürlich. Dafür bin ich Kapitän."

„Ei-ei-Ssörr." Fidibus machte eine Kehrtwendung und zeigte ihm den Hosenhintern, an dem ein von Butterklebe und Zervelatwurst gehaltenes, verspätetes Mittagessen prangte.

„Bittschön, Ssörr!"

Eckart hätte ihm daraufhin einen echt brüderlichen Tritt verpassen können. Doch er dachte erzieherisch. Er wird es dem Kleinen auf andere Art zeigen, was Nichtvergeuden heißt. Darum pulte er von der Hose, was sich abpulen ließ, stopfte es in den Mund – und schmatzte es genüßlich und mit Haut und Haaren auf. Jawohl, mit Haut und Haaren, mit echten Fusseln aus Fidis Hose. Bäkse!

Darauf befahl er: „Das andere ißt du auf, ohne Rest zu lassen. Klar?“
„Ich konnte aber nichts dafür“, verteidigte sich der Kleine. Er kniete nieder und tat, wie ihm befohlen. Kratzte vom Fußboden, was seine Nägel erwischten, und strich zu guter Letzt die Bodenbretter mit der Zunge ab. „Zufrieden, Ssörr?“
Nein, wirklich. Er hatte nicht dafür gekonnt. Jeder andere hätte ebenso drei, vier Hände gebraucht, oder sechs. Sich selbst festhalten, die Stullen vor dem Rutschen, die Flasche vor dem Kippen bewahren – und das bei dem Affentanz der ALRAUNE, die vom Wind gejagt schlipp-schlapp über die Wellen hüpfte. Wer konnte das! Er war kein Artist. Und die ALRAUNE war ein kleines, kippliges Boot dazu. Und der Fidibus zum erstenmal so richtig draußen.
Inzwischen hatte sich der Wind eingeübt. Jetzt kam er richtig aus West und machte den beiden hübsch zu schaffen. Eckart sagte:
„Wir müssen kreuzen. Du wirst naß werden. Sei ein Mann!“
So hockten sie mal steuerbords, mal backbords auf der Deckskante, und Fidibus hatte eine Segelleine festzuhalten. Heia, wie legte sich das Boot manchmal schräg, wie panschte es durch die Wellen, wie machte das Spaß! Freche Spritzer fegten über das Vorderdeck, und Fidibus kriegte pitsch-patsch jedesmal sein gut Teilchen davon ab. Erst über das Hemd, dann in das Hemd, dann über die Hose, dann in die Hose. Der dickmaschige Wollpullover, in den er sich zu retten suchte, bot nur für kurze Zeit ein bißchen Schutz. Dann troff auch der wie ein gebadeter Pudel, und dem Jungen wurde kalt bis unter die Haut. Er preßte die Zähne aufeinander, damit sie nicht haltlos zu schnattern anfingen. Gesagt aber hat er nichts. Nein, er wird keine Schwäche zeigen. Das hatte er versprochen. Naß werden gehört einfach dazu. Das weiß man doch. Er wird bald wieder trocken sein. Jeder Fisch wird mal trocken. Und bei Oma wird er zwanzig Spiegeleier verdrücken, oder dreißig.

Mit der Zeit hatte sich das Brückenquadrat in ein gewaltiges Tor verwandelt. Von Karnin die Häuser, von Mönchow die Kirche waren bereits deutlich zu erkennen. Dazu der stuckige Leuchtturm am Hochufer. Wenn Eckart das Boot in Landnähe trieb, rauschte das Schilf auf – dichtes, undurchdringliches Schilf.

In letzter Stunde hatte die untergehende Sonne den Himmel mit flammenden Farben bemalt. Rotviolett. Eckart belehrte seinen Bruder:

„Du mußt immer die Färbung der Wolken beachten. Ihre Farben sagen dir, wie das Wetter wird. Gelb im Westen gibt Wind. Welche Farbe erkennst du jetzt?"

Fidibus wollte jetzt keine Wolkenfarben studieren. Ihm war kalt. Er bibberte durch und durch.

„Kkkitschppostkarte", schnatterte er.

„Nee, sag richtig!"

„Wie Mammamas Nnnachtemtemd", klapperten seine Zähne. Er wünschte sich heimlich an Omas Küchenherd.

„Frierst du etwa?" fragte Eckart und spielte den Erstaunten.

„Nnnein, ich bibbibbere bloß."

„Durchhalten, Kleiner! Wir sind Seemänner. Wir passieren nur noch die Brücke. Bei Kamp gehen wir an Land. Eine halbe Stunde noch. Honululu erreichen wir heute leider nicht mehr."

Fidibus schlotterte. Eine halbe Stunde noch? Gut. Er wollte ein Held sein. Er wollte es den Großen nachmachen, dem Vasco da Gama, dem Magellhans, dem Cook! Mit mutvoller Haltung will er durchstehen. Außerdem, was half schon alles Jammern! Es rinnsalte ihm durch die Hosenbeine, es sammelte sich in den Schuhen und machte darin knietschknietsch, wenn er die Zehen drückte, und die Socken klebten an den Sohlen. Was kann noch Schlimmeres kommen!

Eckart hatte das alles wohl bemerkt. Er empfand Mitleid mit seinem kleinen Bruder, doch durfte er es sich nicht anmerken lassen. Jungen, so hatte er in alten Schwarten gelesen, sollen keine Gefühle haben wie Mädchen. Sonst werden sie keine Männer. Er selber riß sich ja auch zusammen. Darum sagte er:

„Beim Segeln hat sich noch keiner erkältet. Frieren ist Einbildung."

So segelten sie weiter, Wind und Wetter gegenan. Bald werden sie das Brückenquadrat über sich sehen.

Auf wuchtigen Betonsockeln ruhten die gewaltigen Stahlträger, graufarbig, gegen Rost geschützt. Im Strom schölender Wellen wehten und wischten langsträhnige Tangfahnen grünfarben auf und nieder, festgewachsen an ewig nasser Wand. Strömung und Wind patschten Wellen an ihnen hoch, die die Fundamente pausenlos perlend überbrausten. Durch das Gestänge schlug der Wind strudelnde Wirbel. Hier hatte jeder Steuermann gut Obacht zu geben.

Eckart blickte in die Höhe. Er vermochte seine Begeisterung über die technischen Leistungen vergangener Jahrzehnte nicht zurückzuhalten:

„Alles genietet, siehst du?"

Fidibus nickte müde. Schietegal, ob genietet oder geklebt. Er fror.

„Wie hoch das Ding ist, was?"

Na und? dachte Fidibus und schwieg. Ein leerer Magen hängt dafür um so tiefer. Eine Matschstulle den ganzen Tag – und die vierzig Eier bei Oma gehen jetzt auch noch flöten.

Eckart steuerte die ALRAUNE links der Fahrrinne entlang, aus berechtigter Furcht, die kreuz und quer laufenden Wellen möchten sein Schiff gegen die Quader drücken. Kleinholz würde das geben, unweigerlich. Denn gerade hier war die Fahrrinne eng, gefährlich eng. Und der Wind blies von vorn, und das Wasser kabbelte sich und balgte sich mit seinen eigenen Wellen, mal so, mal so. Und schräg oben das herrliche Brückenquadrat.

„Sieh doch mal hoch, Fidi!“ rief Eckart ein übers andre Mal. „Das mußt du einfach gesehen haben. Nur einen Blick!“

„Ja.“

„Das ist ein Ding, was?“

„Ja.“

„Doppelgleisig! Damals haben sie mit starken Elektromotoren ...“

Rrrums – krach! Ein Prall, ein Splittern, ein Knacken ...

Fidibus sauste wie vom Schlag getroffen nach vorn, verlor den Halt und klatschte rücklings ins Wasser. Eckart fand sich augenblicks auf dem Schiffsboden wieder, am Schienbein rote, blutende Schürfstellen. Die Jolle hob sich vorn, das Segel knallte auf und schlug, das Boot wackelte und – blieb in leichter Schräglage hängen.

Eckart schaute sich benommen um. Wo – wo ist der Kleine! Er hatte ihn fallen sehen ...

„Fidi, Fidiii!“ schrie er grell. „Wo bist du?“

Zwei Hände krallten sich über die Bordwand, zwei kleine, blaugefrorene Hände. Zwischen ihnen ein Kopf, triefend, hustend, und eine magere Stimme keuchte:

„Wwwas ississen los! Ich bin abgerutscht.“

„Wir sind aufgelaufen, Mensch!“ schrie Eckart verzweifelt und rieb sich Halt suchend sein schmerzendes Bein.

Der Kleine begriff nicht, was geschehen war. Die Jolle – aufgelaufen? Er – außenbords? Ja, und nun?

Eckart packte Fidis Hände und riß ihn an Deck. Angst um den Bruder verlieh ihm nie gekannte Kräfte. Er schüttete den Kleinen ins Boot wie einen nassen Sack.

Das Boot aber füllte sich mit Wasser. Deutlich sackte das Achterschiff weg. Warum flutet Wasser hinein? Ist der Schiffsboden zertrümmert?

Unter Fidis Strubbelkopf ein zaghaftes Leuchten, halb in Tränen, halb im Siegerlächeln:

„Ecki, ich bbbin in’n Bbach gegangen, zum erstersten Mal!“

Eckart aber stand der Sinn nicht nach dem Spaß einer Neptunstaufe: „Quatsch nicht rum. Die ALRAUNE kann jede Sekunde absacken, und wir mit, mit Jack und Büx."

„Dddas Wassasser ist aber nicht kkalt. Bestimmt!" schlotterte der Kleine.

„Mann, begreifst du nicht? Der Kahn ist kaputt!"

„Ist wahr? Das gggeht ja gut los."

„Papas Boot, Papas Boot!" Eckarts Gesicht war jammervoll klein geworden und zerknittert wie altes Papier. Das Wasser aber im Boot stieg unaufhaltsam.

„Wwwolln wir warten, bibibis einer kommt?"

„Warten? Auf wen? Wir nibbeln doch ab. Merkst du das nicht?"

Dem Kleinen erschien alles noch hochinteressant.

„Müssen wir schwimmimmen?"

Eckart schnürte dem Kleinen eine Schwimmweste um den bibbernden Leib und danach sich selber auch. Dann holte er die Segel nieder, zurrte sie zusammen, so gut es ging, und hockte sich neben seinen Bruder mitten hinein in das schlabbernde Wasser, das mit sprudelnden Blasen unter ihren Füßen quirlte. Jetzt suchte er neben sich nach einer Hand, einem Fuß, nach etwas Lebendigem, etwas Liebem. Fühlen wollen, haben, halten wollen, bevor es in die Tiefe ging...

„Wwworauf warten wir?"

Ja, worauf? Das Wasser schwappte schon in Gürtelhöhe.

Wenn das die Eltern wüßten – und die Klasse – und der alte Segelmacher von heute morgen! Hatte der nicht gesagt, Kap Hoorn kann's überall mal geben? Hat der das so gemeint?

Darüber verging der Tag, und mit seinem Vergehen schwand das Licht. Bald wird das Wasser von oben einströmen, erwog Eckart. Dann hat das Warten ein Ende. Dann müssen wir uns ergeben. Wie lange noch?

„Fidi?"

„Ja?"

„Ach – nichts.“

„Warum sacken wir denn nicht ab? Sind wir gerettet?“

„Abwarten.“

Ja, sie warteten, fünf Minuten, zehn Minuten, durchfrorene, durchzitterte Zeit. Doch eben eigenartig, das Wasser im Boot stieg nicht mehr. Hielt irgendwer es fest? In Eckarts Hirn schossen tausend mögliche Möglichkeiten herum wie Mäuse in der Falle. Plötzlich rief er:

„Fidi, ich steige aus. Ich muß wissen, was los ist.“

Und mit allem, was er um- und anhatte, flankte er ins Wasser und hangelte sich außenbords entlang, Meter um Meter. Mit Krakenarmen strich er, fühlte er, fischte er am Schiffsleib entlang. Da! War das ein Stein? Ein Eisen? Er faßte danach, den Kopf unter Wasser. Ein hartkantiges, rauhscharfes Eisen, aufwärtsragend und spitz, festgerammt in muschelbewachsenem Gestein. Eckart tastete den Rumpf ab, fand Splitter, stechende Splitter, und seine Finger umfuhren ein Loch, wohl zwei Handflächen groß.

Die ALRAUNE hatte sich aufgehängt an einem herausstechenden Fundamentstück. Wird sie hängenbleiben dürfen wie ein Hut am Haken?

Eckart rechnete es sich aus. Nein, wir werden versaufen, der Fidi und ich. Und jammerte lautlos ins Ungewisse hinein. Nur mit Gewalt und Scham drängte er die Tränen der Verzweiflung zurück, die sich in seinen Augen sammeln wollten.

Dann kam er zu sich. Wir haben unser Leben, sagte er sich. Wir müssen es erhalten. Und mit willensfester Stimme erklärte er seinem Bruder: „Fidi, wenn die ALRAUNE abrutscht, geht sie in die Tiefe auf Nimmerwiedersehen. Und wir mit ihr. Bleibt sie aber hängen, kommen wir auch nicht weiter. Wir müssen dem Schicksal vorgreifen.“

„Ich fffriere.“

„Es wird dunkel. Hierbleiben können wir nicht.“

Er blickte dem Kleinen in sein zerknautschtes Gesicht, das gelb war vor Kälte. Ihn schüttelte maßlose Angst. Was hatte er den Eltern versprochen? Hochheilig und in die Hand? Wie ein Hammer pochte diese Frage in seinem Herzen. Würde er ertrinken, wäre er Schuld und Strafe entflohen. Um ihn ging es nicht mehr. Um Fidi aber, um Fidi. Der muß gerettet werden.

Er schlug seinen nassen Arm um ihn, zog ihn fest an sich heran, daß ihrer beider Wangen aneinanderlagen, und flüsterte:

„Fidi! Fidi!"

Da geschah es. Eine heftige Bewegung ließ die ALRAUNE zur Seite überholen. Ihr Schwanken genügte, sie unterwärts aus ihrer Verhakung zu lösen. Sie rutschte einmal – rucks, sie rutschte noch einmal – rucks. Und schwamm für kurze Zeit auf. Der Bug sank ins Wasser, es quirlte, es gurgelte, das kleine Boot füllte sich rasch vollends – der eindringende Wasserstrom kam mit Macht und war nicht aufzuhalten.

Die ALRAUNE sank.

„Fidi!" schrie Eckart, und seine Stimme überschlug sich. „Jetzt saufen wir ab."

„Mmmist, Ssörr!"

„Steig aus!"

Ohne Zögern rollte sich der Kleine über Bord. Eckart zurrte schnell noch fest, was hätte forttreiben können. Knoten hier, Knoten da – egal, die Katastrophe war vollkommen.

Dann kam das Ende. Die Wellen schlugen über Deck zusammen. Eckart ließ sich hinausspülen. Der Grund unter ihm gab nach. Flaschen, Konserven, Ballast nasser Wäsche, alles drückte die ALRAUNE hinab, der dunkle Grund sog sie an mit geheimer, unwiderstehlicher Kraft.

Wie sie in die Tiefe sank – ein beinahe feierlicher Akt! Wie die Blasen sprudelnd sprangen, wie der Mast kleiner, kürzer wurde, aufgetrunken. Wie alles endlich wohl Grund gefunden hatte und sich leicht auf die Seite legte, wie das Fähnchen am Mast eine Handbreit über den Wellen flatternd stehenblieb und nicht mitversank, als wollte es ein Grabmal markieren. Wie die Wellen weiterspülten, grausam gleichgültig. Wie durch die Brückenstreben der Mond zusah und schwieg und nichts zu allem sagte und nur sein kahles, fahles Licht über alles warf . . .

Eckart vermochte weder zu heulen noch zu atmen. Hierbleiben wollte er, mitversinken. Aus – hier, nirgends woanders.

Da rief es neben ihm: „Was machen wir jetzt? Schwimmimmen wir los?"

Gott sei Dank, da war noch eine Stimme, eine lebendige Stimme.

„Haben wir jetzt Schiffbruch?" Fidi kämpfte mit schlabbernden Wellen, schluckte Wasser und prustete.

„Ja, wir haben Schiffbruch. Hundertprozentig."

„Wwwievieliel?"

„Hundert."

„Oooch, so viel."

„Da hinten ist Land. Schwimm dahin."

„Ich sehe nur Schilf."

„Zeig, was du kannst, Fidi, sei ein Mann!"

„Mmmach ich dddoch."

Jetzt begann für die beiden ein Kampf um Tod oder Überleben. Ein Kampf gegen Wellen, ein Kampf gegen Wasserkühle, ein Kampf gegen Erschlaffung und Mutlosigkeit und gegen Angst, Angst, Angst. Und was wird sein, wenn sie das Land wirklich erreichen sollten?

Darüber war der Tag nun gänzlich versunken. Nacht legte sich über die Welt, das Himmelslicht war aufgebraucht, nur der Mond mit halber Backe lugte durchs Geländer, als hätte er sich in den Brückenstreben verhakt, und die alte Brücke gähnte hexenhaft mit fürchterlichem, offenem Maul und

schwieg. Schon spürte Fidibus die Schwere seiner Arme. Kleider und Schwimmweste hemmten seine Bewegungen. Lange darf es nun wirklich nicht mehr dauern. Dann wird er den Kopf sacht zur Seite legen . . .
Und der Weg zum Ufer war noch weit, weit. Ufer? Sie sahen nichts als Schilf, undurchdringliches Schilf, ewig wogendes Schilf.

2

Seit Jahren beendete Erika, die Postfrau, ihre tägliche Runde am Leuchtturm, oben, am Hochufer, von wo aus sie in die Gegend gucken konnte. Das tat sie stets um die gleiche Zeit, mittags, wenn sie Wohnungen und Postkästen abgefahren hatte. Hier oben stellte sie ihr Fahrrad gegen den Turm, immer an die gleiche Stelle, und machte erst einmal Rast. Ein richtiges Loch hatte die Lenkstange in den Mauerputz gekratzt. Dort oben dann, als wüßte sie nichts Besseres, stemmte sie ihre kräftigen Hände in die Seiten und sagte, was sie immer sagte:
„So, das wär's für heute. Nun noch runter zu Ohms."
Erika war die unersetzliche amtliche Postfrau von Karnin und Umgebung, und das seit vielen Jahren. Jedem, man könnte sagen, vom Säugling bis zum Greis, war sie bekannt. Und wer sie noch nicht kannte, der lernte sie eben kennen. Sie trug eine Uniformjacke mit Kragensternen, sie beförderte auf postgelbem Riesengepäckständer auf postgelbem Rad eine postgelbe Ledertasche von Haus zu Haus. Und wäre sie nicht schon durch dies hinreichend erkennbar gewesen, dann durch ihr grenzenloses Wissen über die Familien Hinz und Kunz, Piep und Papp und deren Wohlbefinden. Und was es auch alles in den Dörfern hin und her zu erfahren gab, Erika wußte es bereits, bevor es überhaupt geschehen war. Und sollte sie

wirklich etwas nicht bis ins kleinste ausklamüsert haben, dann fragte sie den Leuten ein Loch in den Bauch, bis sie über das Wer und Wie und Wann und Was Klarheit hatte. Neugier? I bewahre, nicht Neugier. Aber sie wollte gern alles wissen. Wer wollte ihr das verwehren? Und hatte das nicht auch sein Gutes? Schwenkte sie doch neulich ein Kärtlein durch die Luft mit bunten Fotos aus Bobbin und rief über die Zäune hinweg:
„Frau Sell, Frau Sell, du bekommst Besuch aus irgend so ’nem Dorf . . . Kuchen hab ich schon mitgebracht.“
Das war Erika. Es gab im ganzen Dorf wohl keinen, der sie nicht herzlich liebte, auch wenn sie bei Zankereien, wie sie unter Menschen üblich sind, mit ihrer barschen, angeheiserten Stimme dazwischenfuhr und Ordnung schaffte. Streit glättete sie mit Güte oder mit entwaffnendem Humor. Zwist trug sie nicht nach auf die Dauer. Und Klatsch? Na ja, nur, wenn er niemandem schadete.
Nun, Erika hatte ihr Rad an den Leuchtturm geschoben, wie gesagt, immer an die gleiche Stelle des Turms, den sie *ihren* Turm nannte. Verwahrte sie doch höchstpersönlich den letzten noch vorhandenen Schlüssel zur eisernen Eingangstür, einen Schlüssel, nach dem so gut wie niemals mehr gefragt wurde. Seitdem der Leuchtturm für die Schiffahrt seine Bedeutung verloren hatte, stand der dicke, alte Daumen gelangweilt in der Weltgeschichte herum, ließ sich gelegentlich mit Sturmwarnungszeichen behängen, sonst aber bot er sich Hunden und Kindern zu Diensten, wenn es sie drängte. Um so mehr also blieb es *ihr* Turm. Der Schlüssel hatte seinen Platz am Kleiderriegel in Erikas engem Hausflur gefunden. Sie hatte ihn vor Jahren mit einem dicken Holzschild versehen und auf das Holzschild mit verlaufender Tinte geschrieben: TURM. Und nun hing er am Kleiderhaken und verträumte sein nichtsnutziges Dasein.
War das Wetter sommerlich schön wie heute, verweilte Erika gern noch ein bißchen länger. Dann ging ihr Blick über die

Weite der Landschaft, an der sie sich immer wieder erfreuen konnte wie am ersten Tag, obwohl sie sich täglich darin übte. Da war das Haff, über dessen Spiegel wunderbar wechselnde Farben huschten, grau, silbern, neblig. Da war ihre kleine spitztürmige Kirche von Mönchow, über deren Dach die Dohlen im Herbst ihre Tänze tanzten und die sie mit ihrer Tochter hin und wieder aufzusuchen pflegte. Da war die zerbrochene Brücke, durch deren aufgerissenes Maul Schleppzüge gingen oder Segler, auch mal das weiße Fahrgastschiff von Ueckermünde her. Und unter ihr, sozusagen zu ihren Füßen, im Schatten dichter Bäume verborgen, OHMS GASTHAUS.

Erika sog den Duft der großblütigen Sommerlinde ein, tief, ganz tief:

„Als wenn man ihn trinken kann – aaah!“ sagte sie zu sich selbst. „Das gibt Honig! Da wird sich Bienenwilli freuen, der Gute.“

Nachdem sie auf diese Weise ihre Welt durchbuchstabiert hatte, setzte sie sich aufs Rad und ließ sich den Schotterweg hinunterrollen. Das Schutzblech klapperte entsetzlich, die Kette schlug ans Blech, der Rücktritt quarrte und schrie, und jeder, der es hörte, wußte es: Die Post ist da. Wozu noch Posthorn oder Bimmel? Erika mit ihrem Feuerstuhl war Posthorn und Bimmel zugleich.

Der Abschnittsbevollmächtigte der Polizei, im Dorf unter dem Namen Walter bekannt, hatte wegen dieses Ungeheuers schon so manches Theater mit ihr aufgeführt:

„Erika, wenn ich dich mit deiner Karre seh, wird mir schlecht. Sag deiner Behörde, sie soll dieses Monstrum endlich abschaffen. Sonst seh ich mich gezwungen, es aus dem Verkehr zu ziehen oder dich zu verhaften.“

„Kannst du, kannst du“, hatte sie darauf entgegnet. „Verhafte mich nur. Aber dann kriegst du deine Zeitung nicht mehr erstens, und zweitens keine Post, worin stehen tut, wann sie dich endlich pangsionieren wollen.“

Und so blieb alles beim alten. Erika gondelte weiter auf ihrem Drahtesel, und Walter bekam treu und zuverlässig sein Blättchen durch den Schlitz gesteckt.

Quarrquietsch – kurvte sie über den Vorplatz von OHMS GASTHAUS. Der Rücktritt kreischte, die Hühner stoben auseinander und flatterten mit höllischem Spektakel auf die Apfelbäume, der Ganter biß ihr in die Speichen, und die Enten retteten sich unter Ohms eiserne Gartenstühle. Lediglich der tapfere Hahn, der Held des Hofes, trotzte für Sekunden mit unerschütterlichem Kampfesmut dem Unheil, reckte den Hals und schüttelte das Gefieder, bevor auch er mit doppeltem Kratzefuß das Weite suchte. Eine alte Katze, jahrelang an dieses mittägliche Theater gewöhnt, lümmelte sich reglos in der Sonne, hob nur für einen Blitz mißbilligend ein Augenlid, um dann weiterzudösen. Eher hätte sie sich überrollen lassen, als auch nur einen Millimeter zu weichen. Doch jetzt husch kam Peppi der Hund, wedelte und fiepte und suchte an Erikas Hand seine ihm zustehenden Liebkosungen.

„Na, alter Freund?“ sagte Erika und klopfte ihm die Seite. Seit Jahren hatte sich auch hier keine Veränderung ergeben. Mehr wollte Peppi der Hund gar nicht. Er freute sich, daß sie kam. Danach trollte er sich von dannen.

Erika entnahm ihrer Posttasche die Zeitung des Tages und einen – tatsächlich einen Brief an Ohms von . . .? Rasch studierte sie dessen Absender, bevor sie ihn der Ordnung halber zwischen den Zeitungsseiten artig versteckte. In das Gasthaus trat sie ein mit einer Selbstsicherheit, als gehöre sie hierher, als wäre sie hier zu Hause, als sei sie selbst dem lebendigen Hausrat zugeordnet. Auf dem Korridor schlug die Uhr die volle Mittagsstunde döngsöngsöng zwölfmal. Frau Ohm hantierte gerade in der Küche. Für die Stammgäste, zu denen Erika mit ihrer Tochter Katharina zählte, kochte die gute Frau seit Jahren üppig und wohlschmeckend.

„Hallo, Gastwirtschaft!“ rief Erika. „Heute Zeitung und ... und ... War da nicht ein Brief für euch? Ein Brief von ... von ... weiß nicht.“ Sie wendete ihn und las laut: „Aus Halle, sonst nichts an Post.“
Frau Ohm wischte mit dem Arm fallende Haarsträhnen aus der Stirn. In der Küche war es brutig warm.
„Schönes Wetter bringste mit, Erika. Die schaffen das gut mit dem Heu. Leg das Zeugs da man hin.“
Sie piekte in die Kartoffeln, schaltete die Herdplatte kälter und dickte die Soße an. Erika zog sich mit dem Fuß einen Hocker her, setzte sich und stützte die Ellbogen auf die fleischigen Schenkel:
„Gibt's was Neues?“
„Fragst du mich? Wenn du nichts weißt!“ Mit spitzen Lippen schmeckte sie die Soße ab und sah dabei aus wie ein trinkendes Huhn. Schüttelte den Kopf und ließ eine volle Prise Salz nachwandern.
„Willste Milch?“ Und ohne die Antwort abzuwarten, schob sie ihr ein Glas zu.
„Die hat ja so braune Flecken. Haben deine Kühe Masern?“
„Ist Biestmilch. Magste nicht? Mathilde hat doch gekalbt.“
„Hm, gibt's nicht alle Tage.“
„Eben.“
Erika trank das Glas in einem Zug leer. „Weißt du, Ohmsche, worüber die Leute reden?“
Frau Ohm pustete über den Löffel und fand die Soße fast gut.
„Die Leute sagen, sie hätten gestern abend ein Segelboot gesehn. Zur Brücke rein und auf der andern Seite nicht wieder raus. Erst war es da, dann war es weg.“
„Muß noch ein klein bißchen Zucker ran.“ Frau Ohm rührte im Topf.
„Gespenstisch“, sagte Erika. „Erst da, dann weg. Glaubst du so was, Erna?“
„Warum nicht?“

„Warum nicht? Fährt ein Schiff auf einer Seite rein, muß es auf der andern rauskommen."
„Reich mal die Schüssel rüber."
„Die einen sagen, es war ein kleines, die andern sagen, es war ein großes. Wer hat nun recht?"
„Immer der, der's gesehn hat. Die andre Schüssel auch. Und den Löffel da."
„Weißt du, Erna, an jeder Flauserei ist doch immer Federfasselfussel Wahrheit dran. Oder nicht?"
„Red du mir noch von Gespenstern, dann reicht's. Geh und bring Vatern den Brief. Die Kartoffeln müssen noch kochen."
„Und ich sag dir: was die Leute auch immer reden, wahr ist was an jedem. Ich kenne mich aus."
Frau Ohm schwenkte ihre Pötte, zählte die Bestecke zusammen und wischte sich dabei mehrmals übers Gesicht. Erika schob ihr Glas in den Abwasch und begab sich in die Gaststube, in der es so roch, wie es in jedem Landrestaurant riechen muß: nach Stammtisch, nach Plüschsofa, nach kaltem Rauch, abgestandenem Bier und gutem Essen.
„Tag, Hans!" grüßte sie beim Eintreten, legte den Brief in eine Pfütze auf den Bierzapf und lehnte sich entspannt seitwärts gegen die Theke, an der Vater Ohm seine Gläser wusch. Ohm grüßte mit wortlosem Nicken. Nach Erikas Kommen hätte man seine Uhr stellen können. Er schwenkte die tropfnassen Hände über dem Erdboden ab, reichte ihr den Ellbogen zum Gruß und füllte aus griffbereiter Flasche blobbblobb-blobb ein Gläschen, wie gewöhnlich.
„Da, Erika, zum Wohl!"
Erika kippte das Zeug mit geschlossenen Augen hinter, klappte den Mund auf und zu, machte aah und schnitt ihr Gesicht, halb Süßlächeln, halb Tränenschmerz.
Indessen ritzte Ohm den Brief auf, überflog die Zeilen und rief durch die Tür: „Die Dingsbums aus Halle haben abgesagt, Erna. Hast die Betten umsonst bezogen." Und spülte an

seinen Gläsern weiter. Ab und zu warf er einen Blick zum Tisch hinüber, an dem die Männer saßen, die ihm das Heu von seiner Wiese einfahren halfen. Die hatten jetzt ihre Arbeit unterbrochen, um hinterm Bierglas sich mit dem Mittagsmahl neue Stärkung anzufuttern.

Jetzt erst bemerkte Erika ihre Tochter, die nebenan mit Bienenwilli aus Bierfilzen Pyramiden baute.

„Na, Fratz, was Neues?"

„Ferien sind langweilig, Muttchen. Schule ist doch besser."

„Willst 'ne Brause? Gib ihr 'ne Brause, Hans."

„Nee, danke. Lieber geh ich noch mal zu meinem Kälbchen rüber." Sie baute weiter an ihren Kunstwerken.

An der Wand über Katharinas Kopf hing das Bild der Karniner Eisenbahnbrücke vor ihrer Zerstörung. Tausendmal schon war Erikas Blick darüber hinweggegangen. Jetzt hielt es sie plötzlich fest.

„Hier, Hans, hier soll es gewesen sein, sagen die Leute. Erst soll es dagewesen sein und dann weg. Sagen die Leute."

„Was war gewesen, was war weg?" fragte einer am Tisch.

„Das Boot, wo vonwegen die Leute reden."

Willi, der Bienenonkel, schnitt darauf ein Gesicht, verschmitzt und listiglustig, als er sagte:

„Mit meinem Honig ist das auch so. Erst ist er da, dann ist er weg."

Erika fühlte sich veräppelt: „Ach, du oller Bienenopa. Laß gefälligst deine Späße mit einer alten Frau." Und zu Ohm gewandt: „Immer hat der nur seinen Honig im Kopf."

„Was war denn, Muttchen?" fragte Katharina, denn sie wollte es wissen.

„Ach, Fratz, dummes Zeugs, was die Leute reden." Sie winkte ab. „Aber nun laß man die Spielerei mit deinem Bierdings da. Von Onkel Willi lernst du nur Dummheiten. Es gibt gleich Essen."

„Erst geh ich doch noch mal nach meinem Kälbchen sehen, ganz kurz. Bin gleich wieder da."
„Aber kannst du nicht mal eine Sekunde stillsitzen, du Quirl?"
In der Tat, Katharina war ein Quirl, ein echter Quirl. Sollte sie jetzt hier hocken wie eine Dumme und Däumchen drehen? Zwölf Jahre war sie alt, ein echtes Windhundalter. Ein Irrwisch, dem kein Zaun zu hoch, kein Graben zu breit, kein Abenteuer zu gewagt sein konnte. Wenn sie lachte – und sie lachte viel –, krüselten sich tausend Fältchen über ihrer Nase und schoben die breitgefaßte Brille hoch. Ihr Lausbubenschnitt dazu – Fratz mit Pfeffer im Podex, aber wie!
Schon war sie aus der Tür, ein paar Katzensprünge über den Hof, durch das Gegacker der Hühner geprescht und zuletzt auf Zehenspitzen an die Tür zum Rinderstall mit dem grünweißen Schild: TUBERKULOSEFREIER RINDERBESTAND. Peppi der Hund wedelte ihr hinterher.
„Peppi, geh!" Sie wollte allein zu ihrem Kälbchen.
War das neulich ein Ereignis gewesen! Sie hatte miterleben dürfen, wie die Kuh Mathilde ihr Kuhkind bekam. Bis auf Muttchen, die noch unterwegs sein mußte, waren sie alle dabeigewesen. Da hatte sie alles gesehen, alles. Und ihr Herz hatte geklopft, wie rasend, als das Kuhkind auf dem Boden lag, mitten im knisternden Stroh. Mit zwei Fingerspitzen hatte sie das nasse Fell berühren dürfen und immer gesagt: Kleines, Liebes. Und sie hatte miterlebt, wie es sich zum erstenmal zitternd auf seine knolligen Beinchen stemmen wollte und hin und her wackelte und es noch nicht konnte. Und sie hatte ihm sogar die Finger ins warme Maul gesteckt und daran saugen lassen. War das ein Gefühl. Mannomann!
Und nun wußte Katharina auch, wie das beim Menschen ist. Genau so, nur anders. Darüber hatte sie mit Muttchen gesprochen, und nun war sie stolz, das alles zu wissen. Wer erlebt denn schon so was von denen in der Stadt, einen richtigen Kuhstall, wo echte Kälber geboren werden, wo Schwalben

nisten, Brummer sausen, wo es warm ist und wo es so scharf riecht nach Tier und nach dem, was Tiere machen.
Behutsam hob sie den Riegel an. Sie öffnete die Tür zu einem Spalt, gerade weit genug, um hineinzuschlupfen. Immer war es zuerst dunkel darin – pst – erst still stehen, sich an die Düsternis gewöhnen, bis . . .
Da! Was ist das! Da hinten! An der Stallwand – zwei Gestalten – zwei Männer – zwei blitzende Augenpaare – riesengroß . . .
„Hilfe, Hilfe!"
Knall – Tür zu – Riegel vor – in die Gaststube gestürzt:
„Herr Ohm, Herr Ohm, da sind welche im Stall!"
„Unterbrich nicht, Fratz!" fuhr die Mutter sie an. „Kinder reden nur, wenn sie gefragt sind!"
„Ist aber wahr, Muttchen, zwei Einbrecher!" Sie zappelte mit den Händen, zappelte mit den Armen, zappelte mit allem, was zappeln konnte, und beschwor die Leute im Raum.
Ein Fingerzeig der Mutter: „Spinn nicht rum. Setz dich! Es gibt gleich Mittag."
Katharina widerstand: „So hör doch, Muttchen! Der eine so groß", sie zeigte über sich, „der andere so oder noch größer."
Die Männer wackelten mit den Köpfen und lachten dröhnend.
„Kinderphantasie!" sagte die Mutter.
„Nichts Kinderphantasie! Ich hab sie doch gesehn, ich bin doch nicht doof."
Erika begriff, daß es dem Kind ernst war. Darum nahm sie ihre Tochter an die Hand: „Komm, wir gehn nachsehn. Wolln doch eins gucken, ob's Gespenster gibt. Die holen wir uns in flagranti."
„Bestimmt, in flagranti", betonte Katharina. „An Gespenstern ist manchmal fast meistens immer was Wahres dran." Und zerrte die Mutter im Sturmschritt über den Hof, daß selbst

Tuber
Rind

die Katze den Kopf hob und wachsam wurde. Die Männer schoben die Gardine zurück und glotzten hinaus.
„Pst“, machte Katharina. Sie lauschte an der Stalltür.
„Pst“, spielte die Mutter mit. „Wir fangen jetzt Gespenster.“
Rrruck – riß die Kleine die Tür auf. Und – rein in den Stall. Jawohl, sie wird die Einbrecher auf frischer Tat ertappen. In flagranti, wie Muttchen sagte. Doch nichts – rundum nichts.
Katharina blieb zum erstenmal die Spucke weg. Das ist doch...
„Na, Fratz, was ist?“
Katharina wußte nicht, sollte sie heulen oder toben? „Erst warn sie da, nun sind sie weg.“
„Ja, Kind, genau, wie ich gesagt habe. Nun komm, nun gehn wir mittagessen.“
„Glaubst du an Gespenster, Muttchen?“
„Ein bißchen schon. Man bloß erst dann, wenn sie da sind. Sonst ist ein Gespenst nämlich immer nur ein Hannefatzke, dem der Hintern voll gehört, weißt du?“
„Ich hab sie aber gesehn. Ich weiß das. So!“ Katharina war verärgert darüber, daß Muttchen ihr nicht glaubte, und stellte sich bockig. Das konnte sie ganz gut.
Eben wollten sie den Stall verlassen, als es ihnen auf den Kopf rieselte, vom Heuboden herab, Staub, Flusen, Kaff...
„Also doch, Muttchen.“
Erika hob die Hand, ein Zeichen, mucksmäuschenstill zu verharren. Sie lauschte nach oben. Dann setzte die Mutter ihre gewaltige Statur in Bewegung, holte Luft und donnerte zur Stiege hinauf:
„Aha, aha, aha! Da wolln wir doch mal sehn, wo der Hase läuft.“
Und wahrhaftig – sie kletterte selber hoch, auch wenn sich die alten Sprossen bogen. Herrisch blickte sie durch die Luke:
„Du wirst nicht wieder! Zwei ausgemachte Halunken. Erst sind sie weg, dann sind sie da... Hergekommen, alter Freund. Und du da auch. Fix hier an mir vorbei. Aptrümo!“

Das war unmißverständlich. Katharina sah hinauf, sah zuerst einen nackten Fuß, dann einen Schuh daneben, dann zwei ganze Beine, dann einen ganzen Jungen, dann noch einen Jungen.
„Das sind sie, das waren sie!" jubelte sie und sprang zur Tür. „Raus geht's nur über meine Leiche." Oh, sie fühlte sich so stark wie ein Rummelringer. Dabei wäre sie, zart und klein, wie sie war, selbst wie eine Feder wegzublasen gewesen. Einfach – puh – weg. Auch dachte sie bei sich: Wenn die so sind, wie sie aussehen, sind die aber gemeingefährlich. Einbrechen, alte Leute überfallen, Häuser anstecken, Hühner abmurksen – au weia. Darum baute sie sich fest in der Tür auf, rammte ihre Beine in die Schwelle und versperrte jeden möglichen Fluchtweg. Und auf ihren gebräunten Oberschenkeln spielten die kleinen Muskeln.
Erika kommandierte: „Ab zum Verhör. Und daß mir keiner auskratzt."
Die beiden drückten sich mit gesenktem Haupt verschämt an der Frau vorbei. Katharina lehnte sich nur um ein weniges zur Seite. Der Kleine, als er sich an dem Mädchen vorbeischubbern mußte, konnte nicht an sich halten und zischelte ihr ins Gesicht: „Alte Petze!"
Katharina gab eine Antwort auf ihre Weise: ein saftiger Puff mit dem Knie in seinen Hintern.
Die Männer aber hinter den Gardinen kriegten große Augen. „Kiek eins an", sagte einer zum andern, „was für ein Volk!"
Auf dem Korridor prallte ihnen Frau Ohm entgegen, in den Händen eine Schüssel voll dampfender Kartoffeln. Sie hatte von alldem nichts wahrgenommen und blieb daher beim Anblick dieser zerfledderten, an Stauchdiebe erinnernden Jungen überrascht stehen.
„Was ist das, Erika? Was schleppst du mir da für ein Gesocks ins Haus?" Ging ins Gastzimmer, bauzte die Schüssel auf den Tisch und sagte: „Soße kommt gleich."
Dann kehrte sie in die Küche zurück.

Erika bugsierte die Jungen in die Wirtsstube. An der Wand mußten sie stehen, den Blick in den Raum, mußten sich anstarren lassen, wie von einer vielköpfigen Schlange das Opfer angestarrt wird, von vielen, von allen Augen. Nur, diese Augen wuchsen zu einem einzigen Auge zusammen, zu einem Auge, das weder lächeln noch fragen noch weinen konnte. Es blickte kalt und gefühllos, es blickte fürchterlich, dieses Auge, so fürchterlich, daß sich dem Kleinen, der eben noch der Katharina ein tapferes „Petze" ins Gesicht gezischt hatte, das Wasser in den Augenlidern sammeln mußte, wo es überquoll und über die zuckenden Backen tropfte.
Katharina nahm davon keine Notiz. Sie hatte sich in der Lokaltür verschanzt, um auch hier den Einbrechern, sollten sie die Flucht wagen, den Weg zu versperren. Und sie wippte vor Spannung von Hacke zu Zehe und Zehe zu Hacke. Einmal nur maß sie die beiden von der Seite ungesehen, wie die in ihren verbeulten Klamotten dastanden, und dachte sich ihr Teil. Der Kleine hatte einen Schuh verloren, der andere war dreckig bis zum Gehtnichtmehr. Und sie beschlich geheimer Stolz. Hatte nicht sie die beiden entdeckt und gekascht? Sie? Mannomann, ich!
Vater Ohm an der Theke schob die Gläser zusammen. Jetzt trat er mit seiner breiten Gestalt hervor und krempelte die Ärmel hoch. Das hatte zu bedeuten: Kommt mir keiner zu nahe, ich mache euch zu Mus! Denn Vater Ohm kannte Landstreicher nur zu gut, kannte auch die Halbstarken und all die Puschnulken, die sich hier und da herumtrieben, und er wußte wohl, wie artig und hupps ein mißratener Knabe mit einer Hand am Kragen zur Tür hinauswirbeln konnte, wenn es ihm an der Zeit zu sein schien. Er war Herr im Haus, er übernahm daher das Verhör.
„Wie heißt du?" fragte er den Großen.
Eckart nannte seinen Namen.
„Gut, also Eckart."

Pause.
„Und woher kommst du?"
„Aus Ueckermünde."
„Gut, aus Ueckermünde also."
Pause.
„Und du, wer bist du?"
Dem Kleinen schnürte es die Kehle zu. Niemand konnte verstehen, was er gurgelte.
„Wie du heißt, will ich wissen. Sprich deutlich!" herrschte Vater Ohm ihn an.
„Er ist mein Bruder", schaltete sich Eckart ein.
„Du halt die Klappe, du bist nicht gefragt."
„Entschuldigen . . ."
„Wie kommt ihr in meinen Kuhstall! Wenn du lügst, dann . . ." Seine Hand fuhr durch die Luft.
„Da war eine Leiter . . . und der Heuschlucker . . . und die Luke . . . und, na ja . . ."
„So! Leiter also, Luke also. Hab ich mir das doch gedacht. Und dann in diesem Karnevalskostüm? Du hast dich wohl vier Wochen nicht gewaschen, du Drecksmolch. Und du da, mit dem einen Schuh, was ist mich das?"
„Wir sind mit der Jolle aufgelaufen – gestern abend – bei der Brücke – und abgesackt – hundertprozentig – irgendwo mußten wir doch . . ." Fidibus stackerte sich was zurecht.
„Haben wir großes Unrecht getan?" fragte Eckart.
„Wie? Was? Unrecht? Ja – äh, nein. Wieso?" Vater Ohm war völlig verdattert. Er räusperte sich, wischte sich die Nase und sah weg.
Stille im Raum. Katharina hörte das Sirren der tanzenden Mückenschwärme draußen über den Bäumen. Jetzt zitterten ihr die Knie, denn was sie eben erfahren hatte, ging wie ein Hammerschlag durch sie hindurch. Bienenwilli spielte mit den Fingern. Die Männer vom Heu knubberten an den Deckenfransen oder sahen zum Fenster hinaus. Erikas Gedanken

rasten mit sich selbst um die Wette. So was! Wer hätte das ahnen können. Alles hätte sie geahnt, aber so was – nein.
Wer wollte das erste Wort sagen ...
In diesem Moment platzte Frau Ohm nichtsahnend herein, in der Hand die Soßenschüssel:
„Nun können wir anfangen, oder? Ist was? Ihr guckt so!" Und mit einem Blick auf die beiden Bettelkinder: „Sollen die etwa mit an den Tisch?"
Sie rätselte in der finsteren Miene ihres Mannes herum, entnahm ihr wohl eine leise Zustimmung und winkte die beiden heran:
„Na schön, dann setzt euch hin! Katharina, zweimal Teller und Besteck. Nimm von den alten."
Das Mädchen eilte in die Küche, raffte unter Klappern und Hasten das Geschirr zusammen und machte, daß sie zurückkam. Sie wollte sich von dem, was nun geschehen würde, nichts entgehen lassen. Als sie dem Kleinen Teller und Löffel vor die Nase schob, stieß sie auffällig hart an seine Schulter. Sie wollte sich ihm bemerkbar machen.
„Keine Petze! Merk dir das!" Sie zischte wie eine Kobra. Er hatte sich das hinter die Ohren zu schreiben.
Mutter Ohm wünschte guten Appetit, ein befreiendes Wort in dieser bedrückenden Stille. Da schmatzte es los, da löffelte es, da kleckerte es, ja es schien, als vergrübe sich jeder hinter seinem dampfenden Mahl. Erika glubschte die Kinder an. Sie konnte nicht von ihnen lassen. Mein Gott, dachte sie, wie die stopfen! Und schob ihnen immer wieder von neuem die Schüssel zu: „Eßt, Kinder, eßt, bis euch der Nabel glänzt."
Hinterher blieb man noch sitzen. Die Männer verlangte es nach Bier. Eckart hatte im Zusammenhang zu berichten, man hörte zu. Eckart tat es gründlich und in allen Einzelheiten. Er schloß dann mit den Worten:
„Und nun haben wir nichts mehr, kein Geld, keine Ausweise, kein Boot, kein Nichts. Alles ist weg. Und das Boot gehört meinem Vater. Aber das habe ich ja schon gesagt."

„Tja, wenn das so ist", murmelte der eine.
„Ich hab ja immer gesagt, die Trümmer sollten längst . . .", setzte ein anderer hinzu.
„Da muß natürlich mal was geschehn", bestätigte ein dritter.
„Da kann man sich Gnick und Gnack brechen, deubelnichnochmal!" schimpfte ein vierter.
„Das Boot? Das ist weg. Da hilft nichts, da macht euch man keine Hoffnungen nicht. Als wir damals . . . wir hatten auch . . .", brubbelte ein fünfter, wischte sich über den Mund und zuckte mit den Schultern.
Da nickköppten sie alle, diese klugen Männer. „Das ist nun mal so. Na, denn wolln wir mal wieder."
Aber erheben tat sich keiner.
Jetzt geriet Katharina in unbeschreibliche Erregung. Tief innen fühlte sie es im Magen kribbeln: Schiffbrüchige, dachte sie, richtige Schiffbrüchige. Ich hab sie entdeckt, ich allein. Es sind meine Schiffbrüchigen. Was muß ich jetzt tun? Muß ich sie melden? Sie krüselte mit der Nase ihre hübschen Falten und blickte mit verkniffenen Augen auf Eckart, der ihr jetzt gar nicht mehr so dreckig vorkam. Der war sicher sehr tapfer. Der Kleine dagegen, na ja – püh – obwohl, er war auch ein richtiger Schiffbrüchiger.
Die erste, die zu handeln begann, war Erika, die Postfrau. Klatsch – knallte sie ihre Hand auf die Tischplatte, daß die Teller hopsten.
„Das ist ja . . . Sagte ich's nicht? Habe ich's nicht gesagt? Erst warn sie da, dann warn sie weg? Aber einem alten Weib schenkt man ja keinen Glauben. Katharina, komm."
Sie stand auf und verließ spornstreichs und mit Geschnaufe den Gastraum. In der Tür wandte sie sich noch einmal um:
„Katharina! Du gehst zu deinem Kälbchen und bleibst da, bis ich zurück bin. Deine Mutter hat jetzt alle Hände voll zu tun."
„Was willst du?" fragte Katharina und wollte mit ihr gehen.

„Laß mich." Sie beorderte sie weg und stapfte hinaus. Schon klapperte ihre Quietschkarre über den Hof, und das Knirschen der nicht geölten Kette verriet, daß sie den aufsteigenden Schotterweg im Fahren bezwingen wollte. Erika lief auf vollen Touren.

Mit ihr war Bewegung in die Menge gekommen. Frau Ohm räumte den Tisch ab. Die Männer drucksten zwar weiter an ihren Gläsern, dachten aber nach.

„Wir müssen Waltern das sagen. Die Polizei ist zuständig."

„Was soll die Polizei mit einem untergegangenen Wrack?"

„Na, einer muß doch was tun, einer, der zuständig ist."

„Vielleicht die Fischer, mit einem Schleppnetz?"

„Da kannst du das ganze Haff durchkämmen und doch nichts finden. Das Boot ist weg. Kannst Gift drauf nehmen."

„Und wer soll das bezahlen? Die Bengels vielleicht?"

„Bezahlen? Wird schon wer'n mit Fru Behr'n. Mit Fru Born is' uk gewor'n", grunzte einer. Und sie redeten alle krauses Zeugs.

Bei all diesem Gedröhn und Geschnack verlor Eckart schließlich das letzte kleine Fünklein Hoffnung, das er während der Mahlzeit noch gehegt hatte. Jetzt fühlte er sich verlassener als zuvor. Wo sollte er anfangen, wenn ihm niemand half? Sollte er die Polizei benachrichtigen? Einen Fischer fragen? Sollte er an die Eltern schreiben? Die waren verreist und hatten anderes zu tun. Sollte er einfach das Boot Boot sein lassen und mit Fidi zu Oma fahren? Ohne etwas versucht zu haben? Nein, nein, nein. Was aber tun? Oma wartete doch. Himmel, hilf!

Die Männer erhoben sich, einer nach dem anderen, schoben mit Gekrach die Stühle zurecht und stapften hinaus, um mit dem Heuprahm überzusetzen, denn Ohms Wiesen lagen auf der anderen Uferseite. Frau Ohm tippte ihrem Mann auf die Schulter und flüsterte:

„Die Leute aus Halle sind nicht gekommen. Das Zimmer ist frei. Soll ich?"

Ohm stand auf, schwer und gesättigt. „Mach, was du denkst. In den Kuhstall kommen sie mir jedenfalls nicht. Und wegschicken kannst du sie auch nicht.“ Damit gingen sie hinaus.

Nun war da nur noch der alte Imker geblieben, der Bienenwilli, wie sie ihn im Dorf nannten. Der faßte den beiden Jungen sachte auf die Schultern und sah ihnen in die Augen, tief und forschend, und sah, daß sie klare, gute und lebendige Augen hatten, ohne Trug und Zwielichtigkeit. Zwar sprach er kein Wort zu ihnen, doch sein Blick sprach eine lange, gütige Rede, so daß die zwei es sich gefallen ließen, daß seine Hand langsam und warm über ihre Köpfe strich, denn das tat ihnen wohl.

Danach schlurfte er hinaus zu seinem Bienenhaus. Er mußte jetzt nachdenken, viel nachdenken. Dazu brauchte er das Alleinsein.

Da saßen sie nun, die beiden Jungen, bettelarm, gestrandet, verlassen, auf fremden Stühlen unter fremden Leuten in fremdem Haus. Fidi umschlang seinen Bruder und versuchte ihn zu trösten:

„Laß man, Ecki, wir machen das schon.“

Eckart schniefte mit der Nase: „Wenn du meinst?“

Derweil kauerte Katharina neben ihrem Kälbchen im dunklen Stall. Sie wußte wohl, warum sie keine Lust empfand, das Tier wie sonst zu streicheln und zu liebkosen. Ihre Gedanken hatten sich draußen verhakt und wollten sich von den Vorstellungen nicht lösen, die der Bericht des Jungen in ihr wachgerufen hatte. In immer neuen Variationen tasteten sie sich an dem Gehörten entlang, übertrieben sich selbst bis ins Phantastische. Und – wirklich – ihr Herz schlug laut beim Bedenken der Möglichkeit, die beiden hätten ... Am Ufer – ertrunken – angespült – schrecklich ... Neinneinnein, nicht weiterdenken!

Da sprang sie entschlossen auf ihre Beine. Da ballte sie die kleinen Fäuste. Da ging ihr Gesicht auf in begeistertem Selbstvertrauen. Da stand sie, wie ihre Mutter immer stand: die Hände in die Seite gestemmt und um sich geguckt, als starre sie in eine hundertmäulige, gaffende Menschenmenge, und hielt, wie ihre Mutter es zeitweilig tat, ein ungeniertes Selbstgespräch.

„Alle sagen, man müßte, man sollte, man hätte, die andern müßten, die andern sollten, die andern hätten. Ist das Nothilfe? Rettet man so Schiffbrüchige? Wer ist MAN, wer sind die ANDERN? Ich, Katharina, ich bin MAN, ich bin die ANDERN. Und nun los!"

Mit solchen Worten ließ sie das Kälbchen Kälbchen sein, rannte ungeachtet des mütterlichen Gebots aus dem Stall, und krach flog der Riegel über. Schon stand sie an der Tür des Gastraums, in dem sie die Jungen allein fand. Vor ihnen baute sie sich auf wie eine Säule. Sie schob ihre Brille zurecht, und das große Rund auf ihrem Kinn zitterte leise, als sie sagte:

„So! Ich heiße Katharina. Ich bin jetzt hier. Ich helfe euch, kapito? Ich habe schon einen Plan. Aber pst!" Sie legte den Finger auf die Lippen.

Fidibus sah schräg von unten zu ihr hoch, und Eckart blies Luft durch die Nase. Traurig sah er sie an.

„Was hast du schon für einen Plan! Ist ja gut gemeint, aber Quatsch ist's sicher. Hörst ja, was die andern sagen."

„Die andern, die andern", ereiferte sie sich. „Du mußt glauben, daß es wird, einfach glauben. Dann wird's auch."

Eckart lachte. „Glauben! Schön wär's. Schmeiß doch einen Stein ins Wasser und glaub, daß er schwimmt. Schwimmt der dann?"

Katharina gab nicht auf: „Ich sage euch Bescheid. Lauft nicht weg, kapito?" Sie griff, um sich seiner zu versichern, nach Eckarts Hand. Der aber schüttelte sie ab.

Er läßt sich nicht von einem Mädchen anfassen!

Verstört sah Katharina ihn an. Sie hatte es doch nett meinen wollen. Zu allem sagte ihr Fidibus frech ins Gesicht:

„Jedenfalls haben wir eben gut gegessen." Und stieß kräftig auf.

„Ferkel!" blitzte sie ihn an. „Also gut. Ich hab's gesagt, kapito?" Sie flitzte hinaus, denn sie hörte Frau Ohm aus der Küche kommen und vernahm hinter der Tür, was sie sagte:

„Oben im Giebelzimmer könnt ihr erst mal unterkriechen. Die angemeldeten Gäste sind nicht gekommen."

Sie ging vor und zeigte ihnen im ersten Stockwerk das Zimmer.

„Hier könnt ihr bleiben. Klosett ist unten. Alles andere kriegen wir später. Und tobt mir nicht in den Betten!"

Überflüssigerweise, wie Hausfrauen es gern tun, klopfte sie nochmals die Kerben in die Kopfkissen, bevor sie hinausging.

Die Jungen hörten der Frau nach, bis sie sie unten meinten. Da ließen sie sich auf die Betten fallen, daß die gepeinigten Matratzen aufschrien.

„Mistmistmist, was sollen wir hier!" Eckart trommelte mit den Fäusten auf der Bettkante herum, bis es ihn schmerzte. „Wir können hier doch nicht abkratzen!"

Fidibus wälzte sich ungehörig auf der Decke und begrub schließlich sein Gesicht in den Kissen. Ob er weinte? Einmal hob er den Kopf: „Die andern werden uns doch helfen?"

„Du hast gehört, was sie sagen. Die haben keine Zeit für uns. Was sind wir denn? Wenn die uns überhaben, fliegen wir hier raus."

„Ob wir nach Hause schreiben?"

„Wenn Papa zurückkommt und das liest, macht er uns zur Minna."

„Und das Mädchen? Glaubst du der? Ich nicht."

Eckart spielte auf der Bettkante Klavier, sinnlos, gedankenwirr. „Sie hat's uns versprochen."

„Ha, versprochen!" lachte Fidi und warf sich das Kissen über den Kopf.

Das Zimmer, in dem sie sich befanden, war, wie man es in ländlichen Gasthäusern überall finden kann, sauber, einfach eingerichtet mit dem Notwendigen, an der Wand stillose Bilder, die Anrichte voller Wurmlöcher, ein Kleiderspind, vor Jahren weiß lackiert, mit ausgejackeltem Schloß und klemmender Tür, unterschiedlich die hohen Holzbetten, in Stubenmitte der Tisch mit zerwaschener Decke, knarrende Stühle. Hier zeigte das einzige Fenster nach Westen, die Sonnenstrahlen schnitten scharf von links ein. Unterhalb dieses Fensters dehnte sich die breite Dachfläche vom Gasthaussaal. Über ihrem Teeranstrich flimmerte und flirrte die Luft heiß wie über unsichtbarer Flamme, weil seit Stunden schon das Dach die Hitze der Sommersonne schluckte und nun zweifach wieder ausspuckte. Ein Pflaumenbaum schabte seinen Ast an der Dachrinne wund. Er sollte längst abgeschnitten werden. Durch den Blätterwald erkannte Eckart einen Teil der Brücke.
„Da, Fidi, da hat's uns erwischt, heute nach, gestern nacht, oder wann."

3

Katharina war, nachdem sie mit den beiden Jungen gesprochen hatte, hastewaskannste zu Onkel Willi gestürmt. Dessen Bienenhaus galt ihr seit langem als zweites Heim, als ein Ort der Vertrautheit, wie es keinen besseren auf Erden gab. Und Onkel Willi war ein ganz, ganz lieber Mann.
Ihr Ohr an das nach Wachs duftende Holz gelegt, hatte sie leise an die Tür geklopft und auf Antwort gewartet. Denn sie wußte, daß Onkel Willi es nicht liebte, bei seiner Arbeit aufgesucht und gestört zu werden, wenn er schleuderte, Rähmchen wechselte, Weisel zeichnete. Ihr Kleinfingerklopfen allerdings, das einfach zu Katharina gehörte, das kannte er

und mochte er auch, und der kleine Fratz hatte jederzeit Zutritt zu ihm. Trotzdem. Katharina hatte auf das einladende Jabitte gewartet. Dann erst war sie eingetreten.
Da stand sie nun, flabbernde Brust, nach Atem ringend, mit offenem Hemd, in kurzer Sommerhose, die Daumen überm Dubs hinter das Gummiband gesteckt.
„Komm", sagte Onkel Willi, griff sie am Arm und drückte sie auf einen Schemel.
Vornübergeneigt, den Blick zu Boden, die Arme zwischen den Schenkeln baumelnd, mußte sie erst zu sich kommen. Onkel Willi spürte ihre innere Erregung. Er kannte ihr Wesen gut, er rätselte nicht lange an ihr herum. Er wußte wohl, sie wird schon sagen, wo der Schuh drückt, und er sah auch, wie stürmisch sich ihre pumpenden Schultern hoben und senkten und wie alles nur sehr langsam zur Ruhe kam.
Plötzlich warf sie sich hoch: „Schlimm, nicht wahr, Onkel Willi?"
„Ja, sehr schlimm."
„Die Jungen tun mir leid. Dir auch?"
„Doch, doch. Natürlich."
„Die mit ihrem Boot, schlimm, schlimm."
„Ja, es ist wirklich schlimm."
„Nun haben sie gar nichts mehr."
„Was haben sie gar nichts mehr?"
„Na, das Boot und alles."
„Woher willst du das wissen?"
„Die Männer sagen das doch, die vom Heu."
Onkel Willi lachte leise und strich ihr über den Zottelkopf: „Die Männer – ach, die Männer!"
„Aber die müssen das doch wissen."
„Hat von denen denn schon einer nachgesehn?"
„Hä?" Katharina blickte erstaunt auf. „Nachgesehn?"
„Dann soll auch keiner was sagen, Kind. Rede stets nur das, was du genau weißt. Alles andere ist von Übel, Fratzichen."

„Aber wenn das Boot abgeblubbert ist?"
„Es kann durchaus noch da sein. Es kann, verstehst du?"
Katharina pustete einen Schweißtropfen von der Nase. Ungläubig sah sie den Alten an.
„Fratz", sagte der. „Es ist immerhin möglich. Fünfzig zu fünfzig."
„Neununeunzig zu eins, Onkel Willi."
„Fünfzig zu fünfzig. Du mußt auch mal mit dem Unglaublichen rechnen."
Katharina schloß die Augen und rechnete mit dem Unglaublichen ... Mit einem Mal sprang sie in die Höhe, riß ihre Arme auseinander wie die Torflügel einer Kornscheune, drang auf ihren alten Freund ein und umschlang seinen runden Leib samt Kugelbäuchlein mit einer Heftigkeit, als wollte sie ihn zermusen. Sie blickte von unten gegen sein stachliges Kinn:
„Wollen wir nachsehn gehn? Du brauchst ja nicht. Aber ich. Ich geh nachsehn."
„Du? Schwimmen? Fliegen? Wie willst du das anstellen? Mach mir bitte keine Dummheiten, kleines Mädchen!" Und rollte spaßig mit den Augen.
Sie drückte ihn noch mal und noch mal und bezeugte darin ihre feste Absicht: „Ich weiß, was ich tue, Onkel Willi. Verlaß dich auf mich. Man muß nur glauben, daß es da ist, dann ist es da. Das hab ich von dir gelernt. Aber – bittebitte, nichts sagen, zu kein ein, ja?"
Der Alte verzog sein faltiges Onkelwilligesicht und sicherte ihr zu: „Fratzekind, du weißt doch. Onkel Willis Mund ist der stummste auf der ganzen Welt, wenn er soll."
Katharina war in Fahrt: „Wenn es wirklich noch aufgehongen ist oder so, an dem Klumpatsch von der Brücke oder wo, wie kriegt man das dann raus?"
Der Alte zog leise ihre Wange an seinen Mund, biß ihr sacht ins Ohrläppchen und flüsterte, was außer ihr niemand verstanden hätte:

„Fpmpn, Tschlch nd fpmpn – fss, fss, fss."
„Wie? Kann man das?"
Weit riß sie die Augen auf, und in ihrem Hirn schien ein Riesencomputer zu ticken. Alle Möglichkeiten flitzten in Bruchteilen von Sekunden durch ihre kindlichen Vorstellungen.
„Das ist ... das ist ... jetzt weiß ich. Eins zu neunundneunzig! Ach, du lieber, böser, guter Onkel Willi!"

Von dem Plan, der eben im Bienenhaus heimlich durchgezwirbelt wurde, wußten die Jungen natürlich nichts. Eckart hockte mit gegrätschten Beinen auf dem Bett und klagte über Stinklangeweile. Fidibus spionierte die Stubenecken durch, erforschte Schübe und Kästen, klappauf, klappzu, knipste am Lichtschalter, anaus, anaus und sagte: „Brennt."
„Laß das, du bist hier nicht zu Hause." Eckart wurde nervös. Der Kleine trollte mit einem Hast-mir-gar-nischt-zu-sagen-Gesicht zum Fenster und lehnte sich hinaus. Eckart wechselte die Lage, die Beine schliefen ihm ein. Er setzte sich auf den Bettrand und wippte mit den Füßen. Was sollte er machen? Die Zeit ging weg, inhaltlos. Zum Verrücktwerden.
Da hörten sie Schritte auf der Treppe. Die Stufen knackten.
„Es kommt einer! Zieh dein Bett glatt!" Eckart sprang auf und puddelte irgendwas.
Die Tür öffnete sich. Jemand drückte mit dem Knie nach. Die Postfrau! Was will die hier! In ihren Händen schwenkte sie zwei Bündel, zwei zusammengefrumste Bündel mit was drin. Was soll das!
Hei-hopp, warf sie's den Jungen vor die Füße.
„Fangt auf!"
Die Bündel kullerten zu Boden.
„Da", lachte sie. „Sachen für abgebrannte Hänflinge."
Sachen? Für uns? dachten sie.
„Na los, anziehen! Oder? Wollt ihr zeitlebens hier nackig rumlaufen?"

Eckart betastete einen der Beutel, sah auf die Frau, zottelte an irgendwelchen Stoffen und wußte nicht ... Anziehen? Fremde Sachen? Wir haben doch...
Fidibus begriff fixer. Warum nicht! Schlupps stieg er in eine verwaschene Hose, schlang den Gürtelbund zweimal um seinen dünnen Leib und grinste an sich herab wie ein Vater, der seinen bemachten Säugling vor sich hat: „Wenn ich unten drauftrete, kneift sie unter den Achseln. Sonst paßt sie."
Erika lachte schallend. Es war das erste erlösende Lachen seit vielen Stunden. Und das war nötig, das half. Tränen hätten alles nur viel schlimmer gemacht.
„Du hast den falschen Beutel erwischt, Junge. Nimm den." Sie warf Eckart die Hose vor den Bauch: „Da, versuch du dein Glück."
Jetzt stand Erika da wie ein gütigstrenger Lehrer beim Einkleiden seiner Klasse für eine Schülervorstellung.
Eckart wußte noch immer nicht. Soll er, soll er nicht?
„Mein Gott, was bist du zimperlich!" So zog sie selbst hervor, was ihr gutdünkte, wählte, verwarf, hielt dies und das den Strolchen vor den Leib – und sich selbst auch, prüfte, schnüffelte an diesem und jenem und ordnete zu kleinen Häufchen. Bisher hatte sie nur ihr einziges Töchterchen ausstaffieren dürfen. Nun krochen hier zwei echte Bengels herum, richtige kleine Lausangels. Und extra für diese beiden hatte sie in befreundeten Familien gebettelt, ausgeliehen – was sie übrigens liebend gern getan hatte, wie sie sich gestand, aus purer Mütterlichkeit.
Nach Vollendung betrachtete sie ihr Werk. „Ich denke, das reicht einstweilen. Jetzt gebt ihr mir eure dreckigen Klamotten her, ich werde sie durchwaschen."
Und so, wie sie hereingekommen, verschwand sie wieder: selbstsicher, lagebeherrschend, mit fliegenden Haaren und pustendem Gesicht. Die Treppe knackte, das Fahrrad quietschte. Der Spuk war vorüber.

Fidibus schnüffelte an seinen Sachen herum wie ein Pinscher an fremder Leute Hosenbeinen: „Äh, Mottenpulver!"
„Die Frau ist in Ordnung, was, Fidi?"
„Klar, kannst nicht meckern."
„Guck mal, steht mir das Hemd?"
Jetzt drehte sich auch Fidibus und beliebäugelte sich vor dem Spiegel in der Schranktür wie ein Mannequin vor dem Auftritt. Indessen hatte Eckart andere Beschäftigung gefunden. Er pulte aus den Taschennähten Krümel und Reste, sogar beträchtliche Mengen. Die Stimmung war gestiegen, war gesund, war ungesund, denn der plötzliche Zugriff des Glücks hatte die beiden in gefährlicher Weise beflügelt. Das Resultat war dann auch die unvermeidliche Katzbalgerei. Unter jammervollem Stöhnen aufschreiender Matratzen mußten sie augenblicklich ihre Kräfte messen mit Hörauf und Laßlos. Arme Betten! Schließlich rutschten die Unterbretter krachknall von ihrer Auflage, die Federböden gaben nach, die Jungen versanken in der Tiefe ihres hölzernen Kastens, und Eckart stieß sich den Schädel.
„Schluß! Hör auf!"
Zu spät! Tante Post stand abermals vor ihnen.
„Heda, alter Freund! Habt ihr nicht alle beisammen?"
Wie war sie hereingekommen? Sie war doch eben erst...
„Bringt das schleunigst in Ordnung, fixing, fixing, sonst fliegt ihr hier raus." Und ihre Spezialhaltung, die Hände in den Hüften, machte ihnen Feuer.
Oh, war das den beiden peinlich. Mit hochroten Ohren machten sie sich über das zusammengedroschene Bettgestell und kloppten vor den Augen der Frau so lange darauf herum, bis es halbwegs hergerichtet war.
„Ich habe noch was vergessen", sagte sie in einem Ton, als wäre überhaupt nichts Ungebührliches vorgefallen. „Sprecht! Was wollt ihr jetzt unternehmen? Tagelang hierbleiben könnt ihr nicht, so ohne Geld und alles."

Sie wußte, warum sie das fragte. Es gehörte zur Art ihrer Erziehung.
Eckart zog die Schultern. „Ich weiß nicht."
„Ich weiß nicht – das ist keine Antwort, alter Freund."
„Ich weiß aber wirklich nicht."
„Was haben die Männer da unten gesagt?"
„Die Männer? Ach, eigentlich nichts."
„Eigentlich nichts? Die müssen doch – Dunnerlüttchen – was gesagt haben!" tobte sie los. „Will euch denn wirklich keiner von den Männern helfen?"
Eckart hob die Arme. „Ich weiß nicht."
Fidibus mischte sich ein. „Die müssen Heu einfahren. Die haben keine Zeit."
Erika schnippste mit dem Finger. „Na gut, na gut." Und dachte nach.
„Einer meint, die Strömung hat es abgetrieben, zu retten ist da nichts mehr. Die Polizei soll die Gegend durchfischen, aber bezahlen kann das keiner."
„Guut, guut!" machte Erika. „So ist das also. Einer sagt, einer meint, die andern sollen sich kümmern, die andern. Immer das alte Lied."
Voll mürrischer Gedanken strich sie an ihrer Jacke herum.
Plötzlich trat ein unerwarteter Ton in ihre Stimme, mild und gütig:
„Setzt euch mal hin, Kinder, ich will euch was erzählen." Sie zeigte auf die Stühle, wandte sich um und tat, was man eigentlich nicht tun sollte. Sie pflanzte sich rücklings mit dem Podex auf den Tisch und ließ die Beine pendeln. Über ihren Schenkeln spannte sich der Stoff.
„Ich kenne da eine Geschichte, eine uralte Geschichte", sagte sie. „Aber diese Geschichte ist immer wieder neu. Weil sie wahr ist."
Jetzt will sie uns eine Geschichte erzählen? Jetzt? Komisch. So dachten die Jungen. Da sie aber nichts zu versäumen hatten,

rückten sie sich auf ihren Stühlen zurecht. „Es kann losgehn. Wir hören.“
Von draußen schwelte der süße Duft der Linden herein, ein Kuckuck rief in der Ferne, und Schwalben flitzten mit Geschrei am Fenster vorbei.
„Also“, begann sie, „da war einmal ein Mann – irgendein Mann, ja? Der wollte eine Reise machen, meinetwegen eine weite Reise. Mit einem Schiff. Darum setzte er sich eines Tages in sein Schiff und fuhr los – irgendwohin. Der Mann fühlte sich auf seinem Schiff ganz sicher. Er ritt darin wie auf einem Esel und rechnete sich aus, wann er wohl am Ziel sein könnte. Er pfiff vor sich hin und war fröhlichen Herzens. Die Sonne schien. Es war warm. Der Wind blies leicht in die Segel. Und so fuhr er weiter, immer weiter. Doch plötzlich geschah ein Unglück. Da waren doch Felsen, mitten im Wasser waren Felsen. Und in ihnen lauerte das Unglück wie ein böser Räuber. Er geriet mit seinem Schiff auf einen der Felsen, das Schiff bekam ein Leck und soff ab, soff einfach ab. Da sah er ein Ufer in der Nähe. Dorthin wollte er sich retten. Aber er konnte es nur durch Schwimmen erreichen. Alles, was er besaß, mußte er zurücklassen. So war er mit einem Schlag ein armer Teufel geworden, ohne Schuld. Mit letzter Kraft erreichte er das Ufer. Voller Freude sah er da ein paar Männer stehen, drei, vier, fünf Männer. Oder wieviel, ist ja auch egal. Die hatten die ganze Geschichte mit angesehen. Sie merkten auch, daß der Mann nicht mehr weiterkonnte. Da kamen sie heran und nickten mit den Köppen und sagten: Ein Glück, daß uns das nicht passiert ist, ein Glück für uns! Wie schlimm für den armen Menschen. Aber er wird sich schon zu helfen wissen. Und sie wandten ihm den Rücken und gingen weg, einer wie der andere.“
Eckart wollte etwas sagen, aber Erika hob nur leise die Hand. „Still, später.“ Und fuhr fort: „Der eine Mann stieg auf sein Pferd und ritt fort. Das war ein Pferd! Das hatte er sich neu

gekauft. Er wollte es ausprobieren. Darauf hatte er sich schon lange gefreut. Der andere Mann ging in seinen Garten und pflückte Kirschen für eine Suppe. Auf diese Suppe hatte er sich schon lange gefreut. Das wollte er nicht aufschieben. Der dritte sagte: Warum hilft denn keiner von den andern dem armen Deibel da. Ich kann nicht, ich nicht, ich habe eine Verabredung. Sonst würde ich ja helfen, aber nun . . ."

Erika machte eine Pause. War die Geschichte beendet?

„Wie bei uns", meinte Fidibus.

Und Eckart sagte nur: „Genau."

„Ich habe euch eine Geschichte aus der Bibel erzählt. Da steht sie zwar anders, aber so ähnlich."

„Oooch, bloß aus der Bibel?" sagte Fidibus enttäuscht. „Ich dachte . . ."

„Was heißt ‚bloß aus der Bibel'? Was heißt bloß!" Sie ereiferte sich. „Das will ich dir mal sagen, du kleiner Meckerfritze. Je älter ich olle Frau werde, desto mehr begreife ich: die Bibel ist nicht nur ein Buch für gestern, sondern für heute und für morgen. Aber das begreift ihr nun wieder nicht."

„Doch, ich begreife das", beteuerte Eckart und sprang auf. „Und ich finde die Geschichte richtig, weil sie sagt, wie es wirklich ist. Bei uns war es jedenfalls so. Oder nicht?"

„Das ist es ja eben. Das sage ich meiner Kathi auch immer. Viele denken, die Bibel, ach, die Bibel. Denkste! Eine ganze Wucht steht darin, worüber wir nachdenken sollen. Habt ihr das in der Christenlehre nicht gelernt?"

„Hm", machte Fidibus. „Nachdenken mag ich nicht."

„Ich habe die Geschichte ja auch verdreht und aus zweien eine gemacht. Jesus erzählt sie mit einem andern Schluß. Zuletzt kommt da nämlich doch ein Mensch, der hilft. Und seht, ihr kleinen Hosenschieter, darum geht es in unserm ganzen Leben. Um einen, der hilft. Das sage ich meiner Tochter auch immer."

Eckart setzte sich wieder und blickte nachdenklich auf seine Schuhspitzen. Der Kleine dagegen klopfte sich gegen die Stirn:
„Habe begriffen. Ei-ei-Ssörr. Wir sind der Abgesoffene. Und du – äh – Sie, du hilfst uns."
„So ist es!" sagte Erika und sah die beiden für einen Augenblick schulmeisterlich an. Gleich darauf aber veränderte sich ihr Blick durch ein zuneigendes Lächeln. Sie schnippste wieder mit dem Finger und rutschte vom Tisch. „Jetzt", sagte sie, „jetzt wird was unternommen. Du, Kleiner – was weiß ich, wie du richtig heißt –, du fährst morgen auf meine Kosten zu deiner Oma und tröstest sie. Ohne dich habe ich ein Sorgenkind weniger auf dem Hals. Und ..."
Fidibus jaulte auf und protestierte: „Ich? Wieso ich? Allein?"
Erika fuhr mit der Hand durch die Luft: „Stillgeseid! Was ich sage, wird gemacht. Das bin ich so gewöhnt!"
„Aber ..."
„Nun fängt der schon wieder an, der ... der ..."
Sprach's, ging zur Tür und verschwand. Die Treppe knackte, das Fahrrad knirschte – weg war sie.
Kaum hatten sich die beiden in ihrer Einsiedelei begriffen, knisterte es am Fensterbrett. Ihre Köpfe flogen herum. Drückte doch da einer den Fensterflügel nach innen! Es kratzte, als wenn ein Kätzchen unterm Sofa spielt, jetzt zwei Hände, die griffen über den Rahmen, dazwischen ein blonder Schopf, Brille, Gesicht – Katharina!
„Wie kommst ..."
„Pst!" Ihr Lausbubengesicht befahl energisch: pst, pst! Hops – flankte sie ins Zimmer, schlug rasch den Dachschmutz von den Händen und legte noch mal beschwörend beide Zeigefinger vor die Lippen:
„Ich bin gar nicht hier, ihr seht mich nicht. Kapito?"
„Du bist verrückt!" zischte Eckart. „Wenn dich einer erwischt, fliegen wir hier raus."

„Erwischen? Mich? Püh!"
„Eben war deine Mutter hier, eben, vor ein paar Sekunden."
„Weiß ich doch. Hab die ganze Geschichte gehört. Ich habe doch Ohren im Kopf."
„Am Kopf", verbesserte Fidibus.
„Du sei still, Kleiner!" blitzte sie ihn an.
„Was willst du hier?" fragte Eckart und ließ sich auf die Bettkante fallen.
„Was ich will? Erstens, zweitens, drittens will ich."
„Was – erstens, zweitens, drittens?"
„Erstens, ich finde prima, daß ihr hier seid. Ferien sind langweilig."
„Danke für die Blumen. Du freust dich wohl noch über den ganzen Mist, was?"
„So meine ich das doch nicht. War doch nur erstens. Nun kommt zweitens." Sie legte Fingerkuppe gegen Fingerkuppe und zählte ab: „Zweitens – wir haben einen Plan."
„Wer wir?"
Wir? Au weia, beinahe hätte sie jetzt den geheimen Plan verraten, den sie eben mit Onkel Willi geschmiedet hatte.
„Nicht wir. Ich. Ich meine ich. Aber" – sie schlug die Handflächen kindlich bettelnd aneinander: „Pst, kapito? Keine Silbe zu einem Sterblichen."
„Und – wie ist dein sogenannter Plan?" fragte Eckart mit höhnischem Unterton. Ist sie nicht bloß ein Schulmädchen aus einem kleinen Hühnerdorf in einer wer-weiß-welchen Unterklasse?
Katharina zog sich die Strümpfe hoch.
„Mein Plan ist: nachsehen, ob das Boot noch da ist."
„Oho!" entfuhr es Eckart. „Ungeheuer schlau!"
„Und Plan zwei", fuhr Katharina unbeirrt fort: „Wenn es noch da ist, rausholen, einfach rausholen."
„Noch schlauer, noch ungeheurer. Auf solchen Gedanken wären wir nie gekommen. Sag mal, hältst du uns für doof?"

„Hat deine Mutter noch mehr solche schlauen Töchter?" höhnte nun auch Fidibus und faßte nach ihrer Stirn.
Sie schlug die Hand beiseite und fauchte: „Du reiß dich zusammen, Kleiner. Morgen ziehst du Leine, zur Oma."
„Zieh ich nicht."
„Ziehst du doch."
„Zieh ich nicht, Zimtzicke!"
„Halt du den Mund!" bellte Eckart ihn an. Und zu Katharina: „Wie willst du ein Schiff heben mit einem Loch im Bauch. Ist dir nicht klar, daß das immer wieder wegsackt?"
„Die ist ganz schön zu da oben", meldete sich Fidibus noch mal, verzog sich dann aber in den Hintergrund und spielte am Schrankschlüssel.
„Das ist ja eben mein Plan. Ätsch! Aber jetzt muß ich weg. Wenn Muttchen mich sucht . . ." Sie zog Eckart ans Fenster und zeigte hinaus: „Der Baum da, siehst du den? Heute nacht, wenn es halb elf schlägt, nicht früher, nicht später, da treffen wir uns beide. Aber nur wir. Der da", sie winkte mit dem Daumen nach hinten, „der bleibt natürlich hier, kapito?"
„Du bist verrückt! Um halb elf? Nachts?"
„Halb elf, an dem Baum da." Hops – einen Satz übers Fensterbrett, ein Knirschen von Dachkies. Husch-husch – weg war sie.
Eckart staunte nicht schlecht über ihre Fixigkeit, wie sie, einer Katze gleich, auf allen vieren über das flache Dach witschte, vom Pflaumenbaumast hinab auf die Erde rutschte und verschwand. Sie erinnerte ihn an einen Gibbon, und irgendwie gefiel ihm das.
Fidibus dagegen trommelte auf dem Bett herum und maulte: „Immer ich, immer ich!"
„Hast du nicht gehört?" fuhr Eckart ihm wieder über den Mund. „Sie hat gesagt, du bleibst hier, also bleibst du hier. Und morgen geht's ab zu Oma. Einer muß es doch tun, Mensch."

„Jajaja", muffte er. „Sie hat gesagt, sie, sie, sie. Tu du nur, was die Zicke sagt! Du bist ja ein Weibchen!"
Die Kampfstimmung schwoll an, eine Kissenschlacht stand in beider Sinn, als es auf der Treppe knackte. Fidi konnte gerade noch auf seinem Bett Ordnung schaffen, da öffnete schon jemand die Tür. Frau Ohm.
„Ihr könnt hier nicht den ganzen Tag Maulaffen feilhalten. Kommt runter an die frische Luft. Mein Gott, wie sehen die Betten aus! Habt ihr getobt? Ihr könnt im Heu helfen oder Karnickelfutter suchen oder sonstwas Nützliches tun. Aber oben geblieben gibt's nicht."
Sie winkte mit der Hand, ging hinaus und ließ die Tür offen.
Fidibus steckte verärgert das Hemd in die Hose:
„Da hast du den Salat. Umsonst lassen sie dich nicht hier wohnen. Arbeiten mußt du. Kinderarbeit! Ich hau morgen ab. Ein Glück!"
In Eckart aber tobte es verwirrend. Er hätte am liebsten – ja, was hätte er am liebsten? Weil das Mädchen von Plan eins und Plan zwei gefaselt hat, rätselte und rätselte er, stieg aber beim besten Willen nicht dahinter, was sie wohl gemeint haben könnte. Denn das Boot ist doch weg. Da hilft nun alles nichts. Und weil es weg ist, werden sie es nicht heben. Außerdem hat es ein Loch im Bauch. Das war so, und das ist noch so. Was also will sie?
Und weil ihn das umtrieb, konnte er nichts anderes als warten. Warten, bis es Abend wird, bis es dunkel ist, bis die Uhr halb elf geschlagen hat.
Einen verstohlenen Blick zu dem bezeichneten Baum sandte er noch hinaus. Den Baum, das wußte er, mußte er sich merken. Er darf ihn nicht verfehlen, heute nacht, wenn es dunkel ist.
Dann ging er zur Tür, seinem kleinen Bruder nach, die knarrende Treppe hinunter.

4

Auf dem Korridor von OHMS GASTHAUS tickte die Uhr. Der Nachmittag tropfte dahin wie Sirup aus einem lecken Faß – alle naselang ein Tröpfchen Minute. Der Heuprahm legte ab, der Heuprahm legte an, die Turbine sang, das Gebläse schleuderte raschelnd das Heu auf den Oberboden. Auf der Weide strullte die Milch in den Melkeimer, die Kälbchenkette klirrte sacht im Stall, die Schweine quiekten nach ihrem Fraß, die Hühner flatterten auf die Apfelbäume zum vorzeitigen Schlaf. Irgendwann rief Frau Ohm zum Abendessen. Geschirr klapperte, der Bierhahn rauschte, Männer hinter schaumgekrönten Gläsern klönten im Gastraum, und ihr Lachen scholl hinaus auf den Hof. Das Tageslicht verlosch im Nordwesten – und die Uhr tickte weiter auf dem Korridor, tickte selbstverständlich und selbstvergessen, und die Zeit tropfte dahin ...

Die Jungen hatten sich auf ihr Zimmer verzogen. Fidibus zottelte sich die geborgten Sachen vom Leib, warf sie irgendwohin und wühlte sich in die Decke. Eckart blieb am Fenster stehen und durchlauschte das Dunkel. Im Haus wurden die Türen geschlossen, letzte Schritte gingen über den Hof, letzte murmelnde Stimmen dumpf unten. Auf einer Baumspitze flötete die Amsel, und der halbe Mond hängte sich in die Zweige.

Es war soweit. Lange schon hatte die Uhr zehn geschlagen. Eckart gab seinem Bruder ein letztes Mal eindringliche Ermahnungen:

„Laß mir ja das Fenster offen! Und wenn einer kommt, knarr mit dem Bett, damit der denkt, wir sind beide hier!"

Einen Fuß aufs Fensterbord, ein Schwung hinaus aufs Dach, hinüber auf Händen und Füßen, den Ast gepackt, den Stamm hinunter, mildes Licht vom Mond dazu ...

Der Baum, den Katharina bezeichnet hatte, war unglücklicherweise von mannshohen Brennesseln umwuchert. Eckart trampelte eine Passage hinein und hockte sich mittendrin hin. Aber die Mücken, die Mücken, die er aufgewirbelt hatte! Pitschpatsch – elendes Mückenzeugs! Wie sie ihn umschwirrten, umsirrten, seinen Schweiß naschten, stachen und Blut sogen, tausend, abertausend – patschpitsch. Weg hier, oder ich komme um!

Da kam sie angejagt, lautlos wie ein Kätzchen. Kss-kss, machte sie. Das hieß: Ich bin da. Bist du auch da?

Eckart räusperte sich dreimal. Es konnte losgehen.

„Wohin?"

Kein unnützes Wort geredet. Sie winkte, er folgte; sie gab Zeichen, er gehorchte. Auf weichen Sohlen über weiche Steige, flink wie Wuselmäuse, rannten sie den Wiesenweg entlang, rechts die wilden Kirschenbüsche, eine Bank, links die schlagenden Nesselfahnen. Im Hafen lag ein Ruderboot – hops, sie sprang hinein, er ihr nach. Ein leises Bollern wie hohles Holz auf hohles Holz. Sie warf die Leine an Land, das Boot schaukelte auf, stieß vom Bollwerk ab. Fische kringelten, schnappten nach Insekten, Rotkehlchen zwitscherten ihre Nachtgesänge. Ein einsamer Hund jaulte dem fernen Mond zu. Mücken sirrten silbersingend Myriaden Töne. Zwei Herzen pochten hoch im Hals. Unter unhörbarem Ruderschlag entschwamm das Land im Dunst, als wäre es nie gewesen.

Als sich die beiden ungehört und sicher wähnten, flüsterte Katharina: „Wohin?"

„Laß mich rudern, ich weiß."

Sie wechselten die Plätze, Eckart zog durch, und leise glitt der kleine Kahn der Brücke zu, kein Schlagen, kein Plätschern, kein Quirl. Manchmal ließ Eckart das Boot einfach treiben. Dann lauschten sie hinaus.

„Hörst du was?" Er flüsterte so, daß er seine Stimme selbst kaum vernahm.

„Nee", hauchte sie zurück.

„Ich auch nicht."
„So still."
„Wie in 'ner Leichenhalle."
„Hör auf, ich mag so was nicht."
Nach einer Pause: „Ist das euer Boot?"
„Nicht direkt. Mußt nicht fragen."
„Geklaut?"
„Nur für jetzt – nur mal so."
„Wohnst du schon lange hier?"
„Pst – kapito? Wo ist die Stelle?"
Sie näherten sich dem algenbewachsenen Betonfundament. Das Mondlicht warf flibbernde, wie aluminiumglitzernde Streifen über das Wasser, irrlichterte an den Brückenstreben aufwärts – Gespenster am nächtlichen Himmel.
Katharina, gespannt und mit hellwachen Augen, saß da wie ein Luchs. Ihre Hände hatten den Bordrand umfaßt. Sie blickte sich um. Wenn Eckart ruderte, huschte der Mondschatten über ihre Beine, die sie wegen der Nachtkühle in eine lange, dunkle Hose gesteckt hatte.
„Wo war's denn nun?" fragte sie.
Eckart zeigte vor sich: „Da – oder da – oder hier. Auf jeden Fall hier in dieser Gegend. Das Fähnchen am Mast müßte noch aus dem Wasser gucken."
Sie blickte angestrengt. „Ich sehe nichts."
„Muß aber."
„War das wirklich hier?"
„Wenn ich's dir sage!"
Doch wie sie auch suchten und suchten, Meter um Meter – nichts. Nicht der kleinste Piks guckte über die schweigende Wasserfläche. In Eckart stieg wieder die alte Angst auf. Sollte das Boot wirklich abgesackt sein? Oder weggetrieben, wie die Männer vom Heu befürchtet hatten? Neinneinnein, das darf, das darf nicht sein! Wir müssen, wir müssen es finden! Wir sind hier an der Stelle, ich weiß das doch!

Ein Blick auf Katharina sagte ihm, wie fieberhaft sie sich an der Aktion beteiligte. Sie biß sich auf die Lippen, sie hatte die Hand über die Augen gelegt, um das vom Wasser reflektierte Licht abzuschirmen, und suchte und suchte und tat, was sie konnte. Denn auch für sie mußte es wahr werden, mußte das Boot zu finden sein. Sie bangte um ihren Plan zwei. Sonst wäre sie blamiert, und alles, was sie mit Onkel Willi ausgetüftelt hatte, wäre umsonst.
Eckart fischte und käscherte mit der Hand durchs Wasser und hoffte an die Mastspitze zu stoßen; er tauchte den Arm, über die Bordwand gebeugt, bis zum Ellbogen hinein. Nichts. Er faßte hier, er faßte da – nichts. Das Fädchen seiner Hoffnung wurde dünner und dünner – bald mußte es zerreißen.
„Ich schmeiß mich hintern Zug!" heulte er verzweifelt auf.
Katharina blieb unbeirrt: „Wenn du sagst, hier muß es sein, dann muß es eben hier sein und nicht woanders."
„Vielleicht ist das Wasser gestiegen?"
„Und wenn. Dann muß es trotzdem hier sein."
„Dann ist das Fähnchen natürlich unter Wasser, und wir suchen uns tot und dämlich."
„Dann muß es aber trotzdem hier sein. Man muß es finden, weißt du?" versuchte sie ihn bei der Stange zu halten.
„Ja, wenn . . .", sagte er müde.
„Kannst du schwimmen?" fragte sie nach einer Weile.
„Blöde Frage."
„Versuchen wir's mit Schwimmen. Vielleicht stoßen wir gegen was. Ein Bauch ist mehr als ein Arm."
Eckart sagte nichts.
Sie sah ihn an: „Oder?"
Eckart preßte seine Hände zwischen die Knie und sah unentschlossen in die Leere der Nacht.
„Oder?" wiederholte sie eindringlicher. Er hatte schließlich zu entscheiden.
Er sagte noch immer nichts.

„Es ist dein Kahn und nicht meiner", gab sie zu bedenken.
Eckart schwieg.
„Also – drehn wir um? Oder was ist?"
Eckart atmete tief.
„Bist du tot?"
Er stieß die Luft schnuffend durch die Nase aus.
„Also – gib zu. Du hast Schiß!"
Eckart wirkte wie ein Holzklotz. Doch in seinem Innern sah es anders aus. Heiß wühlte und wallte es in ihm. Soll er sich von einem Mädchen bestimmen lassen, beraten lassen, vorschreiben lassen, was zu tun sei? Oh, er war sich selbst nicht gut.
„Mann", drängte sie, „schwimmen ist doch unsere letzte Möglichkeit!" Und weil er noch immer nichts sagte und nur nervös mit seinen Fingern spielte, rubbelte sie wild ihr Strubbelhaar und bullerte vor Ungeduld mit den Füßen auf die Bodenbretter, daß es sicher weit zu hören war. „Mensch, überleg doch mal ein bißchen!"
Das war hart. Eckart saß, Eckart schwieg, Eckart knirschte mit den Zähnen. War das ein ungleicher Kampf!
Da hielt sie es einfach nicht mehr aus. Flutsch, gingen ihre Hüllen vom Leib. Hops, war sie über Bord. Pitsch, ein verhaltenes Schniefen im Wasser – sie war außenbords.
Ein Arm griff hoch: „Leg meine Brille auf die Sachen."
Dann stieß sie sich ab.
Das war denn doch zuviel! Sekunden später war er ihr nachgesprungen. So was ließ er sich nicht vormachen! Und dann noch von einem Mädchen!
Jetzt verständigten sie sich. Sie schwammen Kreise ab, systematisch Meter um Meter, Fläche um Fläche, mit Armen, mit Beinen, mit Bauch getastet, gerudert, gefischt . . .
Plötzlich ein heller Ruf: „Eckart, komm schnell, hier ist was Spitzes, ganz schön tief unten."

Wie ein Delphin flog Eckart heran. Das Fähnchen, wahrhaftig!

„Wir haben die ALRAUNE! Juhu!“ Die Stimmung war im Nu umgeschlagen.

Katharina triumphierte: „Ich hab's doch gesagt. Du mußt nur glauben, daß es da ist, dann ist es da.“

Eckart schrie ein übers andere Mal: „Ich könnte den doofen Mond auffressen mit Krater und Mondauto!“ – und schlug mit den Armen aufs Wasser wie eine quietschfidele Ente beim Anflug.

„Jetzt müssen wir uns die Stelle genau merken.“

„Kapito. Willst du ein Loch ins Wasser scharren?“

„Quatsch. Merken, einfach merken“, sagte Eckart und suchte eine mögliche Kreuzpeilung zwischen Land und Brücke. Doch das wurde zu ungenau.

„Vielleicht ins Wasser spucken und die Spucke merken?“

„Nun rede nicht! Laß dir lieber was Gescheites einfallen.“

Sie hatten beide die Mastspitze angefaßt, ihre Hände berührten sich unter Wasser, ohne daß sie es spürten. Sie traten Wasser und stießen mit den Knien aneinander. Jetzt sahen sie sich genau in die Augen. Katharina kniff ein Gesicht und schnalzte mit der Zunge:

„Warte hier, ich weiß. Schwimm nicht weg!“

Was hat sie nun schon wieder vor? Kann sie mir das nicht sagen? fragte sich Eckart und fühlte sich an die Mastspitze gebunden wie ein Hündchen an den Laternenpfahl. Und so blickte er ihr auch nach.

Sie kraulte zum Ruderboot zurück, schwang sich über die Bordwand, griff im Boot nach etwas und kehrte prustend zurück.

„Hier!“ rief sie und hielt einen Plastikball an dünner Leine in die Höhe. „Den binden wir an, an die Mastspitze. Der schwimmt. Den finden wir wieder. Das ist das einfachste von der ganzen Welt.“

Während er die Knoten schlug, während das Bällchen dicht vor seiner Nase tanzte, während sie mit den Armen rudernd bei ihm blieb und zusah, stieß es abermals in ihm auf: Warum ist *er* nicht auf diesen Gedanken gekommen – auf den einfachsten Gedanken der ganzen Welt? Warum wieder sie? Wieder war sie ihm zuvorgekommen. Will sie alles machen, alles entscheiden? Der Plan und überhaupt?

Er hatte die Knoten geschlagen, der Ball schwamm auf und markierte nun die Stelle, die ihnen so wichtig war. Jetzt war sie leicht zu finden!

„Die Männer können das Boot morgen herausfischen, wir haben ihnen gute Vorarbeit geleistet", erklärte Eckart und dachte sich nichts dabei.

Katharina aber machte ihr aufreizendes Püh, nichts als püh.

Warum macht sie püh? Der Junge stieg nicht dahinter.

Im Ruderboot strichen sie sich mit den Handflächen die Wasserperlen vom Körper, durchkühlt und unabgetrocknet kletterten sie in die Sachen, die zwar an der Haut klebten wie durch Leim gehalten, ihnen aber doch wohltuende Wärme brachten.

Unverzüglich ging es dem Land entgegen. Eckart war mit sich selbst uneins. Er hatte ihr schließlich den Erfolg des Unternehmens zu verdanken, aber durfte er es sie spüren lassen? So quälte er sich ein gutes Wort ab und sagte:

„Gelungene Sache, was?"

„Mir ist kalt."

„Im Wasser war's aber warm, oder?"

„Hm", machte Katharina und schüttelte sich durch und durch. „Ich friere immer bald, ich bade nie lange."

„Dein Plan war prima."

Katharina gähnte lange und tat, als gälte ihr das nicht.

„Danke – wollte ich sagen."

Jetzt mußte sie kichern. „Siehste!"

„Was wird nun weiter?"

„Morgen steigt Plan zwei."
„Und? Wieder nachts?"
„Mannomann, bist du schwer von kapito. Das *ist* doch eben mein Plan. Wir müssen bloß erst alles zusammenhaben."
„Wer wir?"
„Na, ich. Wenn ich wir sage, meine ich immer mich."
„Und was zusammenhaben?"
„Pst – kapito!"
„Hör jetzt endlich auf mit deinem blöden Pst. Immer pst, nichts als pst." Eckart geriet in leisen Zorn und ließ sie das fühlen.
Jetzt legte Katharina nur den Finger auf die Lippen.
„Immer verheimlichst du mir alles, und ich stehe da wie Oskar. Ich bin immer der Doofe."
„Gar nicht doof. Aber pst ist pst!"
„Ich will's aber wissen."
„Hm-m, machte sie – und machte es so singsanglich, wie kleine Mädchen es immer machen.
Sie saß auf der Heckbank, wendete den Kopf und schloß die Augen. Eckart ruderte. Mädchenallüren! Dann eben nicht. Er hatte auch seinen Stolz.
Als sie anlegten, schärfte sie ihm ein: „Verpenn morgen nicht!"
„Nee."
„Und sieh nicht so verkatert aus!"
„Nee."
„Und der Kleine muß weg morgen."
„Ja."
Sie trabten los. Unter dem Brennesselbaum verstellte Eckart ihr den Weg. „Wie alt bist du eigentlich?"
„Ich werde dreizehn. Und du?"
„Kannst ja raten."
„Püh! Interessiert mich überhaupt nicht. Also? Hier, morgen nacht wie heute, äh – heute abend wie gestern. Kapito?"

„In Ordnung, bis morgen – äh, heute."
Ein Kichern, weg war sie. Wie ein Windhusch. Für einen Augenblick blieb Eckart verdattert stehen. Das ist eine! Fratz hatten sie sie genannt? Das kommt ziemlich hin. Und dreizehn wird sie? Also ist sie jünger als er. Das ist gut. Er wird sich von ihr ab jetzt nicht mehr dumm kommen lassen. Er ist eben der Ältere, und das gilt.
Der Mond schickte sein sanftes Licht an die Spindwand, als Eckart huschhusch ins Zimmer hopste. Fidi schlief wie ein Murmeltier, man hätte ihn hinaustragen können. Flugs zog er sich aus, warf das Hemd hierhin, die Hose dahin – die Strümpfe, ein einziger klammer, knüffelnder Knüll, einer da, einer dort. Und ab ins Bett. Endlich.
Jetzt, da er die Augen schließen konnte, begannen tausend Bilder unsinnig zu kreisen. Wie Schmetterlinge flatterten sie durch sein Hirn, nicht zu fassen, nicht zu kriegen – flackerflicker – flederfluser – flitterflatter. Nicht zu verjagen ... bis endlich eine milde Hand über seine zuckenden Augen strich und dem gespannten Jungengesicht ein glättendes Lächeln auflegte.
Ruhig geworden ging der Atem durch den Raum.
Katharina indes hatte schon lange ihren Weg durchs Kellerfenster gefunden und war ins Bett geschlüpft. Und könnte man wirklich von ihr etwas hören, dann wohl nur die heftigen Bumbumklopfer des Herzschlages, als sie die Decke über ihre Ohren zog.

5

Wie jeder Morgen brachte auch der heutige der fleißigen Frau Ohm hunderterlei Arbeiten. Der große Haushalt verlangte ein Übermaß von ihr: stehengelassener Abendabwasch, Gaststube kehren, Geflügel austreiben und füttern, Quiekeschweine versorgen, die Kühe Sonja und Rita auf der Weide ausmelken, volle Kannen zum Milchbock karren, Kälbchen tränken, Eier absammeln, Möhren ziehen, Kartoffeln schälen ...

Gerade überschlug sie die Zahl der Mäuler, die sie heute mittag bekochen müßte, da fiel ihr ein, daß sie ja zwei Gäste mehr zu Tisch haben wird: die beiden von oben, aus dem Giebelzimmer.

Sie blickte auf die Uhr, warf das Schälmesser in die Schüssel, wischte kreuz und quer die Hände über die Küchenschürze und murmelte vor sich hin: „Nicht so, meine Herren, nicht so. Das gibt's bei mir nicht."

Mit festen Schritten stampfte sie die Treppe hinauf, daß die Stufen ächzten, als sollten sie die Schläfer vorwarnend wecken. Der Geist dieser Schläfer aber war noch weit, weit weg im Reich der Träume.

Ein herzliches Lächeln überflog Frau Ohms strenges Gesicht beim Anblick der beiden. Seit ihre zwei Kinder groß geworden und dem Haus entwachsen waren, hatte sich ihr solch liebliches Bild nicht mehr geboten. Der eine zeigte aus verrutschter Hose, die Zudecke halb auf der Erde, seinen blanken Dubs wie einen vollen Mond. Das zerknüllte Kopfkissen lag am Boden. Der andere – liebster Himmel, hat der Dreckfüße! –, der lag ja wie ein Toter da. Sabber hing ihm in glitzerndem Faden aus dem Mundwinkel und troff aufs Laken. Kann man so fest schlafen? fragte sie sich und schüttelte verständnislos den Kopf. Neinonein, was es nicht alles gibt!

Nun war sie aber kein Freund von Verpümpelungen irgendwelcher Art. Kurz entschlossen riß sie darum den beiden die Decken von den Betten und schlug sie zum Auslüften zum Fenster hinaus. Was sie auf dem Fensterbrett an Sandkrümeln und Schilffasern bemerkte, wunderte sie zwar, doch pustete sie das pff-pff weg, ohne sich weiter Gedanken darüber zu machen, erinnerte sich aber, neulich Stube und Fenster proper gereinigt zu haben, weil die Familie aus Halle hatte kommen wollen.

Indem sie die Decken ausschlug, rief sie über die Schulter: „Aufstehen! Hier wird aufgestanden. Liegenbleiben gibt's nicht. Der Kleine soll den Bus nicht verpassen. Frühstück steht in der Küche, Busgeld liegt daneben."
Sie warf die Decken über einen Stuhl und ging hinaus. Knall – Tür zu. Die Jungen mußten sich erst fassen. Fidibus reckte die Arme und gähnte wie ein hungriger Löwe: „Oooch, schahade!"
Eckart riß sich zusammen. Er wußte, daß von seinem Verhalten viel für den heutigen Tag wie für das ganze geheime Unternehmen überhaupt abhing. Aufmerksam stellte er sich vor den Spiegel und betrachtete sein Gesicht. Irgendwas war dreckig an ihm, und unter seinen Augen lagen dunkle Schatten. Nein, er durfte sich nichts anmerken lassen, und wenn ihm auch die halbdurchwachte Nacht wie ungegorener Wein in Kopf und Magen rumorte. Tapfer mußte er sein. Die kommende Nacht wird noch viel Schwereres von ihm fordern.
Nach dem Frühstück begleitete er seinen Bruder zur Haltestelle. Unruhe hatte die beiden viel zu früh dorthin getrieben. Diese Unruhe war verständlich; denn eine Reise ist immer eine Reise, auch wenn sie nur ein knappes Stündchen dauert.
Da standen sie nun und warteten. Fidibus hatte sich in sein Schicksal ergeben. Er sollte, so hieß sein Auftrag, der Oma in Wolgast alles genau erklären, sollte sie beruhigen und liebhaben, ihr im Garten helfen, viel erzählen und ihr die Zeit verkürzen.
Nun blickte er in die Richtung, aus der der Bus zu erwarten war, in der Hand eine Tüte mit Stullen und im Gesicht eine unlustige Immer-ich-Schnute.
„Du darfst ruhig abhauen, ich kann allein einsteigen", sagte er mehrmals zu Eckart, der neben ihm von einem Bein aufs andre trat.
Eckart aber bekam es nicht fertig, ihn so mir nichts, dir nichts stehenzulassen und wegzugehen. Nein, Fidibus tat ihm leid.

Er spürte genau, wie gern der Kleine hiergeblieben wäre, bei ihm, beim Boot, am Wasser, bei allem – um zu baden, rumzutoben, Ferien zu haben oder auch mit den Mädchen Faxen zu machen. Und er fühlte schon jetzt eine Art Verlassensein, wenn er daran dachte, unter all den fremden Leuten allein zurückbleiben zu müssen. Was ist schlimmer, abfahren oder zurückbleiben? Aaach! Und dazu das kaputte Boot auf dem Hals! Ihm war richtig zum Heulen zumute.

In brüderlicher Liebe legte er dem Kleinen den Arm um die Schulter und drückte ihn kurz an sich: „Weißt du, Fidi ... Ist doch Mist, daß du fährst, nicht wahr? Ja ... Aber einer muß zur Oma – und einer muß hierbleiben. Deins ist so gut und so schlecht wie meins. Sind doch nur ein paar Tage. Dann ist die Alraune heil, bestimmt. Dann kommst du sofort zurück. So machen wir's, ja?"

„Ei-ei-Ssörr."

„Und du schreibst sofort, wenn du angekommen bist. Schreibst jeden Tag, ja?"

„Ei-ei-Ssörr. Aber jetzt kommt er. Willste flennen?"

„Quatsch!"

Der Bus rummelte kiesknirschend heran, die Tür schlug auf, Fidibus wurde geschluckt, grinste noch einmal kurz durch die Scheiben und fuhr davon. Eckart blieb zurück.

Nun ist er wirklich weg, dachte er. Was soll ich jetzt machen, was soll ich jetzt tun?

Traurig, ja mit schwerem Herzen trollte er sich in Richtung Ohms Gasthaus davon, hielt es aber für gut, sich irgendwo im Schilf zu verstecken. Dort trante er vor sich hin und fragte sich, ob er jetzt Nachtschlaf vorschlafen oder nachschlafen solle. Sein Kopf arbeitete nur träge und puzzelte sich alles Unmögliche zusammen ... Nein, er fand einfach nicht heraus, was die Katharina mit ihrem dämlichen Plan zwei wohl meinte und wie sie das Boot heben wollte. Zu so was benötigt man mindestens zehn starke Arme, und die hat sie doch nicht.

Auch zu zweit würden sie das niemals schaffen. Also Angeberin! Wie gut – das hatte er ihr nun voraus: Aufschneiderei konnte man ihm nicht nachsagen! Schlimm war nur, daß sie, ausgerechnet sie, bisher in allem recht behalten hatte ...

Um die Mittagszeit trieb ihn sein knurrender Magen zu OHMS GASTHAUS zurück. Die Hausfrau saß auf der Bank vor dem Haus und rupfte ein paar Hähnchen.

„Na, du?" fragte sie. Sie legte für einen Augenblick die Hände in den Schoß und sah ihn an.

„Alles Mist", klagte Eckart und meinte die ganze verfahrene und aussichtslose Kiste damit eindeutig beschrieben zu haben.

„Wenn die Männer mit dem Heu fertig sind, wird schon mal einer nachsehen. Vielleicht morgen." Damit rupfte sie weiter.

Eckart blickte ihr nur uninteressiert zu. Seine Gedanken standen anderswo. „Na ja", sagte er und kratzte sich den Hals. Was sollte er anderes sagen.

„Vielleicht hilft die Polizei. Wir werden es melden müssen."

„Na ja", wiederholte er nur. Er wollte sich auf keinen Fall in ein Gespräch verwickeln lassen. Jetzt nicht. Er durfte es einfach nicht. Ein einziges, unbedachtes Wort konnte eine Lawine von Fragen und Gegenfragen auslösen. Darum blieb er bei seinem hingeworfenen Naja und war froh, als Peppi der Hund angewedelt kam. Den konnte er streicheln, der lenkte vom Thema ab.

Pünktlich kurz vor zwölf knarrte das Postrad auf den Hof. Die Hühner rannten auseinander, die Enten krochen unter die Gartenstühle, die Katze schlug mit der Schwanzspitze.

„Na, ihr beiden?" Dieser Gruß galt ihnen. Eckart sah kurz auf.

Frau Ohm wendete den ausgebluteten Vogel, prüfte die Gründlichkeit ihrer Arbeit und sagte:

„Deine Kathi hat sich heute noch nicht blicken lassen. Ist sie krank?"

Ohm
aus

„Krank? Wieso? War sie noch nicht hier?"
Eckart durchfuhr es eisekalt. Er horchte auf. Sein Geist war im Nu hellwach.
Erika kramte in ihrer Posttasche und zog die Tageszeitung heraus. Sie wollte noch etwas fragen, hatte bereits Luft geholt, just in dem Moment hörten sie die flinken Füße Katharinas über den Schotterweg trapsen. Schon kam sie um die Ecke gehuscht, so unbedacht, daß sie fast über Peppi den Hund längelang hingeschlagen wäre. Japsend blieb sie vor den Frauen stehen, die sie forschend ansahen, fuhr mit dem Finger hinter die Brillengläser und sah von einem zum anderen:
„Was ist? Warum guckt ihr so?"
Eckart, um sich innerlich zu verdrücken, krümmte sich wie ein Wurm zur Erde und ließ sich von Peppi dem Hund die Finger lecken.
„Gucken wir? Wir gucken doch gar nicht", sagte Frau Ohm und stellte die Schüssel zur Seite.
„Doch, ihr guckt", behauptete Katharina.
Eckart glaubte in ihren Worten das schlechte Gewissen zu entdecken. Hart schlug sein Herz auf: Katharina, sei bittebitte vorsichtig!
„Wo warst du den ganzen Tag, alter Freund?" Die Mutter wandte sich ihr voll zu. „Man vermißt dich hier schon lange."
„Wo ich war? Ooch – mal hier, mal da. Wo soll ich sonst gewesen sein."
„Und was hast du hier und da gemacht?"
„Gemacht? Eigentlich nichts. Nur so."
Eckart wagte nicht aufzublicken. Seine Augen hefteten sich an die schmatzende Hundezunge, doch seine Ohren nahmen den leisesten Unterton auf, der in diesem harmlosen, aber kribblig aufregenden Verhör mitschwang.
Die Mutter piekte ihre Tochter den Finger unters Kinn und hob ihr das Gesicht hoch: „Was hast du? Du hast doch was! Sprich!"

„Nichts habe ich, Muttchen.“ Sie ruckte den Kopf beiseite. Da mischte sich Frau Ohm ein: „Laß sie doch, Erika! Gerannt ist sie, schwitzen tut sie. Das ist alles. Nun red ihr man noch zu, daß sie was hat, dann hat sie wirklich was. Kleine Mädchen müssen nicht immer sagen, was sie haben. Das schadet ihrer Persönlichkeit.“

Lachend klatschte sie die nackten Hähnchen in die Schüssel und ging ins Haus.

„Kommt essen, Kinder. Die Hühner gibt’s ein andermal.“

Jetzt schielte Eckart kurz zu Katharina hoch. Oh, wie troff dem Mädchen der Schweiß von der Stirn. Die Brillengläser waren wie Mattscheiben beschlagen.

„Du schwitzt, Fratz“, sagte die Mutter. „Geh dich waschen. So kannst du nicht bei Tisch erscheinen.“

Mittlerweile waren die Männer vom Heu eingetroffen, hielten die Hände unter die Pumpe und machten sich zum Essen fertig. Als letzter schlurfte Onkel Willi heran. Bei Tisch flog mehrmals sein Lächeln zu den Kindern hin. Ha, was lag im Blick dieser Augen für eine geheime Mitwisserschaft! Unter dem Drang ihres Mitteilungsbedürfnisses und unter dem Siegel der Verschwiegenheit hatte seine kleine Freundin es ihm vorhin gebeichtet – all das, was in der Nacht gewesen. Und nun wußte er. Nun konnte auch er einen Plan entfalten. Und an diesem Plan arbeitete er seit Stunden. Und weil er das wiederum für sich behielt, mußte auch Katharina mit ihrem Plan zwei im dunkeln tappen. Dieser Plan war in der Tat nichts anderes als ein leeres Versprechen, von dem sie genau wußte, daß nichts dahintersteckte. Das alles sollte doch erst geboren werden ... Onkel Willi aber wollte seine Geheimnisse bewahren, um sich ihrer zu erfreuen, wie ein Dieb sich seiner Beute freut, wenn er sie in verschwiegener Kammer betrachtet.

Und weil Erikas Augen gern zu dem guten Alten hinüberwanderten, mußte sie während des Essens ganz unvermittelt fragen:

„Du siehst heute so anders aus, Willi, Bienenmensch. Nicht so wie sonst. Ist was?"
Der senkte sofort sein Gesicht und blickte auf den Teller: „Äh, rede nicht! Wie sehe ich denn anders aus?" Und löffelte hastiger.
„So spitzbübisch. Nicht wahr, sieht er nicht spitzbübisch aus?"
Ohms fanden auch, daß er spitzbübisch aussah. Onkel Willi schloß die Augen und aß.
Beim Abräumen schubberte sich Katharina an Eckart heran: „Halb elf", flüsterte sie, „wie gestern."
Eckart räusperte sich. Das sollte heißen: alles klar.

Es wurde halb elf. Denn auch dieser Tag mußte wie jeder andere sein Ende finden. Dafür drehte sich der Erdball, dafür lief die Zeituhr ab. Man mußte nur warten können.
Fratz hatte der Mutter einen saftigen Gutenachtkuß auf die Backe gedrückt und in ihm ein liebes Bravsein vorgetäuscht. Ja, sie wollte schlafen gehen. Frühzeitig hatte sie sich verzogen.
Eckart hatte sich von Frau Ohm ein Buch erbeten. Nicht etwa, um zu lesen. Spannung einerseits und Müdesein andererseits hätten ihn nicht einen einzigen Satz verstehen lassen. Nein, die gute Frau sollte denken, er sei ein vernünftiger, schlafhungriger Junge.
So vollführten beide ein gelungenes Theaterspiel vor den Augen der Erwachsenen.
Als die Zeit gekommen, trafen sie sich, wie verabredet, auf den Schlag genau. Ein Wink der Verständigung – komm! – hinunter zum Hafen, den moorigweichen Steig entlang bis dort, wo er auf die Pflastersteine führt, rechts die Bank, links die Nesselfahnen. Irgendwo funzelte noch eine müde Schlafzimmerleuchte, Mondlicht haftete an den Häuserwänden, der Hund von gestern jaulte wieder – verborgen im Gebüsch schrie ein Kater seinen schauerlichen Liebessong . . . War

dies ein anderer Tag? War er nicht wie gestern? Oder eine andere Nacht?
Plötzlich riß Eckart das Mädchen am Arm: „Duck dich, da sitzt einer in unserm Boot."
Katharina riß sich los und lachte:
„Mannomann, das ist mein bester Freund, den es überhaupt gibt auf der ganzen Welt."
Eckart verhielt den Schritt. „Der sieht ja aus wie der Bienenopa."
„Ist er auch."
„Mischt der etwa mit?"
„Der ist eingeweiht, weißt du." Dreimal schlug sie die Fäuste gegeneinander, ein Zeichen, das diese ungeheuerliche Tatsache bekräftigen sollte.
Eckart schüttelte den Kopf. „Jetzt verstehe ich überhaupt nichts mehr."
Angelangt, sprang Katharina mit einem Satz vom Bollwerk hinab ins Boot, ein wenig zu heftig im Überschwang der Freude, purzelte und schlug bauz dem alten Herrn vor die Füße.
„Nicht so stürmisch!" dämpfte Onkel Willi ihr Temperament. „Und fallt mir nicht über das Zeugs da. Das brauchen wir heil und ganz."
Eckart grüßte halblaut guten Tag, stieg ein, griff auf ein Zeichen hin nach den Riemen und ruderte los, leise, ja unhörbar.
Heute waren sie drei im Boot.
Eckart ruderte sehr sicher. Er zog keine Bogen, er schlug kein Wasser auf, er wußte sein Ziel. Katharina hatte sich auf die Bugbank gesetzt, die Beine von sich gestreckt, die Hände ums Dollbord gefaßt. Onkel Willi kauerte im Heck und hütete das Geschleuder von Leinen und Strippen zwischen seinen Beinen und alles andere, was den Schiffsboden bedeckte.
Eckart fragte arglos, wozu das gut sei.

„Pst", machte der Alte. „Das gehört nun mal zu meinem Plan. Wenn wir an Ort und Stelle sind, will ich dir alles erklären."
Da fragte Eckart nichts mehr. Es stieß ihm auf: Warum hat auch er Geheimnisse? Warum werde ich nicht eingeweiht? Ist es nicht mein Boot? Geht es nicht um meine Sache? Ein leiser Zorn beschleunigte seinen Ruderschlag.
Katharina schien erraten zu haben, was in ihm vorging.
„Mußt warten können, abwarten, kapito? Onkel Willi weiß, was er will."
Warten, warten, warten ... Nun rede du auch noch! Er riß das Boot voraus, daß die Bugwelle aufschäumte.
Der alte Mann indessen saß hinter seinem Leinenkram und ließ gemütlich im Schlag des Schaukelns seinen Kopf pendeln wie einen Metronomzeiger auf Molto largo. Die rechte Hand, bis zum Gelenk ins Wasser getaucht, ließ er umspülen, denn gelinde Kühlung war ihm angenehm, brachte ihn auf andere Gedanken und dämpfte die auch seine Adern durchflutende Spannung. Lächeln mußte er dabei, denn er vermochte sich fast selbst nicht zu verstehen, und sein Handeln schien ihm mehr als kurios: Ich bin doch ein närrischer Kauz, ein Narr, ein hundertfacher Narr. Sitze ich hier in meinem Kahn, nachts, ich, und lasse mich von Kindern spazierenfahren und zu Dummheiten anstiften, wie sie nur Kinder machen können. Bin ich überhaupt alt? Narren altern nie, Narren bleiben ewig jung. Aber es dürfte dies kein Puppentheater werden, kein Kirschenlecken. Neinnein, ein schwerer Brocken wird's sein.
Denn schließlich wußte er doch zu genau, was er wagte – denn gewagt war die Geschichte, die er vorhatte, und wie gewagt!
Jetzt glitten sie an dem algenbewachsenen Brückensockel vorüber. Der Junge zog die Riemen ein und ließ das Boot sachte auslaufen. Hier müßte nun der Plastikball zu finden sein. Der Mond mit seinem Licht sollte als treuer Diener erscheinen.

Bald fanden sie die mattschwarze Kugel, das geheime Grabmal. Es tanzte auf dem Wasser wie ein spielender Robbenkopf. Sie waren angelangt.
„Plan zwei, Onkel Willi!" jubelte das Mädchen und rieb sich die Hände.
Eckart befühlte den Ball und zuckelte am Seil: „Der hängt noch ganz fest. Ich fühle auch die Mastspitze. Hier ist sie. Wir befinden uns genau über der Jolle."
„Gut, Kinder, und nun hört zu. Von nun an übernehme ich das Kommando."
Katharina hopste herum: „Au ja, Onkel Willi ist unser Kommandeur. Was soll ich machen?"
Eckart überhörte mit leiser Verächtlichkeit ihren naiven Ausbruch. Seine Augen strahlten dagegen den Alten an.
„Sagen Sie mir, was ich tun soll, ja? Also was?"
Bedächtig strich sich der Alte über den Kopf. Seine Stimme klang sachlich und ernst und schuf die für diese sonderbare Stunde notwendige Sicherheit.
„Ihr tut nur das, was ich ausdrücklich sage. Versprecht ihr das?"
„Ja", kam es wie aus einem Munde.
„Darum frage ich euch: Wollen wie die ALRAUNE heben oder nicht?"
„Aber natürlich. Darum sind wir doch hier", sagten sie beide.
„Gut. Und deswegen fordere ich von dir, Junge, als dem Kapitän des versunkenen Schiffs, allen Mut. Hörst du?"
„Ja. Sagen Sie nur genau, was ich tun soll. Ich tu's." In seiner Begeisterung stand er auf.
„Bleib sitzen, mein Junge", sagte Onkel Willi. „Frage: Bist du ein guter Taucher?"
„Wie eine bleierne Ente", versicherte er ernsthaft.
„Und ich habe beim Ringtauchen gewonnen", fuhr Katharina dazwischen.
Eckart blickte sie zweifelnd an.

„Kannst du glauben! Vier Meter."
„Hm", machte Onkel Willi. „Dies ist tiefer. Also los! Ich gebe dir eine Leine, Junge. An dieser Leine wird ein Anker hängen mit vier spitzen Flunken. Du wirst zum Boot hinabtauchen und versuchen, die Flunken hinter den inneren Bootsrand zu haken. Wenn ich dann oben an der Leine ziehe, müßte ich das Boot hochziehen können."
„O ja, ich verstehe. Das ist doch das einfachste von der Welt."
„Vorsicht, Vorsicht, mein Junge. Da unten ist es kohlpechrabennachtschwarzdunkel. Und darum wirst du, Katharina, deinen Freund mit dieser Lampe begleiten, in die Tiefe. Willst du?"
Er zeigte ihr eine Taucherlampe, die er wer weiß wo aufgetrieben hatte, knipste sie an und aus.
„Ich? Tauchen mit der Lampe? Aber klar. Onkel Willi, du bist schon einer!"
„Ich kann euch dann auch besser von hier aus beobachten. Im übrigen ist das die einzige Möglichkeit. Eine andere gibt's nicht. Nun ist da aber noch was." Onkel Willi wandte sich dem Jungen zu. „An den Anker", sagte er, „der dich durch sein Gewicht rasch nach unten ziehen wird, habe ich einen Autoschlauch angebunden. Auf dem Ventilstutzen ist ein langer, dünner Luftschlauch befestigt. Den darfst du nicht abreißen, sonst ist alles umsonst."
Eckart sagte, er verstehe alles.
„Also?" fragte Onkel Willi. „Kann es losgehen?"
Die Kinder zogen ihre Sachen aus und hopsten über Bord. Katharina reichte Onkel Willi ihre Brille hoch: „Heb die gut auf, die brauche ich noch. Muttchen sagt, ich soll nicht mit Brille baden."
Sie hielten sich am Bootsrand fest und schaufelten mit den Beinen Wasser, während Onkel Willi Leine, Schlauch und Anker klarierte. Meter um Meter ließ er sie noch mal, um ganz sicherzugehen, durch die Hände laufen. Dann gab er

den Anker über, an dem der Autoschlauch befestigt war, ließ Leine nach und reichte Katharina die Lampe.
„Fertig?"
Die Kinder sahen sich an, sich ihrer gefahrvollen Aufgabe wohlbewußt, gaben sich ein Zeichen. Jetzt – Luftschnappen, Kopf nach unten, zwei strampelnde Beinpaare, ein Schein glitt in die Tiefe, gespenstisch grün das Wasser, aufdrängende Blasen, Quirle, wehende Gestalten, kleiner werdend, Umrisse der versunkenen Jolle ... zehn Sekunden ... zwanzig Sekunden ...
Der Schein wanderte aufwärts – zwei Köpfe, Arme, Husten ...
„Ich ha-habs, ä – pff – ha-ha ..." Oh, waren sie außer Atem.
„Der Anker muß halten, ich hab's gemacht, wie ich's sollte."
„Ja, ich fühl's, wenn ich ziehe", sagte der Alte ruhig, obwohl sein Herz überstark klopfte, denn er hatte hier oben Ängste ausgestanden wie kaum in seinem Leben.
Katharina, noch immer schwer atmend, brauchte Anerkennung:
„Habe ich gut geleuchtet?"
„Verpustet euch erst mal, Kinder. Zwei Minuten Ruhe. Und dann noch mal dasselbe an der gegenüberliegenden Seite. Sonst kriegen wie das Boot nicht angehoben."
Eckart sah das Mädchen an, das Mädchen sah Eckart an. „Das schaffen wir doch, Fratz?" Aber er redete sich selbst Mut zu. das Boot lag wirklich tief. So tief wie eben war er noch nie getaucht. Und sie? Bestimmt auch nicht.
„Schaffen wir's?" fragte er darum noch mal.
„Ist ganz schön tief, bestimmt, aber ... macht nichts."
Onkel Willi saß da und war ganz still. Er hatte die Hände gefaltet und wartete. Die Entscheidung über ja oder nein konnte er nicht fällen. Er machte sich ohnehin schon Vorwürfe, die Kinder in eine Gefahr hineingeführt zu haben, die er, alles was recht ist, nicht verantworten konnte. Und doch war er von einer ruhigen Gewißheit erfüllt: sie werden es schaffen. Er glaubte es einfach.

„Los!“ sagte Katharina nach einer Weile und meinte damit, daß sie bereit sei.
Jetzt ging der andere Anker über, Hand über Hand die Leine nach, die Kinder gaben sich abermals ein Zeichen, bäumten sich luftholend auf und – wieder ging's hinab in die Tiefe. Der Lampenschein zog abwärts, Fischlein flitzten durchs Licht, Bewegung unten, gespanntes Lauschen oben, fünfzehn Sekunden, zwanzig Sekunden, fünfundzwanzig Sekunden – da erlosch der Schein. Grabesfinsternis . . .
Onkel Willi stieß einen heiseren Schrei aus. Die Kinder!
Was sich jetzt in seinem Kopf an Bildern und entsetzlichen Vorstellungen überschlug, war mehr, als ein Hirn fassen kann. In Sekundenschnelle überdachte er alle Möglichkeiten der Katastrophe . . .
Da! Ein Kopf, noch ein Kopf, Arme schlagen, suchen nach Halt, klammern sich fest, Mäuler japsen nach Luft, spucken. Triefende, strahlende Augen . . .
„Derzwei – teankerhält – auch – Onkel – pff – Williabernoch – pff – malgehe – pff – ichnichtrun – pff – ter.“
„Die-Lampe-ging-aus-ich-kann-nicht-für. Pff!“
Schlupps, zog Onkel Willi sie ins Boot. „Hinsetzen, ausruhen, nichts reden, verschnaufen!“
Da saßen sie nun mit zuckenden Schultern. Ihre Hände hatten die Bordwand umfaßt. Stützen mußten sie sich noch lange, bis der Atem ruhiger kam, bis sie wieder Menschen wurden. Von der Haut perlte das Wasser in zarten Rinnsalen, aber in ihre Augen stieg ein Glanz, wie Sieger ihn tragen nach überstandenem Wettkampf.
„Ihr seid mir schon zwei, ihr Helden, ihr kleinen Helden, ihr großen Helden, ihr Heldenkinder von Karnin!“ schmunzelte der Alte. O ja, in diesen Worten lag seine ehrliche, tiefe Anerkennung.
„Daß Sie uns das zugetraut haben, Onkel Willi!“

„Ich habe es euch zugetraut. Das genügt. Aber nun sag man du zu mir, ich meine, das paßt besser zu uns zwei beiden, was?"

„Danke, Onkel Willi. Dürfen wir uns jetzt anziehen?"

Während sie in ihre Kleider stiegen, während sie sich angrinsten und sich gegenseitig beteuerten: „Du warst prima, Ecki" – „du warst auch prima, Fratz", schraubte der Alte eine Handpumpe an das Ende eines dünnen Schlauchs und begann Luft einzudrücken – sachte, vorsichtig.

„Reißt der Schlauch unten am Ventil ab, ist alle unsere Mühe vergeblich gewesen", sagte er und pumpte weiter. Bis er einmal zaghaft die Hand hob: „Still, Kinder, ich sehe was, ich sehe was, ich glaube, ich glaube . . ."

„Ja", schrie Eckart, „sie hebt sich!"

Und es geschah, daß sich die ALRAUNE aufzurichten begann. Das Fähnchen reckte sich höher und höher. Je mehr Luft sich im Schlauch sammelte und aufwärts drängte, desto leichter schien der Schiffskörper zu werden. Gerade so hatte es sein sollen.

„Ich küsse ein Krokodil – ein Boot aufpumpen – das ist ein Ding!" jubelte Eckart und wußte sich vor Begeisterung nicht zu lassen.

Zentimeter um Zentimeter wuchs der Mast aus dem Wasser heraus. Die ALRAUNE hatte vom Grund abgehoben. Es war geschafft. Das also war der geheimnisvolle Plan, von dem selbst Katharina nicht wußte, wie er funktionieren würde.

Der Alte legte dem Jungen die Hand auf die Schulter: „Das war nicht meine Erfindung", sagte er, „das haben schon andere vor uns getan."

Katharina hopste auf ihrer Bootsbank herum wie ein Floh auf der Bettdecke und lachte: „Siehste, siehste! Man muß nur glauben, daß!"

Als die ALRAUNE, wunderbar und sicher getragen von ihren Autoschläuchen, bis zur Wasseroberfläche aufgehoben worden war, banden sie sie hinten an ihr Ruderboot und schleppten sie – ein anstrengendes Unternehmen – bis ans Land, wo sie ein schilffreies Uferstück wußten, dorthin, wo Ohms Kühe ihre Tränke hatten und wo die Dorfkinder manchmal badeten. Hier sollte sie liegenbleiben bis zum anderen Tag. Dann würden neue Aufgaben auf die Kinder warten. Das war ganz gewiß.

An dieser Stelle zogen sie das Boot auf festen Grund.

Der Mond wanderte still unter seinen Sternen entlang. Für heute hatte er wohl genug gesehen. Er wird seine Beobachtungen nicht preisgeben. Desgleichen sein freundliches Gegenüber nicht, das spiegelglatte Wasser. Auch das würde für sich bewahren, was es wußte und was eigentlich wohl recht erzählenswert war.

„Danke, Onkel Willi!" Katharina schlang ihre dünnen Arme um den Hals des guten, alten Freundes. „Was wären wir ohne dich!" Und setzte einen nassen Kuß auf seine stachlige Wange. Eckart umfaßte ihn etwas zurückhaltender. „Ich danke dir auch, Onkel Willi." Und drückte ihn scheu nach Jungenart.

Dann flogen die beiden ab wie die Vögelchen – jedes in sein Nest, heimlich, unentdeckt. Er aber, der Alte, wischte sich über das Haupt und setzte sich müde auf einen nahegelegenen, verwitterten Baumstamm. Er hatte viel zu denken. Das eben, was sie durchgestanden hatten, das war nicht gut, neinneinnein. Man soll sich nicht ohne Grund in Gefahr begeben und Gott damit herausfordern.

Er lauschte in die Stille, faltete die Hände und befahl die Kinder der Obhut Gottes. Der alte Mann hatte die beiden einfach lieb.

6

Die ALRAUNE ist geborgen. Dieser Gedanke hatte Onkel Willi bis in den Schlaf verfolgt, diesen Gedanken träumte er in der kurzen, allzu kurzen Nacht, und dieser Gedanke holte ihn jetzt, beim ersten Schimmer des Tages, aus der Decke: Die ALRAUNE, das Boot der lieben Kinder, ist geborgen.

War das nächtliche Ereignis eigentlich Wahrheit oder war es Spuk gewesen? Hatte er, der Bienenonkel, der sich tausendmal lieber von seinen Insekten zerstechen ließ, als sich in ein kippliges Boot zu setzen – hatte er das alles wirklich mitgespielt? Je länger er darüber nachsann, desto unwahrscheinlicher erschien es ihm, desto unvorstellbarer diese Nacht, die ihn aus seinen geraden, sicheren, eingefahrenen Gleisen geworfen hatte.

Und doch – es war so und nicht anders gewesen. Der Schmutz an den Schuhen plauderte davon und ihr feuchtes Lederwerk. Die Luftpumpe auf der Vitrine erzählte es, die über die Stuhllehne geworfenen Socken verrieten es, naß noch und kleistrig von dem Morastboden am Wiesenufer, und der Dreck in den Hosenaufschlägen mit den Tausenden von Schilffasern verschwieg es auch nicht.

Onkel Willi rieb sich die Hände: Ha, die Männer am Tisch bei Ohms. Mögen sie sich ihre Köpfe zermartern, alle zusammen, über das Wer und Wie und Wann. Sollen sie sich doch schämen, daß sie die Kinder in ihrer Notlage nur hingehalten haben mit Worten, mit nichts als Worten. Wollten sie ihm jetzt vielleicht vorwerfen, er hätte unverantwortlich gehandelt? Das weiß er selbst. Neinnein, immer das gleiche Blabla, erst nichts, hinterher Besserwissen. Worte sind nichts, Mitleid ist nichts. Hilfe, echte Hilfe, darauf kommt es an, und darum wird es immer gehen.

Er schob seine Füße in die ausgelatschten Filzpantoffeln. Die waren wenigstens trocken. Er ließ sich Wasser über die Arme

rinnen und erfrischte sein Gesicht. Dann stieg er in Hose und Hemd und machte sich schnurstracks auf den Weg, hin zum Ufer, hin zum Boot. Ich muß mich von den Tatsachen überzeugen, dachte er. Anders kann ich es nicht glauben.
Die Welt schlief noch ihren großen Schlummer. Den Grillen hatte der Nachttau die Flügel schwer gemacht, die Wachhunde plierten schlaftrunken aus ihren Hütten, ein erster Sommermorgenschein segelte über den Horizont, weit oben im Osten. Da schlurfte Onkel Willi in seinen Pantoffeln schlapp-schlapp über das Kopfsteinpflaster der Hafenstraße, bog links auf den vielbegangenen, von Wildkirschenbüschen und Heckenrosen überwucherten Wiesenweg ein und hielt sich dann rechts, um über die Ohmsche Kuhweide zum nächtlichen Tatort zu gelangen.
Irgendwo krähte ein Hahn sein angeberisches Kikeriki, ein Kamerad gab schneidige Antwort, die Welt begann zu erwachen.
Erfrischende Morgenluft und der Anblick der wiedergefundenen Jolle stimmten die Gedanken des Alten so heiter, daß er sich mächtig jungenhaft vorkam und stolz war auf sein Werk. Er dachte bei sich: Was haben die Männer vom Heu in diesen zwei Tagen schon für kluge und dumme Worte über dieses Boot gesagt! Was aber werden sie erst sagen, wenn die Wahrheit an den Tag kommt? Er selber, bewahre, er wird nicht davon anfangen zu reden. Mögen sie sich Knoten in die Hirne grübeln! Kommt es aber heraus, hei, das wird einen Spaß geben, ein Rätselraten sondergleichen. Vielleicht aber sollte er sie an der Nase herumführen, ihnen vorspinnen, Seepferdchen hätten es aus dem Wasser gezogen mit Hüh und Hott, oder gar Seekühe, mit Muh und Müh. Warum nicht? Kuhgemuh kann alles bedeuten: Hunger, Durst, Liebe, Stallweh, Boot aus Wasser fischen . . .
Den Stamm, auf dem er in der Nacht gesessen hatte, fand er wieder. Eine alte Weide war es, vor Jahren vom Blitz zer-

schlagen, und nun, von Wind und Wetter verblichen, morschte sie langsam vor sich hin. Hier saß er gut, wie auf einem harten, runden, breiten Stuhl.

Die Luft ging auf in tauiger Würze, Lindenduft hing in der Morgenfrühe, voll und süß. Aus den Wiesen schwelten Nebelschwaden, verwoben sich mit den Wasserdünsten vom Haff, blieben hängen, versanken. Erste Möwen segelten seewärts ...

Er blieb auf seinem Stamm sitzen, bis es ihn fröstelte.

Genug! Er hatte gesehen, was er hatte sehen wollen. Das Boot, vom Wasser ganz überspült, auf Grund gelegt, war da, zum Anfassen da. Sie hatten es geholt, er und die Kinder. Wenn sie ausgeschlafen haben, heute nachmittag, wird er mit ihnen gemeinsam überlegen, was als nächstes zu tun sei. Doch nicht so bald. Erst müssen sie schlafen. Schlaf werden sie beide bitter nötig haben, seine liebe kleine Freundin Katharina ebenso wie der Junge, dieser kleine, forsche Kerl. Helden hatte er sie genannt. Diesen Titel hatten sie sich in seinem Herzen wohlverdient.

Nun reckte der alte Mann seine steifen Glieder, gähnte huahua und ging davon. Schlapps-schlapps machte es im taunassen Gras, schlapps-schlapps machte es auf der Weide, schlapps-schlapps an den dumpfblickenden, schwanzschlagenden, krautmalmenden Kühen vorbei, hin zum Wiesenpfad, von dem aus er ins Dorf und nach Hause gelangen würde.

Plötzlich war ihm, als hörte er deutlich das Quietschen eines Fahrrades, eines Rades, das ihm hier äußerst unwillkommen erscheinen mußte. Die Erika! stöhnte er auf. Ausgerechnet hier!

Die Postfrau radelte zum Dienst.

Ein Hechtsprung in die Büsche – o weh, der linke Pantoffel! Laß fahren dahin! Rein in das Nesseldickicht, in die sich verhäkelnden Heckenrosen, geduckt in das blattreiche Busch-

werk. Au, ein Dorn im Zeh – au, wie das schmerzt. So gut er konnte, verhielt er den Atem.
Da war das Rad heran. Es fuhr vorbei. Die Bremse kreischte. Es wurde still. Das Rad kehrte zurück. Jetzt sah er die Erika. An der Hand das postgelbe Gefährt haltend, beugte sie sich nieder, fixierte den Pantoffel und nahm ihn auf, nahm ihn wirklich auf. Wozu nur!
Durch ein knopfgroßes Löchlein im Gebüsch konnte er beobachten, was sie tat. Er sah, wie sie das Ding in ihren Händen drehte und wendete, wie sie prüfte, ob die Luft rein sei, um ihn an ihre Nase zu führen und . . . „naß" und „Pfui Deixel" sagte, wie sie ihn zwischen Daumen und Zeigefinger pendeln ließ, ihn freigab und wieder auf die Stelle fallen ließ, von der sie ihn aufgenommen hatte, und wie sie schließlich aufs Rad stieg und davonfuhr.
Die hat mir noch gefehlt! dachte Onkel Willi. Das ganze Dorf hätte es im Handumdrehen gewußt. Nun, da sie weg war, atmete er auf. Dumme Situation. Er wand sich heraus aus seinem stachligen, dornverhakten Gefängnis, strich lästige Spinnwebfäden aus Gesicht und Haar und machte, daß er endlich weiterkam. Einer womöglichen Verfolgung mußte er entkommen. Mit ihr zusammenzutreffen würde zu einem raschen Ende des schönen Unternehmens führen.

Erika hatte der Fund verwirrt. Beim Fahren bruddelte sie vor sich hin, laut und ungehemmt: „Was soll das, was ist das! Naß und warm und früh am Morgen." Fand aber keine Erklärung. Ihr Morgenfrieden war erschüttert. Doch plötzlich, als hätte sie ein Stachel durchfahren, hielt sie an, sie wendete und fuhr zurück. Vielleicht, dachte sie, ist dieser Pantoffel das Beweisstück für ein womögliches Verbrechen? „So was gibt's. Das weiß ich aus Filmkrimis: kleinste Dinge können Schrecklichstes verhüten, aber auch Schrecklichstes verraten. Ich muß dahinterkommen, ich werde dahinterkommen."

Ja, in ihrer lebhaften Phantasie sah sie sich bereits als Hauptbelastungszeuge vor versammeltem Gericht und formulierte zündende Reden – als sie an die Stelle kam, wo . . .
„Dunnerlüttchen! Das Ding ist weg, einfach weg? Das gibt's doch nicht! Erst war es da, nun ist es weg. Jetzt wird mir die Welt verrückt." Ihre heiser belegte Stimme machte, daß die Vögel im Busch erschraken.
Als hätte sie den Schuldigen leibhaftig vor sich, knallte sie dem Sattel kraftvoll ihre Hand auf den Rücken, riß wütend das Rad herum und knarrte davon, als säße ein Geist hinter ihr auf und schlüge sie mit Geißeln.
Was sie nachher auf dem Postamt in Usedom erzählte, war in den Ohren ihrer Kollegen ein einziges Durcheinander von Möglichkeiten und Unmöglichkeiten, von Selbstverständlichkeiten und Sinnlosigkeiten. Bis ihr jemand das Wort abschnitt mit der Bemerkung: „Erika, wir müssen dich wohl krankschreiben lassen."
Da zeigte sie allen einen Piepmatz und sprach kein Wort mehr. Statt dessen aber mahlte ihr Unterkiefer gefährlich und zornverheißend, und ihre Hände zitterten beim Verpacken der Postsachen. Wehe dem, der ihr heute zu nahe kam mit irgendeiner Bemerkung! Auslachen lassen, das war schlimmer als hundert Maulschellen. Sie wußte, was sie gesehen hatte. Und „Pantoffel gehören zu menschliche Füß!"

Als Katharina aus der Tiefe eines bleischweren Schlafes an die Oberfläche ihres Daseins gestiegen war, schielte sie durch verklebte Augenlider in den Tag. Völlige Wirrnis lähmte ihr Gehirn. Nur langsam schaffte sie Ordnung. Heute nacht . . . draußen im Wasser . . . unter Wasser . . . über Wasser . . . mit Onkel Willi . . . mit Eckart . . . das Boot . . . alles . . . „Oooch, bin ich mü-hüde!"
Sie wollte sich wieder in die Kissen zurückfallen lassen, als die Klingeluhr in Muttchens Küche neun schlug. Au weia! Ob

Muttchen die zerknautschten Sachen gesehen hat? Die dreckigen Strümpfe? Die Schuhe – oh, wie die aussehen, ganz voll Klumpatsch. Das Hemd und ... Mannomann!
Sie hopste aus dem Bett, steckte den Kopf unter die Wasserleitung, schüttelte sich, reckte die Arme, suchte neue Wäsche heraus und befahl sich beim Anziehen immer wieder: Nichts anmerken lassen, nur nichts anmerken lassen! Sie beschnüffelte ihre alten Sachen, die intensiv nach draußen rochen, breitete sie aus und hoffte nur, sie möchten bis zu Muttchens Eintreffen heute mittag gelüftet und getrocknet sein.
Dann durchstöberte sie die Speisekammer. Ehrlich gab sie zu, daß sie noch furchtbar zerschlagen war, denn dauernd mußte sie ihr Schnäuzchen aufreißen und gähnen, gähnen, gähnen, wie ein Nilpferd im Schlamm.
Dann aber raffte sie sich zusammen und rannte spornstreichs los. Meinte sie doch, sich bei Ohms wenigstens einmal, wenn auch kurz nur, sehen lassen zu müssen, damit es nicht wieder wie gestern hieß: Wo warst du, was hast du gemacht, man hat dich überall gesucht ... Sie wird so tun, als wenn sie sich beim Kälbchen aufhält. Das wäre das Natürlichste von der Welt.
Was sie jetzt aber wirklich vorhatte: sie mußte erfahren, ob Eckart schon auf war oder noch schlief. Denn sie hatten unverzüglich an die Arbeit zu gehen. Der neue Plan verlangte das.
Die Beine in die Hand genommen, sprang sie zu OHMS GASTHAUS hinab. Das schien wie ausgestorben zu sein. Bis auf die Hühner und Enten war da nichts, keiner, keine Menschenseele. Um auf sich aufmerksam zu machen, rief sie laut ein Gutenmorgen über den Hof, in das Haus, in den Stall, in die Waschküche – soll doch wenigstens einer sehen, daß sie gekommen ist. Aber niemand erwiderte ihren Gruß. Nun sang und pfiff sie, so laut sie konnte. Sie knallte mit der Stalltür, daß das grüne Schild TUBERKULOSEFREIER RINDERBESTAND

klapperte, warf einen leeren Eimer um und trat mit dem Fuß kräftig dagegen, daß er mörderisch lärmend über die Steine schepperte, und machte sich auf manche andere findige Weise bemerkbar.

Nachher sah sie Frau Ohm von der Anlegestelle heraufkommen. Waren die Männer immer noch mit dem Heuprahm unterwegs?

„Hallo, Frau O-hom!" rief Katharina. Die winkte zurück. Sie hatte sie gesehen. Das genügte. Flugs verdrückte sie sich im Kälbchenstall, doch nicht etwa, um das Tierlein zu bestreicheln. Ach nein, heute nicht. Dafür linste sie wie aus einem Versteck durch die Spinnweben und Fliegenpupse am Stallfenster und beobachtete den Hauseingang. Als sie sah, wie Frau Ohm mit einem von Flaschen, Stullenpaketen und Eingewickeltem vollgestopften Korb am Arm zum Prahm hinunterging, zu den Männern vom Heu – husch, war sie raus aus dem Stall – husch, über den Hof zum Pflaumenbaum. Aufzug, Stemmen, Knie, Fuß auf den Ast, übergesetzt und hops, auf das Saaldach, zum Fenster geflitzt, ein Griff, ein Zug, einsfixdrei ins Zimmer – pfff! Da bin ich. Nicht Einbrecher, nur so, nur ganz kurz.

Noch nie hatte sie so dicht vor einem schlafenden Jungen gestanden. Sie mußte ihn erst einmal richtig ansehen – heimlich. Die dünne Steppdecke lag verwühlt und schief über ihm und deckte ihn kaum. Ein Zipfel stippte auf den Boden. Unten schauten die Füße heraus – au weia, waren die mistig! Aber na ja, heute nacht, das entschuldigt alles. Sie sah ihn an. Eckart atmete schwer. So tief war er im Jenseits, daß er nicht einmal das Kribbeln der Fliegen spürte, die an seinen Waden klebten. Gleichmäßig hoben und senkten sich seine Schultern. Sie mußte ihn aber wecken. Dazu war sie gekommen. Es half nichts, es mußte sein.

Zögernd faßte sie ein Ohrläppchen. Nichts. Sie drückte es. Nichts. Sie zog daran. Nichts. Sie zuppelte und riß. Nichts.

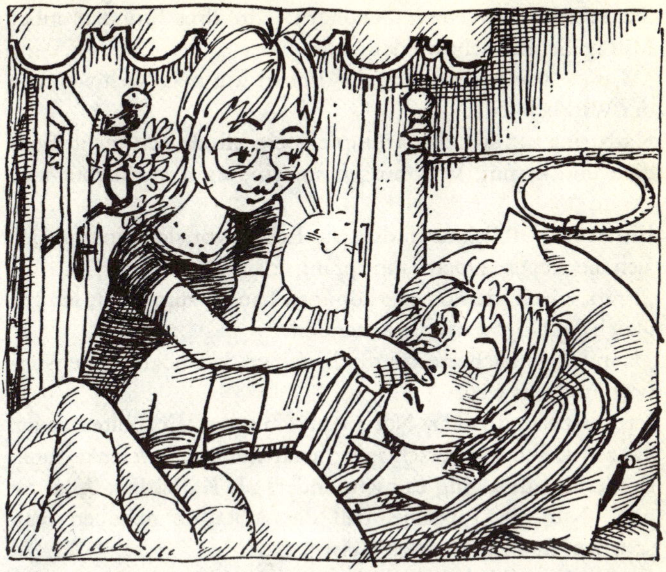

Eckart knipste zwar mit dem Auge, aber . . . Ach du liebste Zeit, pennt der fest! Sie ribbelte mit der Fingerspitze seine Nase. Nichts. Sie drückte drauf wie auf einen Klingelknopf und wackelte dran. Nichts. Jetzt reichte es ihr! Mit beiden Fingern preßte sie ihm die Nasenlöcher zu und wartete ab. Irgendwann muß er doch mal Luft holen! Sie wartete, bis ihr angst wurde. Da rötete sich sein Gesicht, da wölbten sich die Lippen, da flog sein Kopf zur Seite, da schmatzte er mit klebriger Zunge, wischte über Lippen und Wangen Spucke breit und schlug endlich die Augen auf. War das ein Blick! Ein Blick, der aus der Ferne des Weltalls zu kommen schien und dem Glupschen eines eingepökelten Schafskopfes glich. Erkannte er sie nicht?

Plötzlich flog er wie ein Pfeil in die Höhe: „Was ist los?“

„Du darfst nicht verpennen. Mannomann, hast du gepennt!“

Sie rüttelte an seinen Schultern: „In drei Stunden gibt's Mittag. Schlaf nicht wieder ein."

„Was ... wie kommst du ...?" Eckart war noch weit weg von der Wirklichkeit.

Katharina zog sich die Strümpfe hoch: „Rede jetzt nicht. Beeil dich und komm. Wir müssen so sein, als wenn nichts war, kapito?"

Einen Augenblick noch druselte Eckart vor sich hin und rieb sich die Augen. Doch dann sprang er aus dem Bett:

„Fratz, mach, daß du rauskommst, hau ab zum Boot, ich bin gleich da. Dort warten, verstanden?"

„Kapito", versicherte sie, machte einen Satz über das Fensterbrett und war weg.

Jetzt erst nahm Eckart Notiz von sich selbst. Er fühlte sich am ganzen Leibe wie zerschlagen, auch wenn die Gelenke funktionierten. Ihm ging es nicht anders als Katharina. Alles tat weh. Nur die Tatsache, daß die ALRAUNE gehoben war, schenkte ihm einen neuen Geist.

Einen Augenblick lang baute er sich als Denkmal vor den Spiegel, ließ sich von seinen eigenen Augen bewundern, sah seine Muskeln spielen und kommandierte mitten in sein gläsernes Spiegelgesicht:

„Nun kann es losgehen, du!"

Auf dem Hof begegnete er Frau Ohm. Sie kehrte mit dem Korb vom Prahm zurück. „Dein Glück, daß du da bist", rief sie ihm zu. „Ich wäre jetzt mit dem Wassereimer bei dir aufgetaucht!"

Er erwiderte nichts. Ihm fiel nur auf, daß Katharina zur rechten Zeit gekommen war.

Wie die das immer schaffte!

Frau Ohm sagte: „Die werden heute wohl mit dem Heu fertig. Morgen wollen sie sich um deinen Kahn kümmern. Wenn sie ihn aber nicht mehr finden, können sie auch nicht helfen. So lange kannst du noch bei uns wohnen bleiben meinetwegen."

Damit verschwand sie im Haus. Eckart lachte innerlich: Wenn die alle wüßten, was wir wissen! Immerhin aber gut, daß sie ihm keine Arbeit zudiktiert hatte, Karnickelfutter suchen oder anderes. Er entwischte schnellstens. Nur jetzt kein Gespräch, mit keinem!
Er nahm den Bogen um den Saal und rannte sich die Müdigkeit aus den Knochen. Vorbei an dem bewußten Baum, entlang der Wucherhecke, links geschwenkt über Ohms Weide, vorbei an den käuenden Kühen, über Kuhklack und Maulwurfshügel, hin zum Boot, wo er erwartet wurde.
Katharina hatte Schuhe und Strümpfe ausgezogen und hockte in kurzem, weißgrüngestreiftem Höschen auf dem verblichenen Weidenstamm, die Beine angezogen, die Wange auf den Knien, und pulte zwischen den Zehen. Als Eckart kam, sah sie auf. Die Sonne spiegelte sich in ihren goldenen Brillenbügeln.
„Hast du schon gefrühstückt?"
„Keine Zeit."
„Hast du dich wenigstens heute gewaschen?"
„In den Ferien darfst du solche Fragen nicht stellen, Fratz, das ist unfair." Auch er zog die einstmals schneeweißen Segelschuhe von den Füßen, wand sich aus Hemd und Hose, hockte sich neben sie und ließ ein Bein baumeln. Und weil durch seine noch immer feuchte Badebüxe verdorrte Rindenspitzen spiekten, brauchte er Zeit, um sich auf dem Stamm zurechtzurutschen.
„Du rückst von mir ab, Fratz? Warum?"
„Ich mag einfach keine ungewaschenen Jungs."
„Stinke ich denn?"
„Ich mag das nicht."
„Ab morgen, Fratz, ja? Ich wasche mich bestimmt."
Sie rückte einen Zentimeter näher. Mehr gab sie nicht zu.
„Also", begann er. „Wir holen alles Zeugs aus dem Boot, erstens. Wir breiten alles hier zum Trocknen aus, zweitens. Und drittens untersuchen wir den Schaden."

„Hm, da haben wir ja zu tun!"
„Hilfst du mir, Fratz?"
„Du sollst nicht immer Fratz zu mir sagen." Sie warf den Kopf nach hinten.
„Für mich bist du Fratz, das habe ich dir schon gesagt. Aber wenn du nicht willst, dann eben Fratzschmatzbatzlatzkatzpatz. Reicht das?"
Ihr rundes Kinn stieg auf und nieder. Solchen ulkigen Namen empfand sie als eine gelungene Liebeserklärung.
„Ich helfe dir", sagte sie und stieg von ihrem Hochsitz.
In Eckart kribbelte die Unternehmungslust: „Hurra, wir haben etwas vor! Bist prima, Fratz, bist prima!" Und streckte ihr die Hand hin. Nur mal so.
Katharina verdrehte ihre Schultern mit einem groß hingeworfenen Püh und trat erst mal zur Seite.
Eckart übersah das. Er patschte sich durch den moddrigen Ufergrund und kletterte vorsichtig in das wasserüberspülte Schiff. Als er aufrecht darin stand, schlingerte es hin und her.
„Es wird schwierig sein, das Ding an Land zu kriegen", gab er zu bedenken.
Katharina hatte die Hände auf den Rücken gelegt und sah ihm zu, wie er die Autoschläuche löste und die Leinen mit den Ankern daran; Stück um Stück ging an Land. Aus den geöffneten Ventilen zischte die Luft, und die schwarzen Dinger fielen in sich zusammen. Danach gab er Anweisungen:
„Ich werfe dir jetzt alle Gegenstände zu, und du fängst sie auf." Er fischte aus dem Boot, was er fand, und ließ es ihn hohem Bogen dem Mädchen vor die Füße klatschen – pitschpatsch – oder in die Arme oder gegen die Gusche. Alles kam angeflogen, Luftmatratzen, Segelsäcke, Schlafdecken. Leinen, Taschen, Beutel, selbst die beiden schweren Seesäcke kamen heraus, triefend und kladdernaß. Was Katharina fangen konnte, fing sie auf. Breitbeinig stand sie da wie ein Junge, der

Bälle fängt. Was macht es schon aus, wenn es gegen die Brust knallt und spritzt.
Nachher breiteten sie aus, was zu trocknen hatte, und das war viel. In kurzer Zeit sah es bei ihnen aus wie auf einem Zigeunerplatz, bunt und verlockend.
Plötzlich erinnerte Katharina an die Uhrzeit. „Wenn wir nicht pünktlich sind, ist der Teufel los!"
„Nur noch das Boot an Land ziehen", sagte Eckart. „Das schaffen wir."
„So voller Wasser?"
„Das läuft durch das Loch von allein raus."
Eckart knotete zwei Leinen an die Spitze der Jolle, gab Katharina ein Ende in die Hand und sagte:
„Leg sie dir über die Schulter, dann kannst du besser ziehen. Ich nehme das andre Ende."
Eckart stemmte die Füße in den matschigen Grund, daß der Morast zwischen den Zehen durchknietschte.
„Hauruck!"
Katharina stöhnte auf mit Ach und Hach und was man sonst so stöhnt, wenn man sich anstrengt. Das Boot aber wippte nur ein bißchen hoch. Das war alles. Die Kinder gaben auf. So ging das nicht.
„Einen Trecker brauchen wir, oder so was", schlug Katharina vor.
„Trecker", lachte Eckart. „Schön wär's!"
„Oder einen Gaul."
„Hast du einen? Ich hab keinen." Zum Beweis beklopfte er die winzige Tasche an seiner Badehose.
Katharina prustete noch immer, sie hatte sich mächtig ins Zeug gelegt. Nachdenklich fuhr sie sich jetzt über den Kopf:
„Mal sehn, ob das geht." Sie klatschte sich auf den Hintern und rannte weg, rannte einfach weg ohne Erklärung.
„Fratz! Fra-hatz!" Eckart rief, rief mehrmals, bekam aber keine Antwort. Verständnislos starrte er ihr nach. Er sah sie

mit ihren Armen Kreise schlagen, Kreise wie ein Hubschrauber beim Landen. Er hörte sie übers Feld schreien:
„Riii-ta, kooomm, Sooon-ja, kooomm!"
„Ist die doof!" schimpfte er los und schlug sich gegen die Stirn. „Jetzt spielt die mit den Rindviechern, als wenn sie nichts anderes zu tun hat." Doch dann blieb ihm der Mund offenstehen: „Das – das gibt's doch nicht?"
Die grasrupfende Herde geriet in Bewegung. Zwei der Tiere hoben die dicken Köpfe, blickten mit ihren Kuhaugen herüber, wendeten ihre bekladderten Hinterteile, scherten aus und trotteten kopfnickend, sabbernd, kauend auf Katharina zu. Die lockte mit Büscheln von Gras, mit wedelnden Armen, mit „Komm, Rita" und „Komm, Sonja" und näherte sich dabei langsam rückwärts schreitend. Und wenn sie auch in Kuhklack trat – was machte das schon.
„Unser Trecker!" rief sie und lachte.
Eckart war einfach sprachlos. Er konnte nicht anders, er mußte zugeben, dieses Mädchen hatte tolle Einfälle. Er bewunderte sie. Dabei waren es Ohms Kühe, die beiden, die sie rief. Aber sie kannte sie wohl schon seit Jahren. So gesehen doch kein Kunststück? Katharina, die große Zauberin?
Da standen nun die guten Tiere, glotzten sich eins und leckten sich mit ihren Zungen die Nasenlöcher aus. Eckart überlegte. Sollte er etwa die Schwänze ans Boot binden oder ein Tau um die Beine knüppern? Das ging doch nicht. Wie dachte sie sich das . . .
„Ich treibe sie zusammen, daß sie nebeneinanderstehen wie Zirkuskühe", rief Katharina und klatschte mit hüh und hopp und sprang die Tiere an und schob sie und drückte sie und rückte ihre gewaltigen Leiber vor sich her, wie ein Möbelträger ein ausgewachsenes Klavier schiebt.
„Wie du das machst!" Eckarts Erstaunen ehrte sie ungemein.
„Und jetzt", rief sie hastig, „bind ihnen die Leine um die Brüste."

„Um was?“
„Unter die Hälse! Na, mach schon!“
Eckart sprang um die Tiere herum und knotete die Leine fest, während Katharina beruhigend ihre Hände über die sabbernden Mäuler fahren ließ. Denen schien das zu gefallen, sie standen bumsstill, schnoberten und rülpsten behaglich.
Schon straffte sich das Seil. „Gib Ahoi zum Auslaufen, Fratz!“
Katharina kommandierte. Aber Kühe sind keine Matrosen. Wie sie auch befahl und drohte und lockte und schob und zog, sie machten nicht einen einzigen Schritt voran. Das Mädchen verschwendete seinen gesamten viehischen Wortschatz, sie bat, sie bettelte, sie flehte, sie machte muh und möh und mäh, die Tiere aber schlugen mit den Schwänzen, guckten blöde und fragten sich, was sie hier sollten. Zum Arbeiten waren sie gewiß nicht gekommen.
„Schade, sie sind zu doof“, sagte Katharina. „Und ich hatte mir das so schön gedacht.“
Plötzlich wuselte etwas durchs Gras: Hau-hau! Peppi der Hund. Ein Gedanke flog durch die Luft, Katharina fing ihn auf.
„Peppi, komm, da, die Kühe, faß, faß doch!“ Trampste und klatschte und scheuchte den kleinen Köter auf die Tiere. Peppi aber, als hätte er verstanden, kläffte und bellte und jaulte, und seine helle, fleppende Hundestimme überschlug sich, als wären tausend Teufel losgelassen und wetteiferten um das höllischste Geschrei. Der kleine Hund wirbelte und fuhrwerkte den Tieren zwischen die Beine in einer Art, die sie wirklich nicht liebten. Um sich von diesem lästigen Kläffer zu befreien, wollten sie los – aber nein, das ging ja nicht. Also ruckten sie, drückten sich gegen das schmerzhaft einschneidende Tau und zogen an, allen Widerständen zum Trotz, zogen davon mit Trampeln und Stemmen und Rucksen. Und taten sich schwer. Aber sie zogen los und holten – man mag es nicht glauben – das Boot Meter um Meter höher an Land, aufs

Trockne. Und Katharina feuerte den Hund an, und der umkreiste die aufgebrachten Tiere, und das Wasser schoß in dickem Strahl aus der zerborstenen Planke, und die Jolle wurde von Meter zu Meter leichter und kam heraus.
Eckart schlug sich auf die Schenkel und schrie: „Ich mach mir ins Hemd, ich mach mir ins Hemd!" Und Katharina hüpfte und rief: „Unsere Wolgatreidler!"
Im Überschwang der Freude sprang Eckart auf sie zu, sie aber wich aus, und er landete mitten in einem Kuhfladen.
Den Tieren hatte sich die Leine von selber abgestreift, sie trollten beleidigt von dannen. Katharina pfiff Peppi den Hund zurück: „Bei Fuß!"
Er kam und rollte sich zu ihren Füßen und leckte die nackten Zehen. Dann flitzte er in weitem Bogen über die Weide, dahin, woher er gekommen war.
„Du kannst wohl alle Sprachen, was? Kuhisch, hundisch, was noch?"
„Peppi wollte uns zum Mittag rufen. Bestimmt! Komm, wir müssen gehen. Die dürfen uns aber nicht zusammen sehen, kapito? Ich komme aus dem Stall, du von oben, beispielsweise."
Eckart setzte sich seine noch tropfnasse Kapitänsmütze auf, salutierte wie ein Offizier und sagte: „Zu Befehl."
Katharina lachte, stieg in ihre Kleider und fegte davon.
Eckart suchte aus dem Wust seiner Sachen Geld und Ausweistasche und folgte ihr in einiger Entfernung.

Auf seinem Zimmer beabsichtigte er, erst einmal alle Papiere zu trocknen. Dabei lockte es ihn, Frau Ohm damit zu überraschen, daß er Kost und Logis bezahlte, selbständig. Auch war das geliehene Busgeld zu erstatten – und schließlich, wie wäre das? Er könnte dem ganzen Tisch eine Lage ausspucken. Er hat's doch! Aber damit wollte er lieber noch warten.

So fingerte er an den zusammengepappten Scheinen herum, faltete auseinander, plättete, glättete und war mitten im Geschäft, als er hörte, wie unten auf dem Hof ein Fahrrad quietschte, Hühner auseinanderstoben und die Stimme der Postfrau ertönte, laut, bissig und so scharf, wie er sie noch nicht gehört hatte; sie erinnerte ihn an das Schnarren schimpfender Elstern. Rasch öffnete er die Tür und lauschte die Treppe hinab.

Noch war die Frau auf dem Korridor, da schoß es schon heraus:

„Erna, komm mal fix her. Lies das! Hier, für deinen ... deinen Dingsda. Lies das!"

Krach – schlug die Küchentür zu. Eckart spitzte die Ohren, trat an das Treppengeländer, horchte hinunter und hielt den Atem an. Doch das, was unten verlesen und verhandelt wurde, entzog sich seinen Ohren. Nichts konnte er vernehmen als ein erregtes Gemurmel.

Na ja, dachte er, was geht's mich an, und zog sich wieder zurück.

Nachdem er also Scheine und Papiere geglättet hatte, ging er hinab und setzte sich auf die Hofbank, um die Einladung zum Essen abzuwarten. Daß er nun schuldenfrei leben konnte, verlieh ihm solche Selbstsicherheit, daß er laut und ungeniert zu pfeifen begann. Zwischendurch spähte er mehrmals verstohlen zum Kälberstall – schien ihm doch, als wenn sich hinter dem kleinen Fenster ein Gesicht verbarg, ein Gesicht mit blitzender Brille. Darum warf er einige ulkige Grimassen hinüber, mit denen er sagen wollte: Fratz, ich weiß, daß du da bist. Außerdem verrät dich das Glitzern deiner Brille.

Lange sollte er jedoch nicht so frohsinnig auf seiner Bank verweilen dürfen. Frau Erika trat aus dem Haus. Als sie ihn da sitzen sah, warf sie sich eng neben ihn in einer Art, die die Bretter zum Krachen brachte. Eckart ruckte ein wenig zur Seite und sagte guten Tag. Sie erwiderte seinen Gruß nicht,

sondern knautschte nur unablässig mit den Zähnen, als wollte sie Steine zermalmen. Was war sie wunderlich heute!
Darum sagte er nochmals guten Tag und bot ihr die Rechte zum Gruß. Doch sie, statt einer Antwort, drückte ihm eine Briefkarte ihn die Hand und sagte: „Post."
„Für mich?"
„Für dich, jawohl, für dich."
Der Ton, in dem sie das sagte, war alles andere als gleichgültig und ließ den Jungen aufhorchen. Er nahm die Karte, erkannte die Schrift und rief entzückt: „Hallo, von Fidi." Wandte sich der Postfrau zu und sagte erklärenderweise: „Von meinem Bruder, dem Kleinen, von neulich."
Erikas Finger begannen auf dem Bankholz zu trommeln: tirrimtimtim, tirrimtimtim. Von neulich!
Eckart las die Karte. Und während er las, verwandelte sich sein Gesicht in ein einziges, heiteres Lächeln. Wie Fidi schreibt!
Neben ihm machte es tirrimtimtim, tirrimtimtim.
„Lieber Ecki", las er. „Ich bin bei Oman. Der Bus war gar nicht voll. Einmal mußte ich umsteigen. Oma hat acht kleine Karnickel gekriegt. Heute gibt es Quetschkartoffel. Schade das ich nicht bei euch bin. Aber hier ist es auch ganz gut. Ei-ei-Ssörr. Seid ihr nachts wieder draußen gewesen? Wie macht ihr das eigendlich, das die Alten nichts merken? Glaube Fratz nichts. Sie ist nämlich doch eine Petze. Schön Grüße von Oma. Dein Bruder Fidi."
Eckart dachte bei sich, Fidi hätte das letzte besser nicht auf eine offene Karte schreiben sollen. Und bei diesem Gedanken wurde ihm plötzlich flau im Magen. Sollte die Karte bereits jemand gelesen haben? Rasch wollte er nach oben gehen, um sie zu verbergen, als die Hand, die eben noch tirrimtimtim geschlagen hatte, ihn am Gelenk festhielt und auf die Bank zurückbeorderte.
„Nun?"

Eckart blickte der Frau offen ins Gesicht. Als er es aber in ihren Augen zucken und blitzen sah, schielte er zur Seite und wünschte sich weg.

„Was schreibt dein Bruder so?"

Eckart war verunsichert und wich aus: „Ach, eigentlich nichts."

„Und – was schreibt er sonst noch? Außer dem eigentlich nichts?"

„Ach, nichts von Belang."

„So, so, nichts von Belang. Aber – wenn einer nichts schreibt, dann schreibt er nichts. Dein Bruder hat doch mehr geschrieben als nur nichts. Also? Was?"

Eckart fühlte sich aufgespießt: „Na ja, von Karnickeln und so."

„Aha, von Karnickeln. Nichts weiter?"

Eckart ahnte. Sie wußte also von dem, was Fidi geschrieben hatte. Hilflos sah er sich um. Da kam Peppi der Hund angewuselt, kuschelte sich an Erikas Füße und verlangte seine Tagesration Liebe. Diesen günstigen Umstand nutzend, sprang Eckart auf und wollte sich dünnemachen. Erika aber hielt ihn energisch am Arm zurück, scheuchte den Hund fort, stach dem Jungen ihren Zeigefinger unters Kinn, daß der Nagel piekte, und ließ sein Gesicht hochschnellen. Ihre Augen drangen in seine Pupillen ein wie spitze Nadeln.

„Was ist mit Fratz, he? Die ist dämlich, he? Was soll sie petzen, he? Und was ist mit nachts? Und welche Alten merken was nicht? Raus mit der Sprache!"

Eckart ruckte sich los:

„Das – das brauche ich Ihnen nicht zu sagen. Ich habe das schließlich nicht geschrieben."

„Papperlapapp! Fratz ist meine Tochter. Was ist nachts mit Fratz? Wenn wir wo was nicht merken?"

Eckarts Hintern sackte ihm in die Kniekehlen. Oh, könnte er jetzt in der Erde versinken, auf der Stelle!

„Gut, mein Bürschchen, wenn du's mir nicht sagen willst, ich verstehe schon. Machen wir es anders." Sie schrie über den Hof: „Kattarinna!"

Eckart mußte sich fürchterlich zwingen, nicht zum Stallfenster zu äugen.

„Kattarinna, ich zähle bis drei. Komm sofort heraus!"

Zögernd öffnete sich die Tür vom Kälbchenstall. Ein ängstliches Gesicht rief zaghaft: „Was ist denn, Muttchen?" – und wollte sogleich wieder verschwinden. Denn wenn Muttchen sie beim vollen Namen rief, war meist was locker im Busch. Das wußte sie längst. Darum kam sie auch nicht näher heran. Ihr furchtsames Verhalten aber bestärkte nur Erikas Vorahnung.

„Was ist? Was ist? Das wirst du mir jetzt selber sagen, und zwar stante pede! Komm hierher!" Und tippte mit dem Finger vor sich auf die Erde. „Und wenn du denkst, du kannst flausen, alter Freund, du weißt, was passiert."

„Aber was hast du denn, Muttchen!" jammerte die Kleine. Sie konnte es sich wirklich nicht erklären, was die Mutter dermaßen in Rage gebracht haben mochte. Und ihre Augen suchten bei Eckart nach einer Erklärung.

Immerhin aber war Fratz die Tochter ihrer Mutter. Nachdem sie den ersten Schreck überwunden, streckte sie sich, baute sich fest vor der Mutter auf, packte die Hände auf den Rücken wie Napoleon, biß auf ihren Lippen herum, daß das kleine Kugelkinn auf und nieder tanzte, und bereitete sich auf eine gehörige Abreibung vor, obwohl sie in der Tat nicht wußte, warum und wofür eigentlich. Sie konnte nur vermuten.

„Antworte, was ich dich frage. Aber ohne Wenns und Abers."

„Kapito."

„Laß dein albernes kapito. Bist du mondsüchtig?"

„Mondsüchtig? Ich? Das weißt du doch. Wie macht man das?"

„Man geht spazieren, nachts zum Beispiel.“
Katharina warf einen Blitzblick zu Eckart. Der aber zeichnete mit einem Stöckchen Kreise in den Kies. Sie konnte in seinem Gesicht nicht lesen. Da drückte sie etwas in ihrer Hose, und ihre Beine begannen zu zittern.
„Ich muß aufs Klo.“
„Gar nicht mußt du aufs Klo. Also, mit wem warst du nachts wann und wo.“
„Mit wem? Nachts? Muttchen, laß dir erklären . . .“
„Red nicht um den Brei! Ich habe es schwarz auf weiß.“
Eckart mischte sich fix dazwischen: „Wir haben nämlich . . .“
„Du sei still, du Maulaff! Wolltest du vorhin nichts sagen, kannst du auch jetzt deinen Rand halten.“
Katharina schoß es durch den Kopf: Woher weiß . . . Wer hat gepetzt . . .?
Die Mutter blieb hartnäckig. „Kattarinna! Ich will die Wahrheit wissen. Sieh mich an zum Donnerwetter – was hast du nachts wo mit wem gemacht!“
Gerade wollte das Mädchen eine Antwort geben, als ein eigenartiges Geräusch sie alle aufhorchen ließ. Es kam näher und näher und – Onkel Willi bog um die Hausecke, gegen seine Gewohnheit und gegen allen bürgerlichen Anstand steckten seine Füße in Pantoffeln. Schlapps-schlapps machte es.
Er blieb vor den verstummenden Gesichtern stehen und sagte entschuldigend: „Tja, heute mal so.“ Und zeigte an sich herab. „Ich habe was im Zeh. Ist was?“
Erika verlor ihre letzte Beherrschung. Sie sprang auf und schlug sich gegen den Kopf, daß es knallte:
„Oh, oh, oh, werde ich verrückt oder bin ich es schon!“
Damit rannte sie ins Haus und rief noch im Korridor: „Hans, einen Doppelten, oder zwei, ich drehe durch.“
Frau Ohm, wieder mal ohne Ahnung von dem, was draußen vorgefallen, trat gleich darauf vors Haus und rief ihre Leute zusammen.

Onkel Willi schlappte, sein spitzbübisches Lächeln auf den Lippen, als erster hinein. Da fühlte sich Eckart am Arm genommen, und Katharinas Stimme zischte ihn an:
„Du hast alles ausgetratscht. Wer sonst! Ich bin ent-täuscht!"
„Gar nicht!" Eckart warf ihren Arm zur Seite. „Fidi hat geschrieben, hier, auf offener Karte. Was kann ich dafür, wenn er so bescheuert ist und wenn die andern das lesen."
„So ein Kamel!" schimpfte Katharina los und wischte sich hinter ihrer Brille eine Träne breit. „Jetzt schmeißen sie dich raus, und Muttchen nagelt mein Kellerfenster zu. Mannomann!"

Bei Tisch prickelte es Hochspannung unter den dreien. Die Männer vom Heu samt Vater Ohm wußten zwar nichts von allem und schlürften und schwatzten sich eins mit einfältigen Reden. Die Kinder aber behaupteten, sie hätten keinen Appetit. Onkel Willi wischte dauernd über die Tischdecke, und Erika führte ein Selbstgespräch nach dem andern. Wer sie ansah, spürte es hinter ihren Stirnfalten gefährlich knistern. Unheimliches ging von ihr aus.
Plötzlich knallte sie mit der flachen Hand auf den Tisch. Die Leute zuckten zusammen, die Teller klirrten, Ohm zog ein erschrockenes Gesicht. „Kinder", rief sie, „ich muß euch was erzählen."
Eckart rührte in seinem Essen. Jetzt geht's los, dachte er.
Katharina wurde bleich.
Erika schob mit entschlossener, ruckartiger Bewegung ihren Löffel über den Tisch, richtete sich auf und blickte in die Runde. Jeden einzelnen sah sie an, ein bißchen wirr zwar, doch sehr herausfordernd.
„Kinder", sagte sie, „ich bin verrückt. Wißt ihr das schon? Ich bin verrückt."
Die Leute am Tisch betrachteten sie aufmerksam. Wieso? Was hat sie?

„Heute früh“, fuhr sie fort, „heute früh ging's los mit mir. Wie an jedem Morgen fuhr ich zum Amt, den Wiesenweg, ihr wißt, mit dem Rad. Was glaubt ihr wohl, was ich da fand? Mitten auf dem Weg?“

„Eine Schlange“, lachte einer.

„Einen Hundertmarkschein“, kicherte ein anderer.

Die übrigen zogen die Schultern. „Was kann man da schon finden.“

„Einen Pantoffel kann man finden, einen richtigen Pantoffel. Ich halte an, ich besehe ihn mir, ich denke, nimmst du ihn mit, nimmst du ihn nicht mit? Schließlich gehört er mir ja nicht, dieser Pantoffel. Und weil unrecht Gut nicht gedeihet, lege ich ihn wieder hin. Ich kutsche los, ich bin vielleicht hundert oder mehr Meter gefahren, da denke ich, nein, Erika, du kannst das Ding da nicht liegenlassen, irgendwem muß der doch gehören. Ich denke aber auch wegen der Polizei, wegen Verbrechen und so. Kleinvieh macht auch Mist. Ich drehe also wieder um mit meinem Rad und komme zu der Stelle, wo ich ihn finden tat, von wo ich denke, hier muß er noch liegen. Aber, nichts ist. Futsch, weg. Erst war er da, der Pantoffel, dann war er weg. Aber nun, Leute, nun haltet euch fest. Er ist wieder da.“

Die Männer prusteten hinter vorgehaltener Hand. Was ist mit der! Katharina sah voller Angst auf ihr Muttchen und suchte ihren Arm.

Frau Ohm drohte ernsthaft: „Erika, zwei Doppelte auf nüchternen Magen, das war zuviel für dich. Wie konntest du! Nun unterhalte uns nicht weiter mit solchem Quark. Geh und leg dich schlafen.“

„Wo ist er denn, der futsche Pantoffel?“ höhnte einer.

„Wo er ist? Das will ich dir genau sagen. An Onkel Willi seine Füß. Zeig deine Pantoffel hoch, Alter. Nun los, zeig sie!“

Der aber blieb ungerührt. „Tjä“, meinte er und kaute weiter. „Das kann *so* sein, das kann aber auch *so* sein. Erst ist er da, dann ist er weg. Und wenn das mit dem Pantoffel so ist, dann ist das auch mit dem Boot der Kinder so."

„Was hat das Boot mit deinem dämlichen Pantoffel zu tun!" bollerte sie aufgebracht. „Das Thema gehört doch wirklich nicht hierher . . ."

„Tjä, liebe Erika", sprach er ruhig weiter. „Wenn ich ehrlich sein soll . . ."

„Nichts hat das mit dem Boot zu tun. Der Pantoffel *ist* da und das Boot *war* da."

„Wenn das Boot nun aber doch da *ist*?" Wieder erschien das spitzbübische Lächeln auf Onkel Willis Gesicht. Katharina fiel der Löffel aus der Hand, und Eckart verkippte das Gemüse. Erika maß den Alten lange und mit dem mißtrauischsten Blick, der je ihren Augen entsprang. Dann sagte sie langsam und mit Nachdruck: „Der Verrückte bist du."

Sie ließ sich auf den Stuhl zurückfallen, daß er in allen Leimungen knackte, schaufelte das Essen, daß es keine Art mehr hatte, und blickte weder nach rechts noch nach links.

Nun schien für Onkel Willi die Zeit gekommen. Er begann eine für ihn unvorstellbar lange Rede.

„Tjä, liebe Erika", sagte er. „Wenn dein lieber Fratz, was meine kleine Herzensfreundin Katharina ist, nicht so ein dreibastiges Ding wäre, was sie ja wohl von dir hat, mannich? – derwegen du ihr das auch nicht darfst übelnehmen –, und wenn der Junge da, wenn der nicht so ein tüchtiger Kerl wäre . . . Mit euch Bierpotthaltern wäre das nicht gegangen. Ihr rekelt euch ja nicht um einen Millimeter für die beiden. Aber nun ist das Boot eben wieder da, ist an Land gesegelt und liegt da irgendwo im Schilf. Da hat keiner gezogen, da hat keiner gehoben. Das ist von selber hochgekommen!"

„Potzdeubelnichnochmal!" platzte Vater Ohm heraus. „Du willst doch nicht behaupten, die beiden Gören hätten das Boot selber und eigenhändig rausgeholt."

„Tjä, wenn das nicht zu glauben ist, dann ist das nicht zu glauben, aber stimmen tut's doch. Und nun, Eckart, mein Junge, nun tu den Herrschaften mal erzählen, wie ihr's gemacht habt."

Eckart blickte sich scheu um. Er dachte an die gefahrvolle Nacht, an die Schläuche, an das Tauchen, an das heimliche Entwischen und fürchtete sich vor dem Zorn der Hausfrau. Und – durfte er Katharina in Verruf bringen?

„Mit . . . mit . . ." Er stackerte. Darf er es wirklich schon sagen?

Katharina stieß ihn in die Seite: „Rede doch, es kann uns nichts mehr passieren." Sie aber dachte an heute vormittag, an die Geschichte mit den Kühen, wie sie das gemacht hatten.

„Mit . . . mit . . ." Eckart kam nicht weiter. Durfte er Onkel Willi verraten?

„Ach", funkte das Mädchen dazwischen. „Wenn er's nicht sagt, sage ich's eben. Mit Ohms Kühen, mit Rita und Sonja. Nun wißt ihr's. Und mit Peppi."

Ein Lachen donnerte durch den Saal. Die einen hielten das für den besten Witz des Jahres. Die anderen aber, besonders Erika und Onkel Willi, fühlten sich arg veralbert.

„Kattarinna! Das war eine ernste Frage!"

„Erzähle richtig", forderte Onkel Willi, „und laß den Unsinn mit Ohms Kühen."

„Wirklich, Onkel Willi, das mit den Kühen, das stimmt. Wir haben sie vorgespannt, und Peppi . . ."

Lachsalve um Lachsalve kam geschossen und übertönte ihre kleine Stimme.

„Hans, seit wann hast du Seekühe!"

Jetzt stieg Eckart das Blut in den Kopf. Er fühlte sich befreit von dem lästigen Druck der letzten Viertelstunde, sprang auf, reckte seinen Arm über den Tisch, um nun doch eine Rede zu halten.

„Ich werde alles haarklein erzählen, aber Sie müssen mir auch glauben!"
Und nun erzählte er von ihren nächtlichen Unternehmungen. Und da war keiner, der nicht mit Spannung verfolgte, was der Junge ihnen wie einen tollkühnen Film vor Augen führte. Nur Erika schüttelte den Kopf. Die Geschichte mit dem Pantoffel, die kriegte sie nicht klar.
Eins aber hatte Eckart verschwiegen: den Weg über das Dach und durchs Kellerfenster.
Frau Ohm wurde allerdings mürrisch, je mehr sie über das Gehörte nachdachte. Dieses alles war in ihrem Haus geschehen! Und sie hat nichts davon geahnt, nichts gehört, nichts erfahren! Künftig wird sie auf der Hut sein. Jungem Volk ist eben nicht zu trauen. Damit schob sie die Teller zusammen, stand auf und sagte Mahlzeit.
Die Kinder blieben sitzen. Sie sahen sich an und grinsten sich eins.
Beim Spülen der Gläser überlegte sich Vater Ohm, daß es wohl richtig sei, noch heute Bootsbauer Franz zu fragen. Denn Franz war der einzige, der die Jolle schnell und zuverlässig zusammenzimmern konnte.
„Ich werde zu ihm fahren", sagte er seiner Frau in der Küche, „sonst werden wir die Blase überhaupt nicht mehr los."

Gemeinsam mit Katharina überwachte Eckart das Trocknen der in der Sonne ausgebreiteten Sachen. Er hatte sich die noch feuchte Mütze aufgesetzt und hockte neben dem Mädchen, barfuß und in Badehose, auf dem Weidenstamm. Sie ließen sich beide von der Sonne bescheinen. Eckart döste, Katharina hatte die Beine hochgezogen, die Wange auf die Knie gelegt und blinzelte zu den Kühen hin. Zum Erzählen verspürte niemand Lust. Müde waren sie, schrecklich müde, obwohl es keiner von beiden zugeben wollte.

Über ihnen zogen Möwen ihre Kreise, Bienen besummten die vollen Blütenstände der Wiese, das Getreide roch reif und satt, und weiße Wolken segelten über alles hin. Der Sommer meinte es gut.
Einmal sah Eckart das Mädchen von der Seite an, denn ihm war, als hatte sie etwas sagen wollen. Mehrmals hatte sie Luft geholt und angesetzt, sich aber wohl nicht entschließen können.
„Ist was?" fragte er darum.
Katharina verscheuchte eine Fliege. Damit er ihr Gesicht nicht sehen sollte, wandte sie sich von ihm ab, sagte aber leise:
„Wenn – wenn der Kahn fertig ist, ich meine heil ist – mußt du dann weg? Ich meine . . ."
Pause.
„Warum?"
„Ach nichts, nur so."
Pause.
Katharina steckte einen Finger zwischen die Zehen und ribbelte trockenen Sand heraus. Dabei dachte sie: Hierbleiben soll er. Ferien sind furchtbar langweilig. Und weil sie mal gelernt hatte, daß man Gott um gute Dinge bitten dürfte, sagte sie in ihrem Innern so: Lieber Gott, mach, daß Ecki nicht so schnell wegkann. Und wenn du es doch machst, laß mich ein bißchen dazwischenfunken. Vergib mir das, ja?
Nachher ordneten sie, was sie zu ordnen hatten, holten von Ohms den alten Handwagen mit der knarrenden Deichsel und fuhren alles nach oben. Was dem Bienenonkel gehörte, zum Bienenhaus. Was Eckart gehörte, wanderte auf sein Zimmer.
Dann ließen sie den Abend kommen.

7

Frau Ohm erkannte in mütterlicher Fürsorge die Übermüdung des Jungen auf den ersten Blick und hatte ihm – früher als sonst im Hause üblich – den Abendbrottisch bereitet. Nun saß er bei ihr in der Küche und sollte essen. Sie hantierte dabei am Herd und beobachtete bald belustigt, bald besorgt, wie sein Kopf mehrmals nach vorn fallen wollte. Einmal hatte er die Nase fast in das Essen getunkt, das auf seinem Teller dampfte: Spiegeleier mit Bratkartoffeln. Der Bengel tat ihr leid. Aber sie hatte wahrlich noch andere Mäuler zu stopfen als nur seins und mußte sich ranhalten. Zwischendurch redete sie ihm gut zu:

„Iß tüchtig, mein Junge, Essen ersetzt Schlaf, hat meine Mutter immer gesagt“, und legte ihm noch einmal auf.

Nun, Eckart ließ es sich schmecken. Auch wenn er das Kauen manchmal vergaß, die Gabel stocherte von allein weiter.

Danach wollte er ins Bett, ganz bestimmt. Drei Nächte schon nicht richtig geschlafen. Echte Nachtruhe ohne Lesebuchvortäuschung. Auch diese Art, die elende Heimlichtuerei, sollte jetzt endgültig aufhören. Und Gründe, die Alten an der Nase herumzuführen, hatte er nicht mehr. Er wird nun brav sein: das wohlerzogene Kind ordentlicher Eltern.

Eben griff er nach dem Topf frischer, noch kuhwarmer Milch, als Katharina in die Küche stürmte.

„Ich habe eine Stunde durchgezogen, einen Schlaf, sage ich dir, ich bin wieder ganz auf Deck. Mannomann, einen Schlaf! Du ißt noch? Schmeckt's? Hhmm! Ei mit Kartoffeln! Mag ich gern. Mannomann, bin ich gerast.“

Hui, war das Mädchen aufgezogen. Die Hände in die Seiten gestützt sah sie zu, wie er trank. Als Frau Ohm den Tisch in der Gaststube deckte, waren die beiden einen Augenblick allein. Diesen günstigen Moment nützte Katharina.

„Wenn du fertig bist – ich hab was für uns."
„Ich geh in die Falle, ich bin hundemüde. Morgen ja?"
„Nein, jetzt. Müdesein gilt nicht. Sieh mal, was ich hier habe."
Sie hielt ihm einen langschäftigen Schlüssel unter die Nase.
„Klo?" fragte er.
„Quatsch. Lies doch."
Eckart sah auf das Holzschild mit der Aufschrift TURM.
„Turm?"
„Komm, sei kein Spielverderber. Wir gehen rauf. Von da oben kann man bannig viel sehen. Die halbe Welt. Andere kommen da gar nicht hin, wenn wir's nicht wollen."
„Können wir nicht später . . ." Eckarts Unlust war offenbar.
„Später, später, Mannomann. Nachher bist du weg, zu Hause, oder wo, und dann?"
„Ach so, ja." Das sah er ein.
Sie drängelte: „Nun iß schon auf. Ich warte." Und um irgendwas zu tun, wanderte sie in der Küche herum, als gehöre sie ihr, steckte einen steifen Finger in den Schlüsselring und spielte Propeller. Sie wartete eben.
In ihrer Gegenwart schluckte Eckart nun wirklich mit jedem Bissen ein Stückchen Müdigkeit hinunter, und als er schließlich aufstand und die letzten Happse noch im Stehen verschlang, meinte er sich doch genügend gestärkt zu haben, um noch etwas unternehmen zu können. Schlippschlapp fuhr die Zunge über den Teller und nahm mit, was Messer und Gabel nicht geschafft. Schlucksglucks leerte sich das Milchglas. Rucksbums wanderte der Hocker, von einem Fußtritt befördert, unter den Tisch. Das Geschirr ging in den Abwasch. Katharina preßte ihren Schlüssel fest in die Hand, und mit einem in die Gaststube geworfenen Danke-fürs-Abendbrot ging's hinaus in den Abend. Eilig, eilig, eilig. Was wunder, wenn sie ihren Turm nur außer Puste erreichten . . .
Überrascht sah Eckart an der aufstrebenden Mauer entlang nach oben. Oooch, ist das Ding hoch! Während Katharina

den Schlüssel in die Tür steckte, pulte Eckart an einer Stelle im Putz, an der ein Stück Mauer ziegelrot herausbleckte – wahrscheinlich durch jahrelanges Schaben scharfer Gegenstände.
„Das ist Muttchens Werk“, sagte sie.
Dann wackelte der Schlüssel im Schloß. Trocken schrapte die Klinke. Die Eisentür drehte sich auf mit heiserem, bitterem Ächzen.
„Komm!“ Katharina winkte. „Es braucht keiner zu wissen, daß wir hier sind.“ Die beiden witschten hinein. Rumsbong machte die Tür beim Zuschlagen. Katharina drehte den Schlüssel und zog ihn ab. „Jetzt haben wir keine Verfolger, kapito?“
Eckarts Augen bekamen zu tun. Ein Leuchtturm, dachte er, ein richtiger Leuchtturm. Vom Haff her habe ich ihn schon x-mal gesehen, aber jetzt, jetzt bin ich drin. Das werde ich Fidi erzählten – und den andern. Wie das hier riecht, so muffig.
Staunend nahm der Junge alles Neue auf. Die Wendeltreppe war da mit ihren unzähligen Windungen. Aus Eisen war sie und ihre Stufen gemustert. Sie schlang sich um eine Mittelachse und erinnerte an eine ausgezogene Spirale. Beim Aufsteigen hörte er, wie es unter seinen Tritten dröhnte, wie der Hall sich aufwärtsschwang und sich mit dem Geräusch von Katharinas Schritten vermischte. Die war schon fast oben angelangt. Leider mußte er es zugeben: sie hüpfte so leichtfüßig hinauf, während er wie ein Tattergreis Stufe um Stufe nahm. Er ärgerte sich über sich selbst, besonders als er merkte, wie die Hände sich gegen seinen Willen und ungeschickt am Handlauf verkrampften, als wollten sie ihn hindern, höherzusteigen. Zu allem Überfluß rief Katharina nun auch noch etwas zu ihm hinunter; da schämte er sich richtig, jedoch nicht ohne Beschuldigung: Immer will sie die erste sein. Immer, überall!

Er schien es nicht verwinden zu können, daß sie ihm überlegen war, hier, und da, und da, und überhaupt. Und jetzt bibberten ihm sogar noch die Beine! Scheußlich.
„Hallo, Ecki! Wo bleibst du?"
Der Schall schlug um seine Ohren, wehte auf und ab und auf und ab, bis er sich selbst aufgefressen hatte mit seinem unheimlichen Bleibstu, leibstu, eibstu...
Eckart riß sich zusammen. Nein, sagte er sich, der Turm hält, die Treppe hält, die Stufen halten. Ich will. Die Fratzkatharina soll mir bloß nichts vormachen. Damit zwang er sich den Wendelgang hinauf, Tritt um Tritt, Stufe um Stufe. An der letzten Windung wartete sie auf ihn.
„Na, war's schlimm?"
„Schlimm?" Eckart tat über jeder Schwäche erhaben. „Was soll schlimm gewesen sein?"
„Laß man", tröstete sie, „beim erstenmal ist das immer so. Das legt sich." Damit stemmte sie sich unter einen waagerecht stehenden Eisenarm, der eine letzte Tür verriegelte, und öffnete eine Ausstiegluke, indem sie sich kräftig gegen sie lehnte. „Sieh, so macht man das."
Helles Abendsonnenlicht strömte ihnen entgegen.
Katharina tat einen übergroßen Schritt hinaus. Jetzt stand sie auf der äußeren Plattform – vor sich ein Geländer, das um den Turm führte und von Möwen weiß beschietert war. Eckart, vom Licht noch geblendet, fühlte sich für Sekunden in schwindelnde Höhe geworfen. Immer noch war es da, dieses blöde Bauchkribbeln, das ihn schon auf der Wendeltreppe überfallen hatte. Jetzt kribbelte es sogar noch schlimmer. Es war ihm dermaßen in den Leib gefahren, daß er das Gefühl hatte, jetzt, unbedingt jetzt aus der Hose zu müssen. Seine Beine zitterten, und kalter Schweiß trat auf die Stirn. Doch um seiner Jungenehre willen hatte er – verflixtnochmal – dagegen anzukämpfen.
Katharina hatte sehr wohl bemerkt, wie sich der Freund am Geländer festkrallen mußte und wie steif er da stand, steif wie

der Besenstiel in Muttchens Putzschrank. Schwindligwerden, sagte sie sich, ist doch ganz menschlich. Darum nahm sie weiter keine Notiz von seinem Zustand – nur ein wenig Rücksicht wollte sie üben. Und das war richtig lieb von ihr.
Eckart brauchte einige Zeit, bis er seine Augen ganz zu öffnen wagte. Jetzt konnte Katharina ihm alles zeigen, was die Höhe zu bieten hatte: die dunstige Waldnase, hinter der er Ueckermünde suchen sollte; er sollte auch die Entfernung zur Karniner Brücke schätzen, er sollte staunen, wie nahe die Kirche von Mönchow vor ihnen lag – einen Steinwurf weit, sagte sie –, und er sollte die andere Kirche, die von Usedom, suchen.
„Hinter der Brücke, am andern Ufer", erklärte sie, „siehst du Kamp, ein ganz kleines Nest mit nur wenigen Bauernhöfen. Das kannst du von hier aus nur mit dem Milchboot erreichen."
„Ich weiß", sagte er. „Da ist ein Bollwerk zum Anlegen."
„Aber ein Obstgarten soll da sein, sagen die Leute, Mannomann! Da müßten wir mal hin. Köter gibt's da auch, riesige Bluthunde, sagen die Leute. Zwei Meter groß und noch größer. Sagen die Leute. Aber ich glaub's nicht. Die übertreiben absichtlich, weil sie nicht wollen, daß wir da Kirschen klauen."
Während sie so weiterplapperte und ihr Sieh-da, Sieh-dort vielfach wiederholte, hatte sich Eckart gut an die Tiefe unter sich gewöhnt. Jetzt übte er auch schon, um den Turm herumzuwandern, ohne das Geländer zu berühren.
„Das ist eben alles Gewohnheit", sagte Katharina. „Wollen wir nicht höher?" Sie zeigte über sich auf eine eiserne Leiter, die außen entlang bis zur Turmspitze, bis zur Kuppel, führte. Stand man auf dieser Leiter, befand man sich auf gleicher Höhe mit der Laterne, die das für die Schiffahrt einst so wichtige Leuchtfeuer gegeben hatte. Denn der Turm war ja ein Leuchtturm gewesen. Und die Laterne befand sich in seiner Spitze.

„Na?“ fragte Katharina. „Kommst du mit?“
Eckart schauderte, als er hochblickte. „Da rauf? Nein. Kein Hund kriegt mich da raufgejagt.“
„Dann nicht!“ rief sie. „Ist ja auch meine Leiter, meine Leiter, meine Leiter!“ Und jubelnd sprang sie an die erste, in Gesichtshöhe liegende Sprosse, machte ein, zwei Klimmzüge wie ein gelernter Akrobat und holte sich hinauf, Hand über Hand, Meter um Meter. Jetzt winkte sie sogar noch und ließ ein Bein in der Luft kreisen!
„Huhu, Eckart!“
Dem aber schwindelte in einer Weise, daß ihm schlecht wurde und er sich halten mußte.
„Von hier aus kann man noch viel, viel weiter sehen. Bis Moskau, bis Ägypten. Ich sehe die Pyramiden – juhu – ich sehe die Sandflöhe in der Sahara. Mannomann! Willst du nicht kommen?“
Jetzt stieg es in dem Jungen auf. Will sie sich über mich lustig machen? Will sie mich herauslocken? Warum sagt sie das? Wer Freundin sein will, spielt sich nicht so auf. Und seine anfängliche Bewunderung begann unbewußt in leisen Grimm umzuschlagen.
Aber sich aufzuspielen, vor ihm? Daran hätte Katharina niemals gedacht. Sie war nur so. Fratz mit Pfeffer im Hintern. Und weil sie so war, darum gab sie sich so.
Nachher sagte sie: „Hier gehen wir öfter her. Von heute an ist das *unser* Turm. Jedenfalls solange du noch hier bist. Das wollte ich dir zeigen, Ecki. War das nicht schön? Und nun runter. Muttchen wird auf mich warten.“

In dieser Nacht hatte Eckart einen sonderbaren, ja einen bösen Traum, der sein Innenleben widerspiegelte.
Er sah sich auf einer Turmspitze stehen. Der Turm aber war so dünn wie eine Wäschestange und schwankte hin und her – kaum daß er darauf Halt finden konnte. Von dessen schwin-

delnder Höhe herab sah er das Dorf Kamp liegen, mitten unter gespenstisch wispernden Bäumen. Riesenbäumen. Aus diesen Bäumen lugte ein Schloß, ein Schloß wie in alten Märchen, und weil es Nacht war, flimmerte in seinen tausend Fenstern hellgoldener Lichterschein, der bis zu ihm herüberdrang. In diesem Schein bewegte sich ein Boot auf dem Wasser, ein Boot mit vielen Ruderern, starken, großgesichtigen, rauhbärtigen Männern, und einer sah aus wie der andere. Und in dem Boot stand Katharina, hochaufgerichtet mit vorwärts weisenden Armen. Sie stand im Heck und kommandierte die Ruderleute, beherrschend und schroff wie ein Galeerengeneral. Und wenn sie kommandierte, duckten sich die Männer und taten alles, was sie befahl, und riefen immer nur ei-ei-Ssörr, ei-ei-Ssörr. Ihr Gehorsam stimmte sie zufrieden. Weil sie aber eine fremde Sprache redete, verstand er nichts von dem, was sie sagte. Dann legte das Boot an, und sie entstieg ihm wie eine Königin, herrlich, edel. Sie trug jetzt eine blaue Schiffermütze und grünweißgestreifte Shirts. Aber die Männer verneigten sich und riefen ei-ei-Ssörr, ei-ei-Ssörr. Danach winkte sie ihm und verschwand. Er eilte ihr nach und zog mit ausgebreiteten Armen wie Adlerflügeln über das Wasser, elegant, federleicht, hin zum Ufer bis zu den Füßen des Schlosses. Unwiderstehlich drängte es ihn, ihr zu folgen. Aber da war weder Weg noch Steg durch ein Dickicht, in dem Myriaden von Mücken sirrten und Nesseln stachen. Er verlor einen Schuh und zerstach sich die Zehe. Er wollte schreien, aber Kühe kamen herbei und liefen über ihn weg. Mit einem Mal befand er sich auf einem lichten Platz, und das Schloß lag vor ihm, so hell erleuchtet, wie man es nur zu allerfestlichsten Gelegenheiten zu erleuchten pflegt. Jetzt drängte ihn der einzige Wunsch, in dieses Schloß zu gelangen. Doch war es plötzlich von einer unüberwindlichen Mauer umgeben, so hoch, daß es hinter ihr verschwand. Die Mauer aber war bewacht von Meuten belfernder Hunde, deren Wildheit nicht zu bändigen war und aus deren Mäulern giftiger Geifer troff. Mitten unter diesen Bestien erkannte er Katharina. Sie hatte ein Hundegesicht, und die Bestien leckten ihr Hände und Füße und wälzten sich winselnd vor ihr. Kapito, hatte sie befohlen, und mit diesem einen kapito hatte sie sie alle bezwungen. Sie winkte ihm und rief: Tu bie orr nott tu bie, und der Schall brach sich und schwoll zu ihm auf mit schauerlichem nott tu bie – tu bie – bie – iiih . . . Dann stand er in einem Saal, dessen Ausmaße alle Vorstellungen überstiegen. Seine Wände überzogen grünschimmernde, algenfarbene Wasser; lautlos wogten Wellen aufwärts, in denen sich das Licht der Kandelaber brach in Diamentenpracht. Er mußte sich die Hand vor die Augen legen, zu brennend war diese Helle. Und an den Wänden des Saals standen Menschenwesen, Frauen in Manneskleidung, Männer in Frauenkleidung, mit unerkennbaren Gesichtern, unbestimmten Alters. In ihrer Mitte, auf gläsernem Podest, Katharina, umweht von hauchfeinen Schleiern, unter denen sie tanzte, tanzte in einer Art, wie es selbst der Primaballerina eines Balletts nicht möglich wäre, sie nachzuahmen. Ihr Tanz war Schweben, Tauchen, Schwimmen, Kraulen in Zeitlupe, wunderbar. Sie trug in der Hand eine Lampe, die einer Taucherlaterne glich und die sie mit einer Leichtigkeit führte wie einen Luftballon. Eben wollte er auf sie zu und sie umarmen, da fühlte er sich in einer Ecke kauern, klein, nichtsnutzig, übersehen, und alle, die ihn plötzlich umstanden, zeigten mit Fingern auf ihn, zogen ihm an den Ohren, kniffen die Nase, pusteten ihm ins Angesicht und rochen nach warmen Pfefferminztee. Plötzlich tat sich unter ihm der Boden auf, er fiel, fiel, fiel in unendliche Tiefe. Schreien wollte er, um sich schlagen, als er über sich Katharinas verändertes Gesicht sah, häßlich, gräßlich, greulich. Aber eine Lähmung hatte ihn befallen, die ihn kein Glied rühren ließ. Mit letzter Kraft warf er sich herum, bäumte sich auf und hörte Katharina lachen, lachen, lachen,

so widerwärtig und gemein lachen, daß er darüber erwachte.
Und als er endlich die Augen aufschlug, fand er sich im Bett, verwühlt das Laken, die Decke an der Erde, über sich Katharinas Gesicht, die ihn mit lauem Zahnpastahauch anblies und ihre Finger von seiner Nase ließ und lachte, lachte, lachte: „Mannomann! Hast du einen Schlaf. Dich kann man hinaustragen und versäufen."
Eckart fuhr auf. Da ist sie ja! Ausgelacht hat sie mich, höhnisch und gemein. Da feuerte er ihr entgegen:
„Hau ab, du ekelhafte Angeberin!" Und schlug nach ihrer Hand.
Katharinas Begrüßungslächeln vereiste. Wie war das eben?
„Abhauen sollst, du Kötergeneral!"
„Was ist denn los, Mann! Bist du krank?"
„Immer kannst du alles, immer weißt du alles besser. Tanzen, Sprachen sprechen! Alle hast du in deinen Krallen, alle kommandierst du, die Menschen, die Hunde, mich . . . Los, verschwinde!"
Damit schmiß er sich herum, riß die Decke hoch und wühlte sich hinein bis über den Kopf.
Ich? Angeber? Krallen? Hunde? Nein, sie begriff nicht. Warum abhauen? Wecken hatte sie ihn wollen, nichts anderes. Sie wollte mit ihm zusammen was unternehmen, zum Bootsbauer, zum Turm, zum Ottokreuz, ach, so viel Schönes. Aber wenn das so ist . . .
Noch einmal tippte sie ihm sacht auf die Schulter: „Ecki?"
„Du sollst abhauen endlich!" brüllte er unter seiner Decke und trat ihr mit einem Fuß schmerzhaft gegen das Bein.
Da gab es keinen Irrtum mehr. Katharinas Kinnrundung zuckte auf und nieder, und ihre Nasenflügel bebten.
„Oh, du Schuft!" Es sah aus, als wollte sie heulen. Aber sie heulte nicht. Im Gegenteil. Sie ballte ihre Fäuste und brüllte ihn an: „Das hab ich nicht verdient! Warte, du!"

Danach, ohne auch nur noch einen einzigen Blick an ihn zu verschwenden, stieg sie zum Fenster hinaus und nahm den Weg zum Kälberstall. Sie umfaßte den warmen Hals des Tierchens und legte ihre Wange an. Streichelnd fuhr ihre Hand über die weiche, feuchte Nase, über das Fell, streichelte, streichelte, streichelte. Das tat gut.

Eckart aber, nachdem sie hinaus war zum Fenster, begann unter seiner Decke nachzudenken. War das eben ein Traum gewesen oder war das kein Traum? Hatte er sie eben gesehen oder nicht? Hatte er sie weggestoßen?
Er richtete sich auf. Das Fenster stand offen wie an jedem Morgen. Er wußte nicht . . .
Da sprang er aus dem Bett, wusch sich gründlich und ging in die Küche hinunter. Dort erzählte ihm Gastwirt Ohm, er habe mit dem Bootsbauer gesprochen, noch gestern abend. Der wisse jetzt, wie dringlich es sei, aber er habe sehr viel um die Ohren.
„In ein paar Tagen wird er sich das ansehn kommen. Wir müssen überlegen, wo du solange bleibst. Nächste Woche brauchen wir das Zimmer."
Als Eckart das hörte, dachte er: Der Bootsbauer soll sich beeilen. Ich werde hinfahren. Ich werde ihm Dampf machen. Hier jedenfalls will ich weg. Die Freundschaft ist zerbrochen, zu kitten gibt's da nichts mehr. Nein, Katharina wollte er nicht mehr begegnen. Er wird sich nicht mehr auf Mädchenallüren einlassen, auf das dämliche Pst, pst und Plan eins und so. Er wird die Dinge selber in die Hand nehmen. Er wird sich sofort auf den Weg machen. Darum fragte er nach der Adresse und nach dem kürzesten Weg dorthin.
Fünf Kilometer knapp ging es die alte Bahnlinie entlang, über Wiesen, Weiden, Koppeln. Jetzt trug er wieder seine eigenen Sachen, die geborgten hatte er in das Kleiderspind geschmissen. Zwar roch das Hemd noch nach Boot, die Hose

nach Morast, und die Segeltuchschuhe waren zusammengeschnulpst und trugen böse Spuren schmutzigen Wassers. Aber ihm war das egal.
Die Leute haben sich mit mir abzufinden, wie ich bin. Ich habe nichts anderes, ich bin nichts anderes, ich will auch nichts Besseres sein.
Düster und verbittert ging es in ihm um.

Und Katharina? Ungerechtfertigt beschimpft, ja richtig mit dem Fuß getreten zu werden, leiblich und seelisch, wie sie sich einredete, das verkraftet wohl niemand so schnell. Das Gefühl großer Kränkung hielt noch lange an. Mit sich selbst beriet sie nun, was am besten zu tun sei. Und sie gelangte zu zwei Schlüssen.
Ich bin, sagte sie sich, ganz schuldlos. Er hat einen Charakterfehler. Da ist nichts zu machen. Jungen mit einem Charakterfehler mag ich nicht. Von nun an soll er bleiben, wo der Pfeffer wächst. Ich will sowieso keinen Freund mehr haben. In meinem ganzen Leben nicht. Kapito! Zum zweiten sagte sie sich: Der Bootsbauer soll sich beeilen. Repariert er die ALRAUNE noch heute, ist morgen der ganze Spuk vorbei, und ich bin ihn los. Ich werde darum ein bißchen nachhelfen gehen.
Eine Stunde vor Mittag war es wohl, als sie plötzlich aufsprang und in die Ohmsche Küche lief. Frau Ohm bereitete die Hühner.
„Tante Ohm", bettelte sie ungeniert, „borgst du mir dein Fahrrad?"
„Wohin willst du?" Diese Frage war berechtigt.
„Einfach nur so. Mama ist noch nicht da, sonst hätte ich sie gefragt."
Das leuchtete ein. Die Frau hatte ihre Gedanken auf Soßenbräune und Rotkohlwürze konzentriert und nicht auf die Firlefanzereien eines kleinen Mädchens. „Nimm es", sagte sie. „Aber um zwölf gibt's Essen."

Es war ein altes, schweres Fahrrad. Und weil der Sattel sehr hochgestellt war, hatte Katharina ihre Schwierigkeiten. Sie mußte im Stehen fahren, und beim Treten stieß ihr der Sattelknauf ins Kreuz.
Statt den kürzeren Weg über den alten Bahndamm zu nehmen, lenkte sie, einer unbewußten Ahnung folgend, auf die Straße. Autos fuhren hier nicht, da das Pflaster, zwischen dessen Holpersteinen schon Gräser wuchsen, hundsmiserabel war; doch für ein Fahrrad blieb ein schmaler, glatter Steig. Sie beeilte sich sehr, denn die Zeit war knapp bis zum Mittag. Bald schon kam sie an das schöne Tor, das die Usedomer das Anklamer Tor nennen; in der spitzbogigen Durchfahrt ließen sich noch die Schlitze zur Führung des Fallgitters erkennen.
Am Markt fragte sie nach dem Bootsbauer Franz. In einer Seitenstraße fand sie sein Haus und auf dem Hof die Tür mit der Aufschrift WERKSTATT. Entschlossen, wie es ihrem Wesen entsprach, ging sie auf diese Tür zu und klopfte an. Niemand hörte. Sie klopfte mehrmals und sehr stark. Der da drin, wenn er drin war, hätte nicht hören können. Eine Maschine machte rattattattat, und das Kreischen einer Bandsäge überschrie jedes andere Geräusch.
Also hinein. Was sonst . . .
Sie öffnete die Tür und trat in den Raum. Steil von oben fiel Sonnenlicht in geraden Linien durch die verschmutzten Scheiben und zeichnete auf schwebenden Staubteilchen helle Bahnen. Im Hintergrund gewahrte sie einen Mann mit Bart und Brille.
Als dieser Mann das Mädchen sah, zog er das Holz aus der Säge und schaltete den Motor aus. Der Ton schwoll ab, fiel in sich zusammen, Stille trat ein und ermöglichte Frage und Antwort. Bootsbauer Franz zog die Hornbrille auf die Nase und blickte das Mädchen forschend über ihre Ränder an.
„Nun?" Er nahm eine halbdurchrauchte, teerbraune Zigarre vom Ascher, der auf einem Sims unter dem Schild RAUCHEN VERBOTEN stand, und nuckelte an ihr, bis blauer Rauch kam.

„Nun?"
Katharina zögerte nicht. Sie brachte ihr Anliegen vor.
„Ich bin die Tochter der Postfrau aus Karnin", sagte sie, indem sie selbstbewußt den Kopf zurückwarf, daß sich die kurzen, blonden Haare ins Genick schüttelten. „Ich heiße Katharina und will fragen, ob Sie eine lecke Jolle reparieren können. Es muß aber gleich sein."
„Noch eine Jolle?"
„Wieso noch?"
„Na, gestern abend kam der Gastwirt Ohm zu mir mit dieser Anfrage und vorhin so ein kleiner, zusammengedroschener Bengel, so einer in deinem Alter. Nun dackelst du auch noch an."
Jetzt wußte sie es. Eckart war also bereits hiergewesen. Dann kennt Herr Franz ja auch die ganze Geschichte.
„Herr Ohm hat gesagt, Sie machen das."
„Aha, Herr Ohm hat gesagt. Aber ich habe gesagt, nächste Woche, wenn ich Zeit habe. Jetzt habe ich anderes zu tun. Und nun geh, Mädchen, und laß mich arbeiten."
Katharina aber dachte nicht daran, sich so einfach wegschicken zu lassen. Sie spielte mit ihren Fingern, wippte auf den Zehen und legte den Kopf schief.
„Machen Sie das oder machen Sie das nicht?"
Bootsbauer Franz kriegte das Lachen, und seine Stimme klang nicht ganz so knarrig verraucht, als er sagte:
„Ich muß mir das erst ansehn, Mädchen. Ich kaufe doch keine Katz im Sack. Nächste Woche. Und nun geh."
„Ich gehe nur, wenn Sie mitkommen. Ich finde, am besten ist gleich. Gleich ist immer das beste. Die Geschichte drängt nämlich. Es ist sehr, sehr wichtig."
„Was mir wichtig ist, bestimme ich." Sein Gesicht wurde ernst. „Und nun laß mich arbeiten."
Er legte die Zigarre auf den Ascher zurück und wollte gerade den Kreischmotor anlassen, als sie einen Schritt auf ihn zu machte:

„Sie müssen, Sie müssen jetzt mitkommen, Herr Bootsbauer. Der Junge soll nämlich von hier weg. Kapito?“

„Der Junge? Ich habe ihn vor einer halben Stunde weggeschickt. Hat er was ausgefressen?“

„Ich sage nichts. Aber das können Sie glauben, das ist ein ganz ... ein ganz ... Er hat mich beleidigt. Zutiefst.“

„Ach so, beleidigt, zutiefst.“

„Ja.“

Er griff wieder zu seiner Zigarre. „Das ist natürlich schlimm.“ Hinter blauen Wolken, die in die Luft segelten, stand ein belustigtes Lächeln. Das Mädchen machte ihm Spaß.

„Kommen Sie nun oder kommen Sie nicht?“ Katharina schnippte mit den Fingern.

Herr Franz bewegte seinen dunklen Bart hin und her und studierte in ihrem Gesicht. Er rückt die Brille hoch, legte die Zigarre weg, sagte aber kein Wort.

Katharina versuchte es mit zuckersüßem Bitten. Jetzt redeten bei ihr Hände und Gesicht.

Mit bewundernswerter Gelassenheit wandte sich der Mann ihr zu. Sie hielt seinem Blick stand.

„Wie, sagst du, wie heißt du?“

„Katharina. Ich bin die Tochter von ...“

„Ich weiß, ich weiß. Und wo hältst du dich auf?“

„In OHMS GASTHAUS. Da esse ich Mittag.“

„So.“

„Ja.“

Jetzt blickte er sie wieder über die Brillengläser an. Auch sie zog ihre Brille auf die Nasenspitze herab und gab den Blick voll zurück. Eine ulkige Situation.

„Wetten, Katharina“, sagte er, beugte sich nieder und schaltete den Motor an, „daß ich eher unten bin als du?“

Sie kniff ihre Augen zusammen, drückte ihr rundes Kinn hoch und begriff. Einen freudigen Schlag gegen ihre Pobacken und – husch, hinaus. Dem Eckart zuvorkommen!

Schon trat sie in die Pedale, die Beine kurbelten, der Sattel stieß sie von hinten, die Räder rauschten über den Kies. Staubwirbelnd schlurrte das Hinterrad über den Schotter, als sie bei Ohms Hausecke Rücktritt gab. Pardauz, knallte sie mit Eckart zusammen. Sie beachtete ihn nicht, stellte das Rad weg und blieb verschwunden, bis Mutter Ohm zum Essen rief.

Frau Ohm mußte ein Gedeck mehr auflegen. Bootsbauer Franz, der zwar die Wette mit dem Mädchen verloren hatte, war aber noch rechtzeitig zum Mittag gekommen und mit den Worten eingetreten: „Laßt mich mal einen Klacks mitessen."

Platz gab es genug, nachdem die Männer vom Heu abgezogen waren.

Eckart trat auf ihn zu und streckte ihm die Hand entgegen.

„Danke, daß Sie so schnell gekommen sind."

„Bedank dich bei dem Mädchen da", lachte der alte Franz und fügte hinzu: „Die hat mir die Hölle heißgemacht. Der kann man ja einfach nicht widerstehen."

„Die?" Dem Jungen schoß das Blut in den Kopf. „Die hat sich gar nicht einzumischen. Das ist meine Angelegenheit!"

Onkel Willi, der das hörte und das sonderbare Verhalten der Kinder untereinander beobachtete, musterte die beiden höchst kritisch. Oh, er wunderte sich sehr, daß sein kleines Kathrinchen ihren Kopf so kratzbürstig nach hinten warf, pff mache und sich ihren Platz nicht neben Eckart suchte, sondern am anderen Ende des Tisches. Und der Junge war auch so verändert. Onkel Willi mußte dahintersteigen.

Nach dem Essen besah sich Herr Franz den Schaden. Seine eckige Zigarre zwischen den Lippen tanzen lassend, trug er Maße und Zahlen in ein abgegriffenes Notizbuch und sagte, als er fertig war:

„Karascho! Hier müssen wir was erfinden."

Dann ging er zu seinem Moped zurück und knatterte davon.

Ab jetzt bleibt mir also nichts anderes, als zu warten, zu warten, zu warten, bemitleidete sich Eckart. Oh, wie wünschte er sich weg, wie fühlte er sich angebunden. Nicht nur Ohms, nun auch dem Bootsbauer war er ausgeliefert. Und das Mädchen? Geh mir bloß los!

Als er so niedergeschlagen zum Gasthaus zurückkehrte, sagte man ihm, er solle schleunigst zum Bienenhaus kommen. Onkel Willi wäre dort und warte auf ihn.

Onkel Willi, dachte Eckart, ja, dem kann er sich anvertrauen. Dem wird er erzählen, wie sich Fratz ihm gegenüber benimmt. Dort wird er sich aussprechen. Er erkundigte sich nach dem Weg.

Das Bienenhaus, das war neu für ihn – der dunkle Summeton der hin und her schießenden Bienen auch. Beängstigend dicht sausten sie an seinem Kopf vorbei. Am liebsten hätte er nach ihnen geschlagen, doch wußte er, daß man das nicht durfte: das konnte gefährlich werden.

Onkel Willis Bienenhaus. Da war es also. Wie es hier roch! In den Büschen, die einen Windfang boten, und unter dichtbelaubten Bäumen hatte sich Duft warmen Wachses verhangen und füllte die Luft mit köstlicher Milde.

Eckart klopfte an. Er vernahm ein gedämpftes Jabitte, öffnete die Tür und trat ein. Indem er aber eintrat, griff Onkel Willi nach seiner Hand, riß ihn herein, zog – rums – die Tür fest ins Schloß und drückte ihn auf einen Hocker.

„Da, Junge, setz dich hin und bleib sitzen. Ich hab dich was zu fragen."

Was ist los? dachte Eckart. Warum so stürmisch!

Das nur sehr matt durch ein winziges, mit allerlei Gestänge zugestelltes Fenster fallende Tageslicht erhellte den Raum so sparsam, daß Eckart Mühe hatte, sich zurechtzufinden. Darum entdeckte er auch nicht das Mädchen, das an der Rückwand stand und sich unter aufgehängter Kleidung verbarg. Doch bevor sich noch seine Augen an das

Dunkel gewöhnen konnten, hatte Onkel Willi hinter sich gefaßt und Katharina am Arm hervorgezogen wie eine sich sträubende Katze. Beide Kinder postierte er vor sich und hielt sie fest. Sie mußten sich ansehen, es gab kein Ausweichen.

Jetzt schimpfte er los: „Was um Himmels willen ist in euch gefahren! Meint ihr, ich schaue mir dieses Theater lange an? Jetzt, hier, in meiner Gegenwart habt ihr euch mir zu erklären. Wieso diese Molscherei? Wer redet zuerst?"

Abwechselnd blickte er ihnen in die Augen. Er wartete.

Katharina wollte sich seinem Griff entziehen und drehte sich wie ein Wurm am Haken.

„Er hat mich rausgeschmissen, er hat mich mit dem Fuß getreten. Er ist gemein."

Onkel Willi blickte sie streng an.

„Sie hat mich ausgelacht. Sie ist eine angeberische Zicke."

Onkel Wills Kopf flog zu Eckart.

Einer beschuldigte den anderen.

„Gar nicht habe ich ihn ausgelacht. Er hat nur fest geschlafen. Ich wollte ihn wecken."

„Immer lacht sie mich aus. Sogar im Traum hab ich das gemerkt."

„Du hast geträumt?" fragte Onkel Willi.

„Wenn du wüßtest, was. Sie ist hundsgemein."

„Geträumt hast du also. Na, da kommen wir der Sache schon näher. Was hast du denn geträumt?"

Eckart weigerte sich, den Traum zu erzählen. Doch Onkel Willi bestand darauf. Es half ihm nichts, und so begann er und berichtete von seinem nächtlichen Erlebnis so eingehend, überzog hier, übertrieb da, und selbst das Konfuseste glaubte er am Ende wahr und echt erlebt zu haben – die bissigen Hunde, das tanzende Mädchen im Schleier, die Kommandierende, ihr häßliches Lachen, ihr gemeines Lachen, ihr verletzendes Lachen . . .

„Es war wohl alles ein bißchen viel gewesen in den letzten Tagen, mein Junge", sagte Onkel Willi. „Das Entstehen von Träumen läßt sich schon erklären. Vielleicht hattest du am Abend besonders viel gegessen und Schweres?"
Eckart zog die Schultern. Er wüßte nicht . . .
„Spiegeleier mit Bratkartoffeln", fiel Katharina ein. „Einen ganzen Haufen hat er runtergeschlungen. Ich hab's gesehen."
„Nun siehst du, da haben wir's. Mit überladenem Magen träumt man eben so was und glaubt hinterher, daß es wahr ist."
„Gegessen habe ich abends, und morgens kam der Traum. Es war kein Traum. Sie war da und ist gemein. Ich weiß das!"
„Gebt euch jetzt die Hand. Träume dürfen uns nicht auseinandertreiben. Sonst können wir keine Freunde sein." Der Alte befahl.
„Nein", verlangte Katharina. „Erst muß er sich bei mir entschuldigen, wegen Verleumdung, wegen Beleidigung. Er hat einen Charakterfehler." Dieses Wort kam gerade zur rechten Zeit, das gefiel ihr einfach.
„Ich?" brauste Eckart auf. „Ich soll mich entschuldigen? Den Charakterfehler hast du, du Angeberin, du Bessermacherin!"
So leicht war die Brücke also nicht zu schlagen.
Onkel Willi wurde ärgerlich. „Marsch", schimpfte er, „jeder in eine Ecke, du da und du da! Solange ihr euch nicht vertragen habt, rede ich kein Wort mit euch. Man sollte es mit euch machen wie die Leute in Rumänien. Man setzt sie einfach in den Versöhnungsturm und läßt sie leben mit einem Löffel, einem Teller, einem Stuhl und . . . und . . ." Ihm war es ernst.
Da hockte nun jeder in seiner Ecke in dem düsteren Raum. Eine Stimmung wie unter einer Gewitterwolke. Jeder maulte vor sich hin und kam gar nicht auf den Gedanken, das Kriegsbeil zu begraben. Und Onkel Willi war richtig verärgert.

Bis ein unvorhergesehenes Ereignis eintrat, das allen Zank und Streit vergessen ließ.
Das ums Haus wie ein Gewand gewebte Summen zufriedener, honigtragender Bienen war unversehens stärker und stärker geworden und hatte sich in eine Erregtheit verwandelt, die von Minute zu Minute noch zu wachsen schien. Sie verriet dem kundigen Imker das Sammeln eines Schwarms. Onkel Willi horchte auf.
Ein Schwarm? Jetzt?
Unter allen Faxereien konnte er endlich einen Strich ziehen, und so befahl er den Kindern:
„Kommt mit, alle beide! Ich brauche euch."
Draußen hatte mittlerweile ein wahres Höllentheater begonnen. Unter einem in der Nähe stehenden Baum flitzte und jagte und burrte es auf und nieder, hin und her. Und die drei taten gut daran, einige Meter seitab zu bleiben.
„Stillstehen!" ermahnte Onkel Willi sie eindringlich. „Dann passiert nichts. Wie werden sie beobachten. Sie werden sich um eine Königin sammeln, um einen Weisel, sagt man auch. Wo sich der Weisel niederläßt, sammelt sich der Schwarm. Wir müssen Obacht geben."
„Das sind aber viele", staunte Eckart, der noch nie einen Bienenschwarm hatte erleben können. „Sind das tausend?"
„Püh!" machte Katharina. Sie wußte das natürlich besser.
„Mit tausend fangen die nicht an", belehrte ihn der Imker. „Häng eine Null dran."
„Zehntausend?" fragte Eckart.
„Püh!" machte Katharina wieder. Sie wußte es wirklich besser.
„Mal vier, mal fünf, mal noch mehr. Noch hat sich der Weisel nicht entschieden. Noch können wir nichts sagen. Aber ein mittelträchtiger Schwarm beherbergt zwischen vierzig- und fünfzigtausend Bienen."

„Siehste!" zischelte Katharina und gedachte dem Jungen eins auszuwischen. Und das klang auch wie eine Ohrfeige. Immer war er der Blamierte. Wann wird er es ihr endlich zeigen können!
Onkel Willi konnte sich jetzt auf ihre Zankereien nicht mehr einlassen. Vielmehr warnte er sie immer wieder davor, sich allzu hastig zu bewegen oder gar nach den Bienen zu schlagen.
„Immen", sagte er, „sind im Grunde friedfertige Tierchen und tun uns nichts, wenn wir sie nicht gerade stören. Im Gegensatz zu den Mörderbienen, eine Fehlzüchtung in Amerika. Unsere Bienen leben nach wunderbaren, ganz festen Gesetzen, nach denen sich alle im Volk zu richten haben. Nur durch ihre Gesetze können sie überleben und zusammenhalten, und Zank und Streit gibt es bei ihnen nicht wie bei den Menschen."
Er wollte noch einige moralische Anmerkungen hinzusetzen, als Eckart rief:
„Eine Hornisse, Onkel Willi! Ist das eine Hornisse?" Er zeigte auf seinen nackten Arm. Am Ellbogen hatte sich eine Biene von ungewöhnlicher Größe niedergelassen und drehte sich im Kreis um sich selbst.
„Um Gottes willen, nicht schlagen! Der Weisel, auf deinem Arm! Nicht schlagen – du meine Güte, das kann gefährlich werden! Halt still, Junge, halt still!"
Der Alte stand stocksteif, sein Gesicht hatte alle Farbe verloren. Zum Überlegen war da keine Zeit mehr. Die Immen kamen angebraust, eine um die andere, blitzartig, wie Geschosse, zielten auf den Arm, umwirrten den Jungen, bekrabbelten Wangen, Beine, Brust. Ihm wollten die Augen aus dem Kopf platzen – so juckte es ihn, so burrte es in den Ohren. Zum Verrücktwerden. Er wollte schreien, er brachte keinen Ton heraus. Er wollte weglaufen, er war wie gelähmt. Er hörte nur immer Onkel Willis flehende Stimme: „Halt aus, Junge, halt aus! Bloß nicht bewegen . . ."

Anders als durch ein beschwörendes Zureden vermochte Onkel Willi dem Jungen nicht zu helfen. Würde er nur einmal zuschlagen, nur ein einziges Mal, ihn hätten die Insekten zu Tode gestochen, wahrhaftig.
Eckart hielt seinen Arm ausgestreckt von sich ab. Sie hatten sich daran gesammelt, eine braune, wimmelnde Masse, die sich wie eine Traube nach unten auswuchs. Um ihn stob es, jagte es, surrte es – und die Traube wuchs und wuchs und wurde immer, immer schwerer.
„Ich kann nicht mehr", wimmerte er.
Onkel Willi zitterte fast vor Angst. „Stillhalten, Junge, stillhalten!"
Damit stolperte er in den Schuppen, holte einen Spaten und schob ihm den Griff zu.
„Nimm dies als Stütze! Aber mach nur langsame Bewegungen. Es wird alles gut gehen. Es ist ein friedlicher Schwarm."
Katharina stand wie erstarrt. Sie war zu nichts anderem fähig, als zu gucken. Keinen Finger rührte sie, kein Wort entfuhr ihr, sie war wie versteinert. Ob er das aushält? dachte sie. Aber der Gedanke fuhr ins Leere.
Minuten gingen darüber hin, Minuten, die ihnen zur Ewigkeit wurden. Und diese Minuten schienen sie alle verändern zu wollen.
Eckart, erfüllt von entsetzlicher Angst, im nächsten Augenblick von Kopf bis Fuß zerstochen zu werden, fand allmählich zu sich. Mit zunehmendem Interesse beobachtete er, wie sich an seinem Arm eine gewaltige Traube gebildet hatte.
„Es wird bald vorbeit sein", tröstete der Alte und wurde seiner Sache immer sicherer.
Katharina wagte den ersten Schritt auf den Jungen zu und flüsterte hinüber: „Nicht bewegen, Ecki, du bist ein Held."
Eckart sagte nichts. Er blickte auf seinen Arm.
„Hat dich schon eine gestochen?"
Eckart schüttelte den Kopf.

„Ecki, ich will auch wieder gut sein.“
Eckart blies Luft in die Backen und gab zu erkennen, daß er sich aus ihren Worten einen Pup machte.
Fast berührte der Schwarm schon die Erde, da kam er zur Ruhe. Der Himmel schickte sie. Die Bienen hatten sich bis auf wenige zusammengezogen und sich, einem Urgesetz getreu, in Gefolgschaft der Königin begeben, um mit ihr ein Volk zu gründen, zu leben, zu arbeiten und zu sterben. Je ruhiger es nun um Eckart wurde, desto kribbliger wurden sie alle in ihrer Erleichterung. In dem Jungen aber gewann anstelle der Angst ein kleiner, rührender Stolz die Macht und stärkte das angeschlagene Selbstbewußtsein.
„Glaub nicht, Onkel Willi, ich hätte mir in die Hosen gemacht“, sagte er mit einem Blick auf Katharina.
Der Alte hob die Hand; er wußte, welcher Mut dazu gehörte, in dieser Stellung auszuharren. „Laß jetzt gut sein“, sagte er, „das Schwierigste kommt noch auf uns zu. Ich muß den Schwarm einfangen. Sonst stehst du übermorgen noch so da.“
Und er beschwor ihn nochmals, sich auf keinen Fall zu bewegen oder sich etwa zu wehren.
Als sich endlich auch die letzten Nachzügler auf dem Wribbelhaufen festgesetzt hatten, gab Onkel Willi aus einer Brausekanne einige Güsse kalten Wassers über sie.
„Sie erschrecken und kühlen sich die Gemüter“, erklärte er. „Aber du, Kleine, ziehst dir jetzt diesen Hut übers Haar, und den Schleier bindest du so tief wie möglich und gehst noch einige Schritte zur Seite. Man kann nicht wissen, wie sie sich verhalten. Was ich tue, geht schnell, aber es kann auch dumm auslaufen, denn die Bienen mögen das nicht.“
Er reichte ihr den Schutzhut, und sie zog den Schleier über Gesicht und Hals, bis über die Schultern. Dann stellte sie sich hinter einen Baum.
Jetzt schob er einen aus Strohbändern geflochtenen Korb unter die Traube, hob vorsichtig Eckarts Hand hoch, zog den

Spaten fort und – mit ein paar kräftigen Rucken schüttelte er Arm und Schwarm nach unten. Der Schwarm riß durch sein kiloschweres Eigengewicht auseinander, fiel stückweise vom Arm ab und plumpste in den Korb. Hurrje, jetzt ging es wieder los! Was übriggeblieben war, stob und wütete um den Jungen herum, kaum noch war er zu sehen, es sauste und brauste auf und nieder, es suchte, es sammelte sich und stob schließlich hinunter in das stroherne Gehäuse wie unter einem geheimen Befehl. So kam der Bienenspuk zur Ruhe.

Eckart hatte die Augen zugekniffen. Sein Gesicht zuckte, doch keine weitere Bewegung verriet seine neue, entsetzliche Angst, verriet, wie er den Atem pressen mußte, um nicht aufzuschreien, um nicht um sich zu schlagen, um nicht aufzugeben.

Katharina starrte hinter ihrem Baum hervor und beobachtete den Jungen. Ihre Lippen bewegten sich, und wer es verstanden hätte, der hätte gehört: „Ecki, ich bewundere dich! Tu bie orr nott tu bie, kapito?"

Mit geschickter Drehung stülpte Onkel Willi die Korböffnung auf den Boden. Da waren die Bienen so gut wie eingeschlossen, bis auf das kleine Flugloch, das im Nu versperrt war von hineindrängenden Nachzüglern.

„Der Weisel ist drin", triumphierte Onkel Willi. „Ich hab ihn gesehen. Nun gehen die andern nach. Kommt, Kinder, wir wollen sie in Ruhe lassen."

Eckart, der zur Salzsäule erstarrt schien, hatte noch immer die Augen fest geschlossen. Onkel Willi zog ihn am Arm mit sich fort, winkte Katharina, und gemeinsam gingen sie zum Bienenhaus zurück. Mit großväterlicher Gebärde legte der alte Mann seinen Arm um die Schulter des Jungen.

„Und du hast keinen Stich bekommen?"

Eckart war noch ganz benommen. Er schüttelte den Kopf, betrachtete seinen geröteten Arm, der weder Beulen noch Schwellungen aufwies, und sagte:

„Nicht einen, Onkel Willi. Aber das Kribbeln, das verdammte Kribbeln. Das wünsche ich meinem ärgsten Feind nicht!"
Onkel Willi konnte es nicht unterlassen. Er strich ihm über den Kopf und drückte ihn wie sein eigenes Kind an sich.
„Gott allein weiß, was ich für Angst um dich ausgestanden habe", bekannte er. „Das ist wohl wahr. Neulich, unter Wasser, das war nicht schlimm. Hättet ihr nicht mehr gekonnt, wären wir umgekehrt. Aber hier gab es keine Umkehr mehr. Stillhalten war die einzige Möglichkeit für dich, um zu überleben. Ich will dir das beweisen. Kommt und seht. Ich will euch zeigen, was ich neulich aus der Zeitung ausgeschnitten habe." Er zog einen Schub auf und entnahm ihm ein kleines, bedrucktes Blatt.
„Lies uns vor, Fratzelein, kleine Freundin, lies uns vor!"
Sie befreite sich endlich von ihrem hinderlichen Imkerhut und stellte sich so, daß Licht auf den Zeitungsausschnitt fiel.
„Ich soll vorlesen? Also. Überschrift lautet: Ärzte, Schwestern, Polizei und Imker retteten Fünfjährigen." Sie sah auf. „Weiter?"
„Ja, lies uns vor!" sagte Onkel Willi.
„Am Montag dieser Woche wurde ein fünfjähriger Junge in die Universitätsklinik Greifswald eingeliefert. Er war von einem Bienenschwarm in umittelbarer Nähe eines Wanderwagens, der an einem Rapsfeld stand, angefallen worden. Der Zustand des Kindes war bedrohlich. Es hatte vier- bis fünfhundert Bienenstiche erhalten. Das Bienengift führte zu schneller Blutauflösung und zum Schockzustand. Dringende Hilfe war geboten. Absatz. Die Dienstärzte der Kinderklinik unter Leitung von . . . von . . . kann ich nicht lesen . . . entschieden, daß die Aussichten auf Rettung des Kindes zu bessern wären, wenn ihm in Anführungsstrichen Abwehrstoffe, also Gegengifte, zugeführt würden. Derartige Gegengiftstoffe befinden sich im Blut von langjährigen Imkern. Des-

halb wurden dringend Imker mit der entsprechenden Blutgruppe für eine Sofortbehandlung benötigt. Zwei Stunden nach der Aktion konnte dem Kind das erste Blut übertragen werden. Der Zustand des Jungen stabilisierte sich. Absatz. Soll ich weiterlesen?"

„Es genügt, meine Kleine", bedankte sich Onkel Willi.

Schon während ihres Vortrags war Katharinas Blick mehrmals über den Rand ihrer Brille zu Eckart gehuscht, der sich gegen den Tisch gelehnt hatte und sich mit beiden Armen stützte.

Onkel Willis Augen wanderten derweil gedankenvoll zwischen den Kindern hin und her.

„Nun wißt ihr", sagte er, „wie es hätte auslaufen können. Ich habe das alles bedacht, mein Junge. Und wärst du weggelaufen oder hättest du nur ein einziges Mal zugeschlagen, nur ein einziges Mal ..."

„Mannomann, fünfzigtausend Bienenstiche!" Katharina zitterte bei diesem Gedanken.

Eckart aber setzte ein Lächeln auf, das Lächeln eines Siegers. Und das zeigte er der Katharina jetzt deutlich und bewußt.

Sie legte den Zeitungsausschnitt auf den Tisch, trat auf ihn zu und stieß ihm herzhaft in die Seite:

„Du bist ein Held! Bestimmt. Ich bewundere dich, Ecki. Vertragen?"

Er streckte ihr die Hand hin, sie schlug ein.

„Vertragen, kapito? Aber ausgelacht hab ich dich trotzdem nicht."

Onkel Willi schüttelte den Kopf. Mußte erst ein solches Aufgebot antreten, die beiden zu versöhnen? Aber manchmal ist's nicht leicht unter den Menschen. Dabei genügt nur ein bißchen Vernunft. Dann klopfte er ihnen auf den Hosenboden:

„Raus jetzt, an die frische Luft. Ich muß mich erst von diesem Schreck erholen. Wenn einer von euch darüber redet, tut's

nichts. Man wird es euch doch nicht glauben. Besser aber nicht . . ."
Und kurzerhand schob er die beiden vor die Tür.
Da stand noch der Korb, der die kleinen Teufel verschluckt hatte. Noch immer beklebten sie faustdick das Einflugloch. Über ihnen aber war Friede eingezogen. Eilig wie eh und je schafften die andern Völker ihre Tracht nach Hause, jedes zu den Seinen in die sich durch grelle Farben unterscheidenden Beuten. Und der ruhige Ton ihres Emsigseins schwebte wieder beschaulich in der warmen Luft des Spätnachmittags.

Die beiden Kinder aber schlugen einen Bogen um Korb und Haus und alles. Denn schon das Wörtchen Biene sorgte für eine anständige Gänsehaut. Es waren unheimliche Minuten gewesen.
„Weißt du, woran ich immer habe denken müssen?" fragte Katharina.
Er wußte nicht.
„Es gibt da so ein Wort, ich glaube es ist englisch und heißt: tu bie orr nott tu bie. Dabei handelt es sich wohl um was Ernstes. Am Leben sein oder nicht oder so was. Aber gehn wir jetzt auf den Turm, ja?"
„Was wollen wir auf dem Turm?" fragte Eckart. „Du weißt doch, daß ich schwindlig werde." Er zeigte keine Lust.
„Wenn wir oben sind, spucken wir runter. Mal sehn, wer weiter kommt."
„Na gut. Spucken macht Spaß."
Sie liefen also zu ihrem Turm und stiegen die Wendeltreppe hinauf, und Eckart kämpfte wieder mit aufkommender Schwäche. Aber es war kein Vergleich zu gestern. Und oben konnte er bald freihändig stehen und sich ohne Schwierigkeiten ganz lässig bewegen.
Sie spuckten hinunter und maßen ihre Kräfte, solange sie Spucke hatten. Bis Eckart meinte, es mache keinen Spaß, wenn unten keiner langginge.

„Dann basteln wir Gedichte", schlug Katharina vor.
„Gedichte? Wieso? Finde ich blöde."
„Gar nicht blöde. Das ist Gedankenarbeit. Es können ja auch Quatschgedichte sein."
„Kann ich nicht."
„Kannst du doch. Du denkst dir einfach ein Wort und suchst dir ein anderes, das sich darauf reimt. Die müssen natürlich am Ende stehen, sonst ist das kein Gedicht. Kapito?"
„Es gibt aber auch falsche Gedichte."
„Kannst du auch machen. Mach mal eins."
Eckart spuckte einen meterweiten Bogen. „Zum Beispiel so: Punkt auf den Schlag von Schulzens Uhren verteilte er die Schulzensuren. Oder: Er fährt nicht mehr zum Mittelmeer, denn er hat keine Mittel mehr."
„Mannomann, du kannst was."
„Ach was, die sind nicht von mir. Die hab ich mal gehört. Ich selber kann nicht dichten."
„Dann dichten wir gemeinsam", entschied Katharina. „Sag ein Wort, irgendeins."
„Fratz", fuhr es Eckart heraus. Es war das beste, was ihm einfiel.
„Auf Fratz reimt sich nichts. Nimm ein anderes."
„Doch", sagte Eckart. „Auf Fratz reimt sich Spatz."
„Stimmt, aber das wird doch nichts: das war ein Fratz, das heißte Spatz . . . nee, das ist zu quatschig."
„Dann mach's doch so", schlug Eckart vor: „Es war einmal ein kleiner Spatz, der . . . der . . ."
„. . . der machte sich die Höschen natz!" fiel Katharina ein.
Die erste Gedichtzeile stand.
„Das müssen wir aufschreiben!" rief sie begeistert. „Ich hol Papier!"
Wie ein Wirbel sprang sie durch die Luke, trunnelte sich die Treppe hinunter und – es dauerte nicht lange, da erschien ihr

blonder Kopf dort, wo er eben erst untergetaucht war. Sie schwenkte ein Papier in der Hand:
„Diktiere“, rief sie, „ich schreibe.“
In der kurzen Zeit ihrer Abwesenheit hatte sich Eckart etwas zurechtgelegt. Damit wollte er sie überraschen. Und die Überraschung gelang phantastisch: ohne Stocken ging es von seinen Lippen, von den Lippen in den Stift, vom Stift aufs Papier, ein paar Verbesserungen, ein bißchen durchstreichen noch, ausgleichen und ... Katharina hob das Blatt mit ausgestreckten Armen hoch und las mit ihrer hellen Stimme vor, was soeben aus dem Geist geboren war:

Es war einmal ein kleiner Spatz,
der machte sich die Höschen natz.
Die Mutter schimpft: Du dummer Fratz,
gab ich dir keinen Sabberlatz?
Da klagt der kleine Hosenmatz:
Ach Muttchen, mach nicht so 'n Rabatz!
Erst jagte mich 'ne freche Ratz,
dann eine dicke, fette Katz.
Darüber kam ich so in Hatz,
und – ach, na ja, da wurd es natz.
Die Mutter kratzte sich die Glatz,
es machte kritz, es machte kratz,
und fragte sich, watz itz mitz datz,
datz er sich macht die Höschen natz.
Sie wollt ihn hauen – batz-batz-batz,
doch was tut unser kleiner Spatz?
Er gibt dem Muttchen einen Schmatz:
Verzeih mir, liebster Muttischatz –
und piepste piep. Mit einem Satz,
schwirr, flog er fort von seinem Platz,
ließ schnell noch etwas fallen – klatz ...
und damit ist dies Liedlein atz.

„Juhu", lachten die beiden, „unser erstes Gedicht. Das macht uns niemand nach."

„Und über Nacht erfindet jeder eins allein und zeigt es morgen dem andern, kapito?" schlug Katharina vor.

„Morgen kommt der Bootsbauer, Fratzkatzmatz. Da hab ich keine Zeit. Und wenn er fertig ist, bezahl ich ihn, und dann haue ich ab."

Katharina erschrak. Daran hatte sie nicht gedacht. Der Bootsbauer, ja. Sie hatte ihm ja Wind gemacht. Jetzt wurde sie traurig, daß sie sich so bald trennen müßten, und überlegte blitzschnell, ob dagegen nichts zu unternehmen sei. Aber nichts fiel ihr ein. Sie verpflichtete den Jungen nochmals, ein Gedicht zu dichten, und stellte frei, mit welchem Reim und überhaupt.

Eckart dagegen spürte einen ungeheuren Drang, heute wirklich früher ins Bett zu kommen und Gedichte Gedichte sein zu lassen.

Frau Ohm, die ihn bereits zum Essen erwartete, blickte ihn verwundert an:

„Was ist los mit dir? Du siehst so verändert aus? Hat dir einer was getan?"

Eckart aber sagte nichts von allem, zumal Onkel Willi ihnen mit verdrehten Worten Schweigen empfohlen hatte. Vielmehr bat er darum, nicht so viel essen zu müssen. Es wäre ihm gestern wohl nicht gut bekommen.

„Darum auch", sagte Frau Ohm und verscheuchte alles Mißtrauen.

Oben wickelte er sich sogleich in seine Decke. Die Augen fielen ihm von selber zu. Hinter den Lidern aber flitzten und schossen kleine braune Teufel vorbei und vollführten einen Affenbienentanz nach dem andern, und auf Armen und Beinen begann es zu kribbeln und zu krabbeln, und er warf sich hin und her und wälzte sich mit schlagenden Gliedern, und der Mond stieg ins Fenster, und die Heimchen zirpten,

und unten im Haus verließ der letzte Gast das Lokal, und es wurde nachtstill unter ihm.
Endlich.

Onkel Willi aber saß auf seinem Sofa im Dämmerlicht einer Lampe und dachte nach, tief und lange, und sprach leise in seine Hände hinein: Gott sei Dank!

8

Ein neuer Morgen, ein neuer Tag.
Eckart saß in der Küche und biß gerade in sein Frühstücksbrot, als jemand zu ungewohnter Stunde OHMS GASTHAUS betrat. Dieser Jemand trug eine grüne, durch einen breiten, braunen Ledergürtel zusammengehaltene Uniform, auf dem Kopf eine ebenso grüne Mütze mit runder Kokarde über dem Schirm, an den Beinen blanke Stiefel und über den Schultern eine beim Gehen ans Gesäß klappende, tiefhängende Ledertasche. Es war Polizeileutnant Walter, der Abschnittsbevollmächtigte, neben Frau Erika der mächtigste Mensch in Karnin und Umgebung.
Eckart hatte ihn bereits draußen reden hören. Seine tiefe Stimme fiel ihm sofort auf. So energisch, so selbstsicher, wie sie war, so war auch der Schritt auf dem Korridor, energisch und selbstsicher. Und so trat er auch in die Gaststube. Eckart hatte durch den Türspalt für einen Augenblick seine ganze imponierende Erscheinung erfaßt. Uniform verrät Mann und Tun. Ein Schreck durchfuhr ihn.
Bestimmt kommt er meinetwegen. Was will er sonst hier so früh am Morgen? Er kommt wegen des Bootsunglücks und wird Protokoll aufnehmen. Oder wegen der Bienen gestern und sucht Onkel Willi. Oder weil sie vom Turm gespuckt

haben, oder wegen Tierquälerei, weil sie die Kühe vors Boot gespannt hatten – oh, er war sich keineswegs sicher. Vielleicht hat Oma ihn auch geschickt und will ihn holen lassen. Eins jedenfalls glaubte er zu wissen: Mich sucht er, mich ganz allein. Was soll ich tun. Abhauen? Zum Fenster raus? Ein Blick dahin: es stand offen, fünf Meter bis da – und draußen ebene Erde. Ja, das schlechte Gewissen klopfte mit tausend Fragen an.

Leise klemmte er sein Ohr in den Türspalt, kniff ein Auge zu in der Meinung, besser hören zu können, und lauschte hinaus. Er mußte einfach erfahren, worum es ging, damit er sich rechtzeitig aus dem Staub machen konnte, bevor sie ihn schnappten, bevor sie ihn abführten.

Warum aber mußte einem immer gleich das Herz bis in den Hals hinauf schlagen und der Pulsschlag hinterm Ohr rumoren! Es war auch nicht ein Wort zu verstehen.

Als alles vergeblich blieb, aus den Bruchstücken von Worten und Silben sich etwas Sinnvolles zusammenzureimen, schlich er, das Frühstück nur halb gegessen, auf den Korridor, dorthin, wo die Uhr tickte, wo auf dem Fußabtreter die Katze döste, wo Hühner ihre Kleckse machten, gerade gegenüber der Schankraumtür. Und hätte Vater Ohm nicht eben jetzt ein neues Faß Bier angestochen mit Zischen und Poltern und Fauchen, er hätte möglicherweise etwas erfahren von den Mitteilungen des Polizisten. Aber er verstand nur: Anzeige erhalten ... herumstreunende Landstreicher ... Einbrüche ... Die Uhr schlug achtmal ... bisher nicht bekommen ... Personenbeschreibung ... Peppi jagte bellend den Hahn über den Hof ...

„Mist, immer stört einer!" schimpfte Eckart vor sich hin. Doch jetzt wußte er das eine ganz sicher: es geht nicht um ihn, es geht um andere. Und mit einem Mal packte ihn eine phantastische Idee: wenn wir beide, Katharina und ich, diese Landstreicher aufspüren und anzeigen, das würde einen Spaß

geben! Und an Belohnung dachte er – und daran, wie gefährlich es sein könnte. Schon wollte seine Phantasie in Wolkennebel aufsteigen, als er drinnen deutlich vernahm:
„Und wie geht's den Schiffbrüchigen?"
Husch, weg, wie ein Wiesel verschwand er in der Küche, verschanzte sich hinter den Tisch, stopfte den Stullenrest in den Mund, stürzte Milch hinterher, ein ganzes Glas auf einmal, und hielt die Hand vor den kauenden Mund, als Vater Ohm eintrat, um sich die Hände zu waschen.
Eckart machte, daß er Land gewann.
Er mußte Katharina finden, unbedingt! Er hatte eine Neuigkeit für sie, eine weltumstürzende Neuigkeit. Die mußte er loswerden.
Katharina, die den Polizisten bereits vorher zu OHMS GASTHAUS hatte hinuntergehen sehen, war ihm heimlich bis auf den Hof gefolgt. Jetzt wartete sie im Kälbchenstall auf sein Verschwinden. Als sie Eckart um die Ecke flitzen sah, winkte sie ihn aufgeregt zu sich herein.
Eckart berichtete eifrig. Zwar blieb das Erlauschte zusammenhanglos, dürftig und lückenhaft und schien weder Hand noch Fuß zu haben, doch die Phantasie half weiter. Und weil es beiden, weder ihm noch ihr, an Einbildungskraft fehlte, spannen sie sich eine Geschichte zurecht, in der Brandstiftungen und Raubüberfälle und Hühnerklauereien nur geringfügige Vergehen waren. Kurz, eine Geschichte, in die sich die Kinder hineinphantasierten wie zwei echte Schwärmer, die zum Schluß natürlich den Sieg davontragen.
Also spielten sie tausend Möglichkeiten durch, und Eckart war geradezu erleichtert, als Katharina schließlich mit Plan eins und Plan zwei begann. Diese Pläne aber gründeten nur auf Ersonnenem und Ersponnenem. Dennoch schmiedeten sie sie so fest, daß sie sich bald gebunden fühlten.

„Trotzdem müssen wir unverschämtes Glück haben, wenn wir die Kerls finden wollen", meinte Katharina. „Banditen gibt's nicht mehr viel. Dafür sorgt die Polizei."

„Und alle verantwortlich denkenden Bürger", fügte Eckart hinzu, der große Worte liebte.

„Natürlich, die auch. Und wenn es wirklich noch Banditen gibt, schleichen die nur nachts herum und nicht am hellichten Tag."

„Das weiß man nicht genau", gab Eckart zu bedenken. „Verbrecher sind Verbrecher. Die kennen nicht Zeit noch Stunde."

„Stimmt auch."

Hier nun unter der düsteren Stimmung des Stalls reichten sie sich die Hand zum feierlichen, selbstaufopfernden Versprechen. Murksen sie uns ab, dann murksen sie uns ab. Vor dem Abmurksen ist Weglaufen aber erlaubt. Und Katharina fand zuletzt das entscheidende Wort: Tu bie orr nott tu bie.

Und beide meinten es echt ernst.

Dann zogen sie den ersten Faden auf. „Wir müssen ein Fahrrad haben", begann Katharina, „dann sind wir beweglicher. Ich nehme das von Frau Ohm."

„Und ich?"

Katharina sagte kurz entschlossen: „Wir fahren beide darauf. Ich habe mir das mal ausgedacht, ein Experiment. Wir werden's probieren. Ich denke, es klappt."

„Und Frau Ohm gibt dir das Rad einfach so?"

„Na, sicher. Das ist Vertrauenssache. Man darf eben keinen Menschen enttäuschen."

Bald darauf standen sie mit Frau Ohms schwerem Rad auf dem alten Bahndamm, der bekanntlich die kürzeste Verbindung zwischen Dorf Karnin und Stadt Usedom ist – ein eingefahrener, wenn auch recht unebener Radfahrweg.

„Wir machen jetzt den Versuch", sagte Katharina. „Ich habe mir das so gedacht." Und sie erklärte es: „Wir zwei auf einem

Rad, jeder fährt mit einem Bein auf einer Seite, du rechts meinetwegen, ich links meinetwegen. Du mit dem linken Fuß auf dem rechten Pedal, ich mit dem rechten Fuß auf dem linken Pedal. Das freie Bein brauchen wir zum Balancehalten. Kapito?"

„Das geht nicht", warf Eckart ein. „Einer macht dann immer Rücktritt, wenn der andere vorwärts treten will. Und außerdem, wer soll lenken?"

„Das habe ich alles bedacht. Man muß sich eben schwer oder leicht machen. Das müssen wir üben. Ein Experiment ist eben ein Experiment. Und du mußt dich mit deiner linken Hand genauso am Sattel festhalten wie ich mich mit meiner rechten. Und du faßt die Handbremsenseite und ich die Klingelseite der Lenkstange. Dann muß es gehen."

Eckart versuchte einen Anfang und stellte sich aufs Pedal. Jetzt gab Katharina Schwung, sie trat zu. Sie machte sich schwer, er machte sich leicht. Das Rad rollte ein paar Meter, dann kippte es um. Sie landeten in einem blaublühenden Distelfeld.

„Mist", sagte Eckart.

„Das war nichts. Noch mal. Und du lenkst."

„Wieso ich?"

„Du bist der Stärkere, und einer muß lenken", sagte sie.

Das sah Eckart ein.

Der zweite Versuch mißlang wie der erste. Sie schafften eine volle Pedalumdrehung, dann fanden sie sich in einer üppigen Brennesselkolonie wieder.

„Du mußt besser lenken. Ich halte mich nur fest", rief Katharina und zog sich die Strümpfe hoch. Sie hatte voll in den Nesseln gelegen und das Rad auf ihr drauf.

„Brennt's?" fragte Eckart.

„Äh", machte sie, „wenn's keine Bienen sind!"

„Versuchen wir's weiter?"

„Klar. Übung macht den Meister, Tapezier den Kleister."

Sie probierten und probierten, sie fielen um, sie karrten gegen Steine, sie mühten sich redlich ab und nahmen Kurven, wo keine waren, aber die Strecken, die sie schafften, von wenigen Metern angefangen, nahmen erfolgversprechend zu. Und mit einem Mal, als hüpfte ein Vögelchen mit seinem ersten Satz aus dem Nest, zogen sie los, weiter, immer weiter. Ohne Zwischenfall – im wahrsten Sinne des Wortes.
Hei, machte das Spaß, hei, ging das ab! War das ein lustiges Gefühl. Wie Pleuelstangen einer großen Maschine kamen sie sich vor, auf und ab, auf und ab, mal sie, mal er, mal sie, mal er. Das wippte und flog, lachte und juchte . . .
„Wenn ich klingle, dann übernehme ich das Lenken, dann löse ich dich ab. Und beim nächsten Klingeln bist du wieder dran."
„Kapito", rief Eckart, „kapito!"
Schneller als gedacht hatten sie die Stadt erreicht. Schon kamen die ersten Häuser auf sie zu, rechts der hübsche Park, vor ihnen das Stadttor, auf das sie mit unvermindertem Tempo zusteuerten. Das war was für die beiden: Leute blieben lachend stehen, ältere Frauen schrien verängstigt, Kinder rannten ihnen nach, Autofahrer hupten und gaben ihnen Vorfahrt. Und sie wippten in das spitzbogige Tor hinein und auf der anderen Seite heraus, und auf die Kirche zu. Und Katharina begann vor Begeisterung zu bimmeln, und sie bimmelte wie verrückt und wollte gar nicht aufhören zu bimmeln, und Eckart meinte, er brauchte nun nicht mehr zu lenken, und gab die Lenkung frei, und Katharina dachte gar nicht daran, ihn abzulösen – und da fuhr das Rad einfach ein paar Meter ohne rechte Herren, sprang auf den Rinnstein, hopste über den Gehweg, über die Holpersteine an der Kirche und nahm die alte Kirchenmauer frontal. Peng-krach. Die Kinder fanden sich auf dem Erdboden wieder.
Pff, machte das Vorderrad, und die Luft entwich.

„Mist" rief Eckart, „war das hart!" – und befühlte die angeschlagenen Knochen.
Katharina jammerte: „Mannomann, Frau Ohms schönes Rad! Wir müssen es reparieren."
Die Gabel war verbogen, das Vorderrad schleifte und ließ weiter Luft ab.
Nun kamen die Leute dazu, lachten nicht mehr, sondern schimpften, schimpften, schimpften . . . empörten sich über den jugendlichen Leichtsinn und drohten mit Hinternversohlen. Und ein Haufen Gören war plötzlich zur Stelle. Die bewunderten den Schaden, freuten sich und bohrten in ihren Rotznasen.
Eckart ärgerte das. „Sieh mal, wie die uns anstarren. Wie Mondmenschen!"
„Sind sie auch", rief Katharina, die als Karniner mit den Städtern in Fehde lag. „Usedomer, dümmster Pommer, Usedomer, dümmster Pommer!" schleuderte sie ihnen ihren Spottvers entgegen.
Hätte Muttchen das gehört, wären ihr Maulschellen sicher gewesen.
„Komm", sagte Eckart, „wir suchen uns einen Fahrradmenschen."
Also stellten sie das gequälte Rad an die Kirchenmauer und einigten sich so: Eckart sollte schleunigst einen Schlosser aufspüren. Sie wollte hier warten, damit keiner das Rad klaute.
Das aber war ein Vorwand, denn als Eckart in den Straßen herumlief und suchte und fragte, war sie, einsfixdrei, hinter seinem Rücken zum Bootsbauer Franz geeilt.
Sie klopfte gar nicht erst an, sie wartete auf kein Herein, sie ging in die Werkstatt, ging auf ihn zu und tippte ihm mit dem Finger auf die Schulter.
„Sie! Hören Sie mal!"
Herr Franz, der gerade an einem Steven hobelte, blickte höchst verwundert auf und erkannte sie wieder.

„Ist was?"
Ein bißchen verlegen war sie ja nun doch, als sie, händewribbelnd, fußwippend, ihr törichtes Anliegen vorbrachte: „Ich komme . . . es eilt nämlich gar nicht so . . ."
Bootsbauer Franz legte den Bugschaber beiseite und fragte verwirrt: „Was eilt nicht?"
„Na, das mit der Jolle und dem Jungen und dem Loch."
„Wieso! Du hast doch gestern . . .?"
Katharina faßte sich. „Ja-ha, gestern. Gestern ist nicht heute. Heute haben wir eine ganz andere Konstellation."
„Was habt ihr? Du redest krauses Zeugs."
„Gar nicht rede ich krauses Zeugs. Gestern sollte der Junge weg. Aber heute soll er nicht weg, und darum braucht das Boot gar nicht so fix heil zu werden. Können Sie das nicht verstehn?"
„Nicht ganz."
„Mannomann, das ist doch logisch."
„Es hat also Zeit, ja?"
„Ja."
„Gut, kleine Dame", sagte er und griff zu einer seiner eckigen Zigarren. „Im nächsten Sommer sehe ich mir das Ding noch mal an."
„Ach nee", schmuste Katharina, „so lange soll er ja nun auch nicht bleiben. Aber ein paar Tage? Geht das nicht?"
Er kniff lustig ein Auge zu: „Hast wohl jetzt einen Freund, was?"
„Püh!" machte sie und warf den Kopf hoch. „Also, Sie brauchen noch gar nicht zu kommen, nicht heute, nicht morgen, nicht übermorgen. Es hat nämlich viiiel Zeit."
Damit verschwand sie. Sie eilte zur Kirche, an der das Rad stand. Eckart sollte ihre Abwesenheit nicht bemerken.
Der Junge kam kurz nach ihr angetrabt. Er hatte einen hilfsbereiten Fahrradschlosser gefunden. Sie schafften diesem freundlichen Menschen nun das Rad vor die Werkstatt.

„Aber sagen mußt du's, Fratz. Du kannst das besser, die Leute überreden. Ich gehe inzwischen für uns Kuchen kaufen."
Doch nie im Leben hätte er daran gedacht, Kuchen zu kaufen. Er wollte sie nur festnageln, um hinter ihrem Rücken beim Bootsbauer vorzusprechen. Unbedingt mußte die Reparatur verzögert werden!
Vor der Tür mit der Aufschrift WERKSTATT beschlich ihn ein beklemmendes Gefühl. Zu Recht! Als sich der Meister nun abermals in seiner Arbeit gestört fühlte und dazu noch das haltlose Gliedergebammel des Jungen sah, der sicher wieder Blödsinn reden würde, rollte er seine Augen hinter der dickrandigen Brille:
„Ist was?"
„Ich wollte nur ... ich habe es mir überlegt ...", begann er.
„Ich weiß", unterbrach der Bootsbauer, „ich weiß, ich weiß. Es hat noch Zeit, ich brauche nicht gleich anzutanzen."
„Wie? Sie wissen?"
„Eine mir längst bekannte Tatsache."
„Aber . . ." Und gänzliche Verständnislosigkeit sprach aus Eckarts Augen.
„Ich werde im nächsten Jahr wiederkommen. So lange hat es Zeit, sagt deine Freundin."
Eckart wußte nicht, wo oben und unten war. „Wer?"
„Ja, die. Eben war sie hier gewesen und hat mir das gesagt. Und nun zieh Leine."
„Ein – Jahr – hat – sie gesagt? Verstehe ich nicht."
„Kommt mir nicht wieder auf meinen Hof, sonst lernt ihr mich kennen. Ich habe auch meine Termine."
Und jedes weitere Wort abweisend, wandte er sich seiner Arbeit zu. Dem Jungen blieb nichts übrig, als schleunigst den Raum zu verlassen.
„Mist!" schimpfte er. „Wie hat sie das nur wieder angestellt!"
Völlig verwirrt betrat er die Schlosserei. Er sah Katharina auf einer Kiste sitzen und vergnügt lächeln. Sie schaute dem

Mann, der sich mit Frau Ohms Rad beschäftigte, bei seiner Arbeit zu. Als sie Eckart kommen sah, fragte sie: „Hast du Kuchen?"
„Pustekuchen."
Katharina zog die Schultern hoch. Also nicht. Den Körper vornübergeneigt, die Arme bis an die Ellbogen zwischen den Beinen, blickte sie neckisch von unten hoch, und hinter der Brille funkelten ihre Augen voller Schalk. Wenn er wüßte, dachte sie, was ich weiß, haha! Der Bootsbauer wird vorläufig nicht kommen, hihi! Du mußt noch hierbleiben, hoho!
Ihn aber beschäftigte nur die eine Frage: Wie hat Fratz das nun wieder fertiggekriegt!
Dieses heimliche Gegeneinander, dieses Wissen und Doch-nicht-Wissen war der Grund, weshalb sie auf der Rückfahrt fürs erste kaum ein Wort wechselten. Dennoch waren sie fröhlich miteinander. Sie hatten eben zu strampeln, sie hatten zu tun.

Die Sonne stand schon hoch am Himmel. Einmal sagte Katharina: „Es ist bald Mittag. Zu spät dürfen wir nicht kommen. Muttchen verträgt das nicht."
„Es ist noch lange nicht Mittag, und da ist schon die Kirche von Mönchow. Wir kommen nicht zu spät."
„Dann machen wir noch ein bißchen Pause, kapito?"
An der Hecke des alten Friedhofs, in dessen Mitte die Mönchower Kirche stand, verschnauften sie. Denn sie hatten wirklich eine Sausefahrt hinter sich und waren völlig außer Puste. Das Rad legten sie ins Wiesengras und sich daneben. Eckart sagte: „Mein Hemd klebt." Und Katharina wischte mit einem Finger ihre Brillengläser ab, die innenseits beschlugen.
Sie zeigte auf einen kleinen, etwas verwilderten Park, der von einer Ziegelsteinmauer eingefaßt war. Aus Büschen und Bäumen heraus lugte ein Gebäude, das an eine Kapelle erinnerte.

„Das ist ein Mausoleum, ein Riesengrabmal", sagte Katharina. „Da drinnen standen wirkliche Särge, die man sehen konnte. Mit Menschen drin. Eines Tages ist da eingebrochen worden, böse Menschen haben die Särge geknackt und wollten sie ausrauben, weil sie dachten, darin lägen noch Schmucksachen und so. Haben sich aber geirrt. Nach dem Einbruch habe ich mich da mal hingeschlichen, heimlich. Wüst sah das aus. Und aus einem Sarg – pst – konnte ich die Haare eines Toten sehen, der soll noch jung gewesen sein und ein Mädchen. Scheußlich, was? Tietze, das ist unser Pastor, hat sie dann alle unter der Erde beerdigt. Ist auch besser so. Ich finde, Tote sollen ihre Ruhe haben."

„Wollen wir mal? Mich interessiert das."

Eckart reckte sich hoch und blickte zu dem Mausoleum hinüber. Plötzlich duckte er sich wie ein Hase im Kohlfeld, so ruckartig, als hätte ihn jemand in den Magen getreten.

„Rühr dich nicht, Fratz, ich habe ... ich glaube ... ich sehe welche ... zwei Männer, hinter den Büschen ... jetzt gehn sie rein ... jetzt sind sie weg."

Etwa vierzig Meter entfernt, also nicht allzu weit, lag der Park vor ihnen; sie konnten alles gut erkennen – die Bewegungen der Zweige, die hüpfenden Vögel im Gebüsch ...

„Siehst du was?" fragte sie hastig und bog die Grasspitzen auseinander. Sie wollte auch sehen.

„Zwei Kerls waren das bestimmt. Im ersten Moment sieht man ja nicht richtig. Wir müssen sie beobachten."

„Ob die das sind?"

„Wer?"

„Die beiden Banditen, von denen die Polizei heute morgen sprach."

„Bestimmt sind die das, Fratz."

„Aber Banditen laufen doch nachts herum und nicht am hellichten Tag."

„Man kann nie wissen. Banditen sind Banditen. Aber das hast du schon mal gesagt."
„Stimmt." Ihr rundes Kinn wölbte sich hoch. „Wollen wir hinterher und nachsehn?"
„Und wenn sie uns abmurksen?"
„Tagsüber murksen sie nicht. Das fällt zu sehr auf."
„Natürlich murksen die auch tagsüber. Ich sage doch, Banditen sind Banditen."
„Stimmt." Katharina biß sich auf den Finger. „Paß auf, Ecki, ich gehe hin, einfach so."
„Bist wohl!"
„Ich tue so, als wenn ich Blumen pflücken will. Da seh ich ja, ob sie da sind."
„Und wenn sie da sind?"
„Dann mußt du mich beschützen."
Eckart überlegte einen Augenblick. „Ist es nicht besser, wenn ich gehe? Vielleicht kann ich schneller wegrennen."
„Das geht nicht. Wenn sie dich gesehn haben und gesehn, daß du sie gesehn hast und du gesehn hast, daß sie dich gesehn haben, ist alles futsch. Ich gehe, und du beschützt mich, kapito?"
Husch, war sie aufgesprungen. Sie zog sich die Strümpfe hoch, schüttelte ihre Haare zurecht und ging gelassenen Schritts mal hier, mal da schlenkernd, auf das Totenkapellchen zu, pflückte hier ein Blümlein, rupfte da ein Gräslein und näherte sich so ihrem Ziel.
Nun hielt Eckart es nicht länger aus. Wie ein Indianer strich er ihr nach. Und das noch im rechten Augenblick. Denn jetzt war sie hinter eine von blühender Clematis überwucherte Thujahecke gesprungen und war so gut wie verschwunden. Mit ihrer bläulichvioletten Bluse und ihrer grünweißgestreiften Hose hob sie sich von ihrem Hintergrund überhaupt nicht ab. Ein herrliches Versteck.
Als sie ihn hinter sich rascheln hörte, erschrak sie fast zu Tode. Dann legte sie den Finger der einen Hand auf die

Lippen, und die andere Hand legte sie hinters Ohr. Das bedeutete: still sein, hören. Denn aus dem hallenden Gemäuer drang eine dumpf murmelnde Stimme.

Eckart hatte sich also nicht geirrt. Männer waren hier, mindestens zwei, an geheimer Stelle mit geheimen Plänen. Er versuchte, sich näher an das Gebäude heranzupirschen, um ihnen einige Wortbrocken abzulauschen, und fand ein geeignetes Versteck hinter einem dunklen, marmornen Grabstein.

Da sauste ein Flugzeug heran. Das Heulen der Düsen schluckte alles auf. Aus! Nichts! Nichts zu verstehen. „Mist!"

Husch, Katharina hockte neben ihm, den Düsenlärm hatte sie rasch genutzt.

„Sie sind drin", flüsterte er.

„Ich weiß", flüsterte sie zurück.

„Das müssen die sein."

„Ich glaub's auch."

„Wir dürfen sie nicht aus den Augen verlieren."

„Nein."

Da, als wäre eben ein blitzscharfes Kommando erschollen, duckten sich die beiden und blickten einander mit aufgerissenen Augen an. „Kommen sie raus?"

Schritte waren da, knirschender Kies, Worte, eine dunkle Stimme, eine helle Stimme, ein Schatten ... Der Flugzeughall verschwamm in der Ferne ... Und jetzt, jetzt verstanden sie.

„... machen jetzt gleich. Die sitzen alle beim Mittag. Jetzt ist beste Gelegenheit, jetzt ist niemand drin. Komm!"

Katharina biß sich auf den Finger, und Eckart zog den Kopf ein, mit dem Mund ins Gras, denn nur einen Katzensprung vor ihnen gingen zwei Männer vorbei und schlugen den Weg zum alten Friedhof ein, wo die Kirche stand, und blickten sich nicht ein einziges Mal um – sonst wäre ihre Entdeckung, von dieser Seite nur flüchtig abgeschirmt durch den Grabstein, sicher gewesen.

Jetzt, in der Mittagszeit, war der Friedhof leer, jetzt begoß niemand Blumen, jetzt harkte niemand zwischen den Gräbern. Auch die Chaussee lag wie ausgestorben da. Also gab es keinen, der ihr lichtscheues Tun beobachten konnte. Keinen? Die Männer schienen sich völlig sicher zu fühlen.

„Hab ich's nicht gesagt!" flüsterte Eckart. „Banditen sind Banditen und arbeiten auch am hellichten Tag."

Heimlich folgten sie den Fremden, nahmen die Straße mit gewagtem Sprung, überhüpften die Friedhofswege und verbargen sich, wo es irgend ging. Jetzt beobachteten sie, wie einer der Männer sich an der Kirchentür zu schaffen machte. Anscheinend wollte er sie öffnen. Da sie nicht nachgab, warf er sich mit aller Wucht dagegen. Es knackte, die Tür sprang auf und – flugs waren sie drin verschwunden.

„Na, los!" Katharina winkte stürmisch. „Da ist ein Vorraum, unter dem Turm. Ich weiß Bescheid." Sie meinte den Teil der Kirche, der das eigentliche Kirchenschiff von der Außentür trennte.

Eckarts leichte Segeltuchschuhe gaben auf dem kurzgehaltenen Gras keinen Laut. Ein Sprung, Deckung genommen hinter einem Flügel der Innentür, Mund aufgerissen und gelauscht. Seine Brust flog wie ein richtiges Pumpwerk unter seinem dünnen Hemd. Augenblicklich stand Katharina neben ihm, nicht weniger nach Luft hechelnd. Die mächtige Tür gewährte ihnen ein vorläufiges Versteck. Dicht an dicht standen die beiden, Körper an Körper, und sahen sich an, einer atmete des anderen Puste.

„Mannomann!"

Eckart spähte durch einen Ritz.

„Ist was zu sehn?" fragte sie.

„Pst!"

„Hörst du, wie mein Herz bullert?"

„Meins auch."
„Wie alt sind die? Alt oder jünger?"
„Weiß nicht, aber mindestens. Bestimmt."
„Mein Herz schlägt wie ein Pferdefuß. Aber Schiß hab ich nicht."
Eckart drückte den Finger auf die Lippen: „Pst, ich sehe was."
Katharina wollte am liebsten auch sehen.
„Sie stehn vor dem Altar – sie fassen die Leuchter an – einer erklärt was oder so."
„Vielleicht sind das Kunstschmiede?"
„Quatsch. Das sind Banditen. Sonst hätten sie die Kirchentür nicht aufgebrochen."
„Stimmt auch."
„Jetzt verschwinden sie, rechts gehn sie in eine Kammer . . ."
„Sakristei."
„Ja. Jetzt sind sie drin. Komm!"
Ein Husch, ein paar Sprünge in den Kirchenraum und weggeduckt. Sind sie in eine Falle geraten? Schutz hinter den Bänken hätten sie im Augenblick genug. Aber nur gegen den Blick von vorn, nicht von der Seite. Würde man sie hier aufstöbern, als heimliche Lauscher, als Spione – sie hätten unter Garantie mörderische Dresche zu erwarten.
Da fiel Eckart ein Tisch ins Auge, ein Tisch mit einer großen Decke, die an den Seiten weit herabhing. Darauf lagen Gesangbücher und Zeitschriften.
„Runter da!" Ein Wink, ein Satz, schon hockten die beiden darunter. Und das war wieder höchste Zeit, denn die Kerls hatten sich in der Sakristei nur kurz aufgehalten. Sie kehrten zurück.
„Kopf weg", wisperte Eckart.
Jetzt nur noch die Ohren zum Hören gebrauchen.
Platz hatten die zwei so gut wie gar nicht. Fest aneinanderpressen mußten sie sich. Wie jeder für sich seine Beine unter

sich sammelte, wußten sie selber nicht. Lange würden sie in dieser Stellung jedenfalls nicht aushalten können.
Aber sie ahnten wohl, in welche Gefahr sie sich begeben hatten, und Katharina flüsterte nicht zu Unrecht: „Beschützt du mich, wenn sie mich abmurksen?"
„Ja", hauchte er.
„Danke!"
Jetzt kamen sie herangeschlurrt. Ihr lässiger Gang, das Knirschen der Sohlen auf steinigem Boden machten ein Verstehen ihres Geraunes unmöglich. Als sie aber ihren Schritt verhielten, um die allerletzten Vereinbarungen zu wiederholen, kamen die beiden Lauscher doch auf ihre Kosten. Vor dem Tisch waren sie stehengeblieben, eine Armeslänge vor Eckarts Hand, die, auf den Boden gedrückt, ihnen leicht die Senkel der Schuhe hätten lösen können. Katharina hatte mit voller Absicht ihre Augen geschlossen, in der Meinung, nur so diese Stunde überleben zu können. Sie mußte sich einfach vor sich selbst verstecken und tun, als gäbe es sie gar nicht mehr.
Eckart dagegen hatte sich fest im Griff. Ja, er würde Katharina beschützen – notfalls unter Einsatz seines ganzen Lebens, wenn man sie abmurksen wollte. Jawohl!
Doch konnte er solchen Gedanken keinen Raum geben, denn was er jetzt vernahm, war ungeheuer aufregend und ließ ihn vor Freude erschauern. Ihr Mißtrauen, ihr Verdacht wurde mehr als bestätigt.
„Ich fasse also zusammen", sagte eine tiefe, bärbeißige Stimme. „Sonntag haben die ihre Kirchenfeier hier. Da muß noch alles unberührt sein, verstanden? Aber danach."
„Ja", antwortete eine helle, heisere Stimme.
„In der Nacht zum Montag, wie gesagt, muß die QUALLE klar zum Auslaufen sein. Dafür sorgst du. Den Altarkram und den anderen Klimbim aus dem kleinen Raum da, den stecken wir

in die Beutel. Du sorgst für Proviant, ich sichere mir die Käufer in Stralsund. Den Proviant bringst du auf die QUALLE, aber laß dich nicht kaschen. Noch was?"

„Nee, geht klar."

„Komm raus. Wir müssen die Tür wieder sauber zukriegen, die dürfen nichts merken. Die Sache läuft."

Damit schlurften sie los.

„Mannomann!" rief Katharina, als sie sich wieder allein wußten. „Das ist ein Ding."

Mühsam befreiten sie sich aus ihrem Konservendosendasein, massierten und schüttelten die Glieder und sahen sich an. Katharina hatte hochrote Flecken im Gesicht. Sie pustete sich über die erhitzte Stirn.

„Jetzt heißt es handeln, Fratz."

„Wir sind aber eingeschlossen!"

„Wir kommen schon raus."

„Wenn nicht, ziehn wir am Glockenstrick."

„Bist wohl! Dann kommen die Brüder und vertrimmen uns, und dein Pastor kommt hinterher und fragt uns aus, und dann?"

„Stimmt auch. Aber Muttchen wird warten. Au weia."

Sie drückten gegen die Kirchentür. Die war verriegelt und verrammelt.

Katharina zeigte zum Turmeingang. „Vielleicht geht's da weiter?"

Sie fanden eine Treppe, die in Windungen nach oben führte, an einer Luke vorbei. Durch die Luke erkannten sie die davonschlendernden Banditen auf der Chaussee.

„Die sind nicht von der besten Sorte", sagte Eckart, und Katharina fand diesen Satz formvollendet.

„Nein, nein, nicht von der besten Sorte", wiederholte sie darum. „Trotzdem", und ihr kleines, rundes Kinn wippte in die Höhe: „Muttchen wird warten. Es ist bestimmt lange nach zwölf."

Die Luke, mehrere Meter über dem Erdboden, war eckig und aus hartkantigem Stein, außerdem arg schmal, so daß man nur mit Mühe hindurchwitschen konnte.
„Ich springe vor, Fratz, du kommst nach.“ Ein Satz, er plauzte auf den Erdboden.
Katharina aber mußte sich erst lange überwinden. Sie besaß nicht den Mut, einfach nachzuspringen, sondern versuchte sich an der Kirchenmauer herabzulassen mit Rutschen, Schurren und Schaben. Dabei kratzte sie sich Beine und Knie auf, und zwar recht böse. Aber sie war unten.
Es konnte weitergehen. Jede Minute zählte nun.
Sie eilten zum Rad. Unterwegs schworen sie nochmals eisernes Stillschweigen.
„Eisern wie ein Walzwerk“, sagte Eckart.
„Wir sind beide Mausoleum, du eins, ich eins. Wer redet, muß sterben.“

Als sie bald darauf um die Hausecke bei OHMS GASTHAUS bogen, schlug die Uhr auf dem Korridor zwölf. Sie hatten es geschafft.
Bei Tisch fiel Erikas Blick auf ihre Tochter.
„Wie siehst du aus, Kind, zerzaust, zerfleddert! Und gar nicht so sauber, wie du sein solltest. Wo bist du gewesen?“
Eckart richtete seine Lauscher. Was wird sie nun anbieten?
Flausen wollte sie eigentlich nicht, aber die Wahrheit sagen durfte sie auch nicht.
„Ich bin vom Kirchturm gefallen, Muttchen“, kam es zögernd heraus, und dabei mußte sie kichern wie ein albernes Gör.
Eckart trat sie unten mit dem Fuß. Sie rief „Au“ und „Laß das“.
Onkel Willi befürchtete einen erneuten Kriegsausbruch zwischen den beiden und wollte dazwischenfunken, als Erika zu einem Katzenkopf ausholte.
„Ich hab dich was gefragt. Antworte anständig, Fratz!“

„Doch Muttchen, vom Kirchturm. Im Ernst." Und kicherte weiter.
„Vom Turmknopp, was? Warum nicht gleich aus den Wolken! Quatsch mit Soße!"
Damit war das Thema beendet. Die Kinder atmeten auf.
Vater Ohm erzählte nun von dem Besuch des Polizisten heute morgen. Das war was! Das gab neuen Gesprächsstoff in der Runde. Die Alten kümmerten sich daher nicht weiter um die Kinder, die ihre eigene Flüsterstunde veranstalteten, sich vieldeutige Blicke zuwarfen und sich dabei über die tausenderlei Vermutungen amüsierten, die über den Tisch flogen.
Wenn die wüßten, was wir wissen! dachten sie.
Nach beendeter Mahlzeit flüsterte Katharina: „Halb zwei am Turm! Kapito?"
Eckart nickte. Die Verständigung klappte. Fratz war prima.
Erika rief später vergeblich nach ihrer Tochter, Frau Ohm ärgerte sich wieder einmal über das ungemachte Bett, und Onkel Willi überdachte, ob er am Sonntag Honig schleudern sollte.
Oben aber auf dem Turm wurden wichtige Gespräche geführt, Gespräche, die immer weiter vorausgriffen, die Künftiges umfaßten und alles in allem die beiden Abenteurer dermaßen beanspruchten, daß sie die Welt um sich herum vergaßen.

9

Das letzte, worüber sie sich einig wurden, hatte als erstes zu geschehen; denn vom Gelingen dieses Teils ihrer Planung hing alles Weitere ab. Es galt, den Bootsbauer Franz zu bewegen, die ALRAUNE nun doch, und zwar auf dem alleraller-schnellsten Wege, zu reparieren. Na, Hilfe! Das mußte ja ein Abenteuer für sich werden . . .

„Wir fahren beide hin", schlug Eckart vor. „Aber du mußt mit ihm reden."
„Der frißt mich auf", sagte sie. Nachdenklich zupfte sie an ihrer Bluse. Was soll sie ihm nur sagen!
„Und aus mir macht er Hackfleisch, das ist noch schlimmer", beteuerte Eckart. Und jeder erinnerte sich seiner Worte, daß er nicht mehr mit sich spaßen lassen wolle. Aber ging es jetzt nicht um mehr als nur um eine Albernheit?
„Du sprichst mit ihm, Fratz, du allein schaffst das."
„Na guuut", sagte sie gedehnt, „weil du es willst." Und war bereit, alle Register ihrer Überredungskunst zu ziehen.

Von da an reihte sich Aufgabe an Aufgabe. Ein schwieriger, ausgeklügelter Plan mußte Schritt für Schritt verwirklicht werden, wollten sie den Verbrechern das Handwerk legen. Doch jede einzelne Etappe des wohlüberlegten Vorhabens trug ihr eigenes Risiko in sich. Und nichts durfte ans Tageslicht dringen. Dabei hatte das Tageslicht viele Augen und Ohren. Wehe, wehe! Onkel Willi zum Beispiel mit seinem Feingefühl, Muttchen, die alles Geheime erschnupperte wie eine Katze die Milch, Frau Ohm mit ihrem forschenden Blick, nicht zuletzt die Polizei und auf dem Dach die Spatzen und hinter den vier Wänden die Klatschmäuler. Außerdem an allen Ecken und Enden das Unvorhergesehene. Huch, war das schrecklich!
Und jede Minute begann jetzt mit Angst und Bangen und Herzklopfen.
Eckarts Aufgabe war es, alle Geschehnisse sorglich im Gedächtnis festzuhalten, noch besser: aufzuschreiben.
Zunächst wollte sich Katharina Frau Ohms schweres Rad aus dem Stall mopsen. Aber dazu kam es nicht. Frau Ohm trat aus der Tür:
„He, du, laß das man schön stehn. Das brauche ich jetzt."

Aus! Was nun? Eckart wartet doch schon oben auf der Straße! Mannomann!
Sie zog einen mächtigen Flunsch und drückte sich ratlos mit den Fingern Falten in ihr rundes Kinn. Nun mußte Muttchens Dienstrad helfen.
„Muttchen, bittebitte, dein Rad, nur für ein paar Minuten."
„Du willst weg? Gibt's nicht. Sollst mir gerade Johannisbeeren pflücken helfen. Ich will einwecken."
„Ja", sagte Katharina. Es klang sehr gehorsam. Fest blickte sie dabei auf den Boden. „Gleich, wenn ich zurück bin, Muttchen."
Ohne die Gegenrede abzuwarten, sprang sie wie ein verwirrter Windstoß fort, nahm das gelbe Postrad und traf Eckart gerade noch an. Der fürchtete schon, vergebens gewartet zu haben.
Mit gerunzelter Stirn fragte er: „Warum kommst du erst jetzt? Sag gleich, wenn auf dich kein Verlaß ist."
„Es hatte eben seine Schwierigkeiten", gab sie zur Antwort. Für Erklärungen war keine Zeit. Schon ging es ab. Sie nahmen die Kilometer in sausender Fahrt. Die Kette knirschte, die Bimmel bimmelte leise beim Stucksen über das Pflaster. Eine Gabelweihe strich beim Anblick dieses Ungeheuers von ihrem Koppelpfahl. Der Schornsteinfeger radelte ihnen entgegen und lachte sie an mit weißen Zähnen aus schwarzem Gesicht – und Katharina rief: „Ecki, das gibt Glück!" Und die ersten Häuser kamen auf sie zu, rechts blieb der Park, sie schlingerten durch das Spitzbogentor. Die Farbe des Rads fiel den Leuten auf, sie lachten und warteten darauf, daß sie gegen die Kirchenmauer donnerten, aber mit Geschick und gekonnter Schräglage nahmen sie die Kurven um die Ecken, in die engen Straßen – und das Rad kreischte auf, der Rücktritt schrie. Sie waren da.
„Hoffentlich ist er zu Hause, Mannomann! Jetzt geht's los."
Sie drückte und schüttelte beschwörend ihre Daumen und hielt sie ihrem Freund unter die Nase. Dann faßte sie beherzt

an die Tür mit der Aufschrift WERKSTATT, wagte den ersten Schritt und zerrte den widerstrebenden Eckart mit festem Griff hinter sich hinein.
Da standen sie nun wieder einmal, wieder an derselben Stelle. Im Rücken die Tür – beruhigend zu wissen: eine Möglichkeit zum Ausreißen. Vor sich die geballte Gefahr in Person des angsteinflößenden Mannes mit dem Bart und der Hornbrille und den bisweilen hart funkelnden Augen.
Herr Franz stieß mit dem Hobel, über eine Eichenplanke gebeugt, hellgelbe Späne zu Boden, pustete, wischte, kontrollierte und schien von seiner Arbeit so gepackt zu sein, daß er die beiden wohl nicht bemerkt hatte.
Katharina räusperte sich.
Nichts geschah.
Eckart räusperte sich lauter. Immer noch nichts.
Jetzt räusperten sich beide, laut, aufdringlich.
„Soll ich euch Beine machen?“ fuhr eine Stimme auf, knarrend, schnarrend.
„Brauchen Sie nicht, Herr Franz.“
„Ich mach euch Beine!“ Seine Stimme hatte einen drohenden Klang; sie war gar nicht lieb.
Eckart wurde bleich. „Komm, wir gehn, es hat keinen Zweck.“
Katharina schüttelte sich: „Beine haben wir allein. Vier Stück. Sehen Sie nicht?“
Bootsbauer Franz war auf solche Entgegnung nicht gefaßt. Er blickte kurz über seine Schulter, hob den Hobel wie zum Wurf und sagte scharf: „Zieht Leine!“
Eckart nahm Katharina am Arm: „Komm!“
Sie rüttelte sich los: „Laß mich!“ Und laut sagte sie: „Leine ziehn? Wie macht man das, wenn man keine hat?“
Franz drehte sich voll um.
Keckheit saß in ihrem Gesicht. Und wenn er mich verdrischt, redete sie sich selber Mut zu, ich muß, ich muß ihn rumkriegen. Und sie wunderte sich über ihre Unverfrorenheit.

Mit auffallender, ja erschreckender Langsamkeit legte er jetzt den Hobel aus der Hand, klopfte sich die Späne von der Schürze und nahm das Mädchen ins Visier.
„Du bist ganz schön spitzzüngig, mein Fräulein. Ich könnte dir das austreiben, wenn ich wollte. Und ich glaube, ich will es bald."
Katharina wich seinem Blick nicht aus. Sie stand wie festgewurzelt – ja, so stand sie da.
Meister Franz verschränkte die Arme und baute sich vor ihr auf. Hinter seiner Brille funkelte es aus dunklen Augen. Die sprachen jetzt das Ungesagte.
„Komm", drängte Eckart. „Du merkst doch, es hat keinen Zweck."
Katharina achtete nicht darauf. Sie mußte auf Biegen und Brechen ihr Spiel zu Ende bringen, ihr schreckliches Geheimspiel. Hing nicht von diesen Sekunden alles andere ab?
„Ist man bloß gut, daß ich nicht dein Vater bin."
„Ich habe keinen Vater." Sie steckte zwei Finger in den Mund und kaute auf ihnen herum. „Wenn ich einen hätte, würde der uns helfen. Bestimmt."
Bootsbauer Franz sah sie lange an. Dann griff er nach hinten unter das Schild RAUCHEN VERBOTEN und langte nach einem seiner tiefbraunen Stumpen, zündete ihn an mit einer gefährlichen Gelassenheit und paffte Wolken in die Luft, dicke, blaue Wolken.
„Rede weiter, mein Fräulein, rede weiter. Es klingt ganz schön frech, was du sagst. Aber rede weiter! Das Maß ist nämlich gleich voll, weißt du."
Eckart dremmelte: „Komm doch, Mensch!"
Sie stieß ihn weg. „Mannomann, laß mich!"
Der Junge kroch in sich zusammen.
„Ich wäre nicht frech, wenn ich nicht frech sein müßte. Außerdem bin ich nicht frech. Das klingt nur so. Aber weggehn? Weggehn geh ich nicht." Und rums machte sie mit

ihren Füßen, als wollte sie sich hier und jetzt felsenfest in den Boden rammen. Für immer.
Bootsbauer Franz überlegte. So was war ihm noch nicht über den Weg gelaufen. Er wußte nicht recht, wie er das Benehmen dieses wunderlichen Mädchens aufzufassen hatte. Dann kniff er die Augen zusammen: „Ich hab keine Zeit für euer Affentheater. Was ist los!"
„Sie müssen kommen, bittebittebitte. Es geht um eine ganz, ganz wichtige Sache. Sie müssen, heute noch, die ALRAUNE reparieren. Versprechen Sie das?"
„So! Ich! Heute noch! Fein! Noch was?" Paffpaff gingen die Wolken über sein Gesicht.
„Nein, Herr Franz, das ist alles. Danke, daß Sie kommen wollen!"
Der Mann kaute auf seiner Zigarre herum wie ein Kind auf bunten Gummibärchen. Er kratzte sich den Rücken, er fuhr sich über den Kopf, er griff nach seinem Kinn und zwirbelte sich den Bart. Plötzlich zeigte er auf den Fußboden vor sich, wies auf seine Schuhspitzen und befahl:
„Komm her, du! Hierher. Hier stellst du dich hin!"
„Geh nicht!" flüsterte Eckart.
Katharina ging. Sie ging langsam einen Schritt, ging noch einen Schritt, noch einen, bis sie vor ihm stand, so dicht, wie er es haben wollte. Die Adern an ihrem Hals schlugen den Puls, daß es bis in die Ohren dröhnte. Sie hielt den Kopf gesenkt und erwartete irgendwas, eine Ohrfeige, eine Kopfnuß...
„Ansehen!" befahl er.
Sie sah hoch. Sie war auf dem Sprung, blitzschnell zu reagieren. Jetzt nahm er die Zigarre aus dem Mund; er legte sie nicht weg, er behielt sie zwischen den Fingern. Seine Lippen und Zähne suchten und fanden Barthaare und kauten auf ihnen herum, lange, immerzu.
Sie hatte die Augen zu einem schmalen Spalt zugekniffen und vernahm wie aus weiter Ferne, was er sagte. Denn seine

Stimme hatte plötzlich einen so merkwürdigen Klang bekommen, den Katharina zuerst nicht zu deuten verstand. Er sagte nämlich:
„Dir will ich mal was sagen, wenn du nicht so ein kleines, fürchterlich dummes Mädchen wärst, würde ich dir einen Piepmatz zeigen und dir die Tür ins Kreuz werfen. Du Erdnuckel, du abgebrochener Papageienschwanz, du ..." Er suchte nach Worten. „Du Rübenferkel. Was habt ihr wieder vor! Was soll ich machen, zu Befehl, verflixt und um die Ecke! Aber jetzt zum letzten Mal!"
Katharina schlug die Hände vors Gesicht. Beinahe wäre sie ihm um den Hals gefallen.
„Mitkommen sollen Sie, müssen Sie. Oder nachkommen. Wir sind Verbrechern auf der Spur. Das stimmt! Aber bittebitte nicht weitersagen!"
„Und dazu braucht ihr das Boot?"
„Pst! Mehr können wir nicht verraten."
Jetzt trat Eckart heran: „Ich bezeuge es. Aber wir dürfen nicht darüber reden."
„Ich verstehe nichts. Ich weiß nur, daß ihr Verbrechern auf der Spur seid. In eurem Alter war ich das auch, Verbrechern auf der Spur. Na, dann paßt man schön auf, daß ihr nicht die Jacke vollkriegt."
Katharina wollte sich letzte Gewißheit verschaffen. „Was ist, kommen Sie nun mit?"
„Ich komme, ja, ich komme. Aber nur, weil du so ein ... dir kann man ja einfach nicht widerstehen, du – du Wurzelzwerg!" Mit dem Finger machte er eine eindeutige Bewegung, die hieß: raus!
Oh, wie sie da losstürmten, die beiden, aufs Rad und – ab!
Sie waren erst auf halbem Weg, da knatterte es schon heran. Bootsbauer Franz, in seiner Vorliebe für alte Motorräder, näherte sich ihnen auf einem vorzeitlichen Vehikel. Aber es fuhr. Auf den Gepäckträger hatte er einen grauen Werkzeug-

kasten geschnallt, in dem es fürchterlich klapperte. Als er sie überholte, lachte er aus vollem Hals und rief ihnen zu: „Hühnerschreck und Teufelsdreck!"
„Selbst Hühnerschreck und . . .!" schrie Eckart. „Mal sehn, wer erster wird. Ahoi!"
Jetzt traten die beiden wie die Verrückten in die Pedale. Auf ging es und ab und auf und ab, und Eckart pfiff durch die Zähne, und Katharina klingelte, und das Rad schrie wie ein getretener Hund, und nur wenige Minuten nach dem Bootsbauer kurvten auch sie auf den Hof von OHMS GASTHAUS. Die Hühner bekamen ihren Tagesschock, und selbst Peppi der Hund zog einen Bogen zur Seite, angstvoll die Augen nach hinten gewandt und den Schwanz zwischen die Beine geklemmt.
Hurra, sie hatten den Mann für die ALRAUNE gewonnen. Nun würden sie auch für alle anderen geheimen Vorhaben grünes Licht bekommen.
Bootsbauer Franz wußte ja die Stelle, an der die Jolle lag. Schon donnerte er mit seinem Rad den Wiesenweg entlang, vorbei an dem Baum des nächtlichen Stelldicheins, holperte über Maulwurfshügel und dicke Grasbülten der Kuhweide, daß das Werkzeug im Kasten sprang, und stieg erst an der zerborstenen Weide ab.
Die Kinder waren ihm wie der Wind nachgerannt, Peppi den Hund mit hängender Zunge am Bändel. Diese Wiese nämlich war Peppis Wiese, und was auf ihr geschah, geschah in Peppis Revier. Mit närrischem Gejaule und Gewaue quirlte er sich durch die in der Nachmittagssonne dösende Rinderherde, scheuchte sie auf und trieb sie von einem Zaun zum anderen, bis sie mürrisch muhend mit ihren xigen Beinen nach ihm schlugen. Da erst hockte er sich neben die Kinder und blickte dem Bootsbauer so tiefsinnig zu, als verstünde er was von seinem Handwerk.

Die Sonne stach. Der Wetterbericht hatte schwülwarme Temperaturen mit Gewitterneigung gemeldet. Der Wind stand still. Das Fähnchen am Mast bewegte sich kaum.
„Das ist sie, die ALRAUNE“, meinte Eckart sagen zu müssen, wenngleich das auch sehr überflüssig war.
„Ich weiß, stell dir vor“, sagte Bootsbauer Franz und sog an seiner Zigarre.
„Werden Sie's schaffen?“
Bootsbauer Franz wiegte den Kopf hin und her.
Eckart setzte hinzu: „Ich meine, bis morgen mittag spätestens, weil . . .“
„Tja . . .“ Aber dieses Tja blieb in der Luft hängen.
„Ich meine, weil heute schon Freitag ist, und am Sonntag . . .“
Eckart glaubte, das müsse genügen, der Bootsbauer wisse ja nun Bescheid.
Meister Franz sagte abschließend: „Wir müssen da was erfinden.“
„Sollen wir helfen?“ wagte Eckart nach einer Weile noch einmal einzuhaken. Er wollte sich ganz zur Verfügung stellen.
„Ja, das könnt ihr. Zehn Meter weggehn, kein Wort sagen, kein Wort fragen, Maul halten. Damit helft ihr mir am meisten. Dazwischenreden mag ich nicht.“
„Aber . . .“, warf Katharina ein.
„Ich habe eben was gesagt. Genügt das nicht?“
Die Kinder zogen die Köpfe ein. Jeder dachte: nicht anstoßen, sonst zerbricht Glas. Katharina kroch auf den verfaulenden Weidenstamm, stupste sich mit den Zehen Schuh und Strümpfe von den Füßen, zog die Beine hoch und ließ sich bräunen. Eckart suchte sich einen Platz neben dem Boot und verfolgte hellwach die Arbeit; dabei kraulte er Peppi den Hund.
Bei dem Meister saß jeder Handschlag. Er hatte das Boot halb auf die Seite gelegt, um die Schadenstelle frei zu bekommen. Da ging die Stichsäge ins Holz, da zog der Fuchsschwanz

nach, zog einen Schnitt so gerade, daß man ein Lineal daran hätte richten können. Da brach der Hobel die Kanten, da knirschte der Bohrer ins Holz, da kratzte der Krauskopf hinterher, da ging eine in Fett gelegte Schraube in die Bohrung, in die Planke, eine andere folgte dicht daneben, da zog sich ein Holzpflaster über die Spanten, heftete sich an, Schraube um Schraube half nach, und alles zeugte von der erstaunlichen Fertigkeit eines Handwerkers.

„Donnerwetter!" entfuhr es Eckart irgendwann.

„Haltfest muß es haben, Haltfest", sagte Bootsbauer Franz und qualmte dabei wie eine alte Lokomotive.

Währenddessen fing Katharina auf ihrem Baumstamm Fliegen. Doch blieb sie keineswegs müßig. Ihre Gedanken bastelten weiter an dem Netzgeflecht der nächsten Unternehmungen. Sie registrierte und numerierte, sie analysierte und programmierte ...

Bootsbauer Franz betrachtete sein Werk. „Karascho!" Preßte Baumwolle in die Nähte, zog weichen Kitt über, legte alles in Halböl, richtete sich endlich auf, um zu sagen: „Fall erledigt."

Darauf sammelte er sein Werkzeug zusammen, steckte die Zigarren ein und band den Kasten auf sein Knatterrad.

„Und?" Eckart sah ihn fragend an.

„Was – und?" fragte er zurück.

„Ich meine, ich muß doch nun bezahlen."

„Natürlich mußt du bezahlen." Er kratzte sich den Kopf unter der Mütze, rückte nachdenklich an seiner Brille und war anscheinend tief in Gedanken. „... macht pro Stunde ... macht pro zwei Stunden geteilt durch zwei ... dazu zweimal Hinfahrt, zweimal Rückfahrt ... einbezogen eure Hilfe, minus dummes Gerede ... sagen wir achtunddreißig Pfennig. Heute ist Freitagabend, die Kasse hat geschlossen, zahlen also gestern. Karascho."

Damit schwang er sich auf sein Rad, rief beim Losfahren noch: „Und gib ihm kräftig Farbe drauf" – und tuckerte davon.

„Aber das geht doch nicht, Herr Fra-hanz . . .“ Eckart stand da wie ein übertölpelter Pfiffikus und guckte blöde. „Fratz, das gibt noch ein Nachspiel, wie ich furchtbar ahne. Wir müssen da was erfinden.“
„Du redest wie er. Fehlt nur noch die Stinkezigarre.“
„Hör auf! Übrigens warst du ganz schön frech vorhin.“
Sie hockte immer noch mit angezogenen Beinen auf dem Stamm. Ihre gebräunten Arme umfaßten die Beine, ihr Kopf lag auf den Knien, und aus diesem sich selbst umschließenden Kügelchen blickte sie nachdenklich zu ihm hoch.
„Frech? Frechsein ist etwas anderes, kapito? Ich kann doch nicht immer artig sein. Wenn ich aber mal anders bin als artig, sagen alle Leute immer, ich bin frech. Ich bin nur frei, oder frisch, oder so. Ist das nicht was anderes? Frech bin ich grundsätzlich nicht. Ich wollte nur alle Hemmungen ablegen vorhin. Wenn man etwas will, muß man es ganz wollen und sich nicht durch Hemmungen beeindrucken lassen. Kapito?“
Wie sie das sagt, wunderte sich Eckart und mußte über ihre belehrenden Worte richtig nachdenken. „Stimmt schon, Fratz“, gab er zu. „Trotzdem, ich befürchte ein Nachspiel. Achtunddreißig Pfennig! Ist doch reiner Hohn!“
Da lag nun die ALRAUNE, zwar einen Flicken im Bauch, aber einen schönen Flicken. Schwimmfähig, lebensfähig.
„Fratz“, fragte er, „muß ich jetzt Fidi herholen?“
Katharina fuhr sich mit dem Fingernagel durch die Schneidezähne und kaute darauf.
„Was wird dann aus unsern Banditen? Wir haben doch eine Aufgabe übernommen. Wenn wir die erfüllt haben, dann meinetwegen. Vorher nicht, kapito?“

Während sie miteinander sprachen und dies und das bedachten, sprang Peppi der Hund aufs Deck der Jolle und kläffte und benahm sich wie verrückt.
„Was will er!“ schimpfte Eckart. „Peppi, runter da!“

Der aber dachte gar nicht daran. Er trieb sein Spiel weiter, lautstark und dumm.

„Wir wollen nicht soviel quatschen", sagte Eckart. „Wir sollen endlich was unternehmen. Peppi der Hund weiß das, er hat für alles einen guten Riecher."

Nun berieten sie rasch die allernächsten Schritte. Eckart hatte Protokoll zu schreiben, Protokoll über alles Vorgefallene und über das, was noch geschehen sollte. Beide hielten das für eine ungemein schwere, doch ungemein verantwortungsvolle und überdies stinkwichtige Aufgabe.

An ein Gedicht, das jeder zu liefern und nach dem Abendessen auf dem Turm selber zu verlesen hatte, dachten sie auch, denn das war versprochen und galt also zu halten.

Von Frau Ohm ließ er sich später ein paar Bogen Briefpapier geben. Mit dem Entwurf des Protokolls wollte er sogleich beginnen, denn die Zeit drängte. Doch beim Schreiben schien es ihm, als brüte er über Schulaufgaben. Immer das gleiche Gefühl: hinter ihm eine drückende Pflicht, vor ihm eine gähnende Unlust. Er kaute am Stift, bohrte in Nase und Ohren, er drehte sich Löckchen, er zog die Karos auf dem Papier nach – und als es gar nicht weitergehen wollte, malte er Männchen. Schließlich strich er alles durch und begann von neuem. Dazu sagte er Mist. Als auch ein Neuanfang nicht besser geriet, sagte er Mistmistmist und zerriß das ebenfalls. Endlich knüllte er alles zusammen und warf es ins Ofenloch.

„Ich kann das nicht, Protokoll schreiben. Es hat keinen Zweck!"

Ärgerlich über sich selbst und über sein Unvermögen warf er sich aufs Bett und verlegte sich aufs Dichten. Er jagte dazu einfachen Wörtern nach und suchte für sie andere Wörter mit geeigneten Reimen. Er suchte, er fand, er verwarf, er bastelte und bastelte und sagte endlich fest entschlossen: „Ich mache ein Quallengedicht. Das mit dem Fratzspatz war ja auch ganz schön gelungen." Und so sammelte er fleißig Wörter, die

sich auf Qualle reimen wollten, und schrieb sie aufs Papier:
Qualle – Falle – Schnalle – alle – Geknalle – Malle (das ist was aus dem Bootsbau, wußte er) – Halle (eine Stadt) – Halle (eine Bude) – Ralle (ein Wasservogel) – Dralle (kommt bei Wilhelm Busch vor) – Kalle (ein Name) – Nalle, Palle, Calle, Xalle, Yalle – geht nicht. Wallewalle (gibt's bei Goethe) ...
Aber nun daraus einen Sinn schaffen, o weh! Das Ende vom Lied war: „Ach, die ist ja doof mit ihren Gedichten. Ich mach da nicht mit. Auch wenn ich's versprochen habe."
Damit flog auch dieses Papier zerknüllt und mißhandelt in das Feuerloch. Entmutigt ging er nach unten, wo es längst hätte Abendbrot geben müssen, wäre Frau Ohm nicht aufgehalten worden.
„Ich hab mich verspätet. Der Schornsteinfeger, das Ferkel. Alles hat er dreckig gemacht", entschuldigte sie sich.
Ah, der liebe Rußverschlucker, der sie vorhin auf ihrem schweren Weg nach Usedom so freundlich angegrinst hatte!
Eckart setzte sich auf die Hofbank und spielte mit Peppi dem Hund. Das Gedichtemachen aber wollte ihm nicht aus dem Sinn. Wie war er nur auf das blöde Wort Qualle gekommen? Wo hatte er das Wort neulich gehört? Plötzlich fielen ihm die Banditen ein. Sie hatten gesagt: die QUALLE soll segelklar am Sonntagabend sein. Die QUALLE ist ein Boot, ein Segelboot. Das gehörte eigentlich ins Protokoll.
Nachher auf dem Turm klagte er vor Katharina über seine Schwierigkeiten mit der Niederschrift – und auch sein Quallengedicht war ihm mißraten. „Um so wichtiger ist es, zu erkunden, wo wir die QUALLE finden können. Am besten, wir fragen Bootsbauer Franz. Der kennt sicher alle Segelschiffe in der Umgebung."
„Fragen", sagte Katharina, „ist immer umsonst. Aber die Antwort muß einfach ins Protokoll."

„Zum Teufel mit deinem dämlichen Protokoll!“ schimpfte er los und schämte sich, weil er's nicht fertigbrachte.
„Ist aber wichtig!“ bestand sie darauf. „Bei Nachfragen kann man sich immer darauf berufen. Denn was geschrieben ist, ist geschrieben und stimmt, auch wenn's falsch ist.“
„Ich hab es aber weggeworfen“, erklärte er und meinte, daß sie nun Ruhe gäbe.
„Wir müssen es holen. Wir brauchen es.“ Sie ließ nicht locker.
„Aber nicht jetzt, Fratz. Frau Ohm merkt doch, wenn wir hochwetzen.“
„Wir gehn durchs Fenster, kapito.“
Dagegen war nun nichts zu machen. Schon wirbelten sie die Treppenspirale hinunter, bollernd ging die Tür ins Schloß, kurze Zeit später raschelte es im Pflaumenbaum, zwei Schatten flitzten ungesehen übers Saaldach, sprangen ins Zimmer, öffneten das Ofenloch und . . .
Nanu? Leer? Das gibt's doch nicht!
„Ich fresse hundert Aschenlöcher auf einen Happs. Ich habe es . . . bestimmt . . . hier rein . . . Du glaubst mir nicht?“
Katharina sah ihn so voller Zweifel an, daß er fast durchdrehte.
„Hier, Mensch! Zerrissen, zerknüllt, unter Garantie!“
„Ich will's dir glauben. Aber wehe, du lügst!“ Und die Angst, belogen worden zu sein, nagte in ihr und machte sie sehr unruhig. Doch war seine Verlegenheit so echt, daß sie sich überwand. „Hier hat jemand seine böse Hand im Spiel“, sagte sie. „Es werden die beiden Banditen sein.“
„Unmöglich!“ gab Eckart zu bedenken. „Wie sollten sie hierherkommen.“
„Stimmt auch. Mannomann, ist das vertrackt! Laß uns beraten, was wir als erstes tun.“
Sie winkte, er folgte. Sie sprang zum Fenster hinaus, er hinterher. Beraten konnten sie nur auf ihrem Turm. Dort ordneten sich ihre Gedanken wie von selbst.

Zur gleichen Zeit stand Frau Ohm an ihrem Küchentisch und tat etwas Sonderbares, Geheimes. Gegen ihre Gewohnheit hatte sie sich eingeschlossen. Allein wollte sie sein und ungestört. Denn sie hatte eine Entdeckung gemacht, eine Entdeckung von kriminellem Gewicht. War sie einem Betrug auf der Spur? Einem Verbrechen vielleicht? Oder war das nur Spielerei? War nicht in der letzten Woche schon so manches Irre und Wirre geschehen? Und nun dieses? Und immer hing das mit den Kindern zusammen. Jetzt wird sie dahintersteigen. Sie wird!

Nachdem nämlich der schwarze Mann im ganzen Haus die Schornsteine gekehrt und in allen Räumen seine Ruß- und Duftmarken hinterlassen hatte, war sie von Zimmer zu Zimmer und von Ofen zu Ofen marschiert und hatte geputzt, Asche und Reste zusammengeschaufelt und Kacheln poliert. Dabei war ihr im Giebelzimmer das Papier ins Auge gefallen, das Papier, das sie dem Jungen heute gegeben hatte – aus ihrem Block, aus dem kleinkarierten Briefblock vom Konsum. Verrußt, zerknüllt, verdreckt lag es im Aschenloch. Hatte sie es ihm zum Wegschmeißen gegeben? Was hatte das zu bedeuten?

Jetzt, eingeschlossen in ihrer Küche, bemühte sie sich, die Fetzen zueinanderzuordnen wie Puzzlesteine; sie schob und schob und bekam nur heraus, was ihr unsinnig zu sein schien. Von Kinderhand geschrieben, heute, vorhin. Und dann weggeworfen?

Was heißt das: Kirchenschatz mit Leuchter – Qualle – Sonntagabend – Prowijantliste – Kirchenbank ...

„Alles Quatsch!"

Und auf dem anderen Blatt kriegte sie zusammen: Qualle – Kalle – Ralle – Schnalle ...

„Auch Quatsch!"

Mit ärgerlichem Handfegen raffte sie den Knüll zusammen und stopfte ihn zurück in die Schürze, besah sich ihr Gesicht

in der matten Spiegelung des Küchenschranks und erschrak – sie hatte hochrote Flecken. Sie wischte darüber, band sich eine saubere Schürze um und hängte die alte an den Haken.
Aus der Gaststube drang das dröhnende Gelächter biertrunkener Gäste. Zu ihnen ging sie. Hier war ihr Platz. Aber ihre Hände zitterten. Ja! Wachsam wollte sie sein. Wachsam! Auf alle Fälle. Sonntagabend, hatte sie gelesen. Was kann das nur heißen! Und wenn der Junge damit zu tun hat, dann hat auch das Mädchen damit zu tun. Und wenn das Mädchen damit zu tun hat, dann tut sie das als Tochter von der Erika. Und darum wird sie mit der Erika nicht darüber sprechen. Sie wird überhaupt mit niemand darüber sprechen. Sie wird ihre Augen aufhalten. So!
Dann nahmen sie die Geschäfte in der Gaststube in Anspruch.

Auf dem Turm ging es derweil hin und her.
„Wir fahren morgen früh zu Bootsbauer Franz", sagte Eckart. „Wir bedanken uns und fragen nach der QUALLE."
„Und kaufen Zigarren, kapito? Für Zigarren machen Männer alles. Ich kenne die!"
„Gut, machen wir."
„Und dann fahren wir zum Ottokreuz. Damit lenken wir unsere Verfolger ab. Wir können dann öffentlich sagen, wo wir waren, und brauchen nicht zu lügen. Nur daß wir bei Franz waren, sagen wir natürlich nicht."
„Prima, Fratz!" rief Eckart und boxte sie freundschaftlich in die Seite. „Dann sind wir artige Kinder."
„Hui, sehr artige Kinder", lachte sie, und ihre Brille tanzte auf der gekrüselten Nase.
Draußen senkte sich der Abend über das Land, die Welt vergab ihr Licht, und Nachttau schlug sich nieder und ließ die Kinder frösteln.
„Kannst du eigentlich segeln, Fratz?"

„Wenn es nicht schwer ist, kann ich das."
„Wenn wir Verbrecher jagen wollen, mußt du segeln können."
„Wenn wir Verbrecher jagen, kann ich alles."
„Ich hab da nämlich einen priiima Gedanken, aber den sage ich nicht."
„Ach du!" Katharina schmollte.
„Experiment Wassereimer. Aber mehr verrate ich nicht."
Pause.
„Sag mal, Ecki, von wem hast du das Papier gehabt für das Protokoll?"
„Von Frau Ohm. Warum?"
Sie biß auf ihrem Finger herum, ein Zeichen für starkes Nachdenken.
„Wenn du dir morgen früh noch mal einen Bogen pumpst und irgendwelchen Quatsch draufschreibst, Vogelfeder, Möwenschiet oder Ratzibumsidreckdreckdreck oder so – und du steckst das wieder in den Ofen und es ist dann weg, dann wissen wir genau, daß sie uns nachspionieren."
„Aber Frau Ohm kennt doch die kleinen Karos von ihrem Block!"
„Gut. Aber mit Quatsch lenken wir sie ab. Wenn sie deinem Protokoll glaubt, sind wir geliefert!"
„Ja", gab Eckart zu, „das stimmt. Wir müssen was erfinden!"
Und er spuckte einen weiten, weiten Bogen.

10

Ein leiser Luftzug fiel durch das Fenster, hob die Gardine im Giebelzimmer sachte an, pustete die Heufasern vom Fensterbrett, ging auf die Liege des Jungen zu und strich ihm übers Gesicht.

Aufwachen, es wird Zeit!
Eckart schlug die Augen auf. Oooch, es ist so schön im Bett. Streicheln, ja streicheln, aber noch ein wenig schlummern lassen! Bitte!
Schon sank er wieder weg.
Doch plötzlich fuhr er hoch. Nein! Nicht verschlafen! Schon steht die Sonne hoch am Himmel. Raus aus den Federn!
Er gab sich selbst den unmenschlichen Befehl, sprang hoch, warf die Nachtkleidung ab und stellte sich ans Fenster. Haaach, durchatmen, sich recken, sich strecken . . .
Schwalben schossen, schriip-schriip, ihren Mücken nach, Möwen kreisten mit stehenden Flügeln in der Höhe, Peppi der Hund kläffte sein Rabauz und jagte wieder mal die dummen Hühner auf die Bäume. Ein neuer Sommertag, so schön wie keiner zuvor . . .
Morgen, dachte Eckart, morgen abend gehen wir an Bord. Ich und Fratz. Fratz und ich. Einen Farbenstrich muß ich noch machen, hat Bootsbauer Franz gesagt. Wir haben noch anderthalb Tage, noch sechsunddreißig Stunden.
Huschdi-wuschdi gewaschen, wie Katharina es gewollt hatte, Zähne geputzt, Haare gestriegelt . . . Gerade wedelte er die Bettdecke übers Laken, als es am Fenster raschelte: Katharina – hops, hüpfte ins Zimmer. Ihr Atem flog, ihre Haut war schweißfeucht, und die Wangen leuchteten wie immer knallrot.
„Hach, ist das schwül draußen!"
Sie war in voller Fahrt.
„Ecki, wir dürfen das Protokoll nicht vergessen. Schreib irgendwelchen Quatsch und lenk unsere Verfolger ab – und rein damit in den Ofen. Dann schlagen wir zwei Klappen mit einer Fliege."
„Fliegen mit einer Klappe", verbesserte er.
„Ja!" Sie pustete sich kühlenden Hauch über die Stirn.
„Du hast wohl gar nicht geschlafen?"

„Ich hab gedichtet und nachgedacht. Los, geh Papier holen!"
Ihre Eile steckte an. Husch, war er zur Tür hinaus. Katharina horchte ihm nach, wie er mehrere Stufen auf einmal nahm. Sie fuhr mit dem Finger hinter die Brillengläser und wischte an ihnen herum. Ihre Haut kochte.
Jetzt mußte sie grinsen, als sie hörte, wie Eckart rief:
„Frau Oh-hom? Kann ich noch einen Bogen Papier haben?"
„Wozu?" vernahm sie die Gegenfrage.
„Zum Schreiben, etwas Wichtiges", hörte sie ihn antworten, und sie dachte: Hoffentlich sagt er nicht zuviel.
Frau Ohm aber reagierte ganz in ihrem Sinne:
„Nimm dir, was du brauchst. Der Block liegt auf dem Küchenbüfett. Nimm auch zwei oder drei, nimm, was du willst."
Ihre Stimme war auffallend laut und voller Unruhe.
Mit ein paar Sätzen war Eckart wieder oben.
„Hier!" sagte er und strich das Papier über dem Tisch aus.
„Wir haben keine Zeit zu verlieren. Ich diktiere, du protokollierst."
Ohne Widerrede nahm Eckart den Stift, beugte sich vor und schrieb im Stehen. Katharina wippte auf den Hacken und sagte, was sie sich zurechtgelegt hatte:

Vergißmeinnicht mit Tulpen,
Rattenkatzenmauseschwanz,
Stiefel ohne Stulpen,
Pfefferkucheneiertanz,
Schmetterbienenlingsgemopse,
Katharina, die frißt Dropse.

Ihre Augen triumphierten.
„Was soll das! Das ist doch reiner Quatsch."
„Soll doch auch. Mannomann, begreifst du nicht? Sie sollen sich daran die Zähne ausbeißen. Und nun rein damit in den Ofen! Mal sehn, wer es stibitzt."

Eckart leckte noch am Stift. „Wenn schon Blödsinn, gebe ich noch was Englisches dazu.“ Und er schrieb: „Tu bie orr nott tu bie.“

Sie riß ihm den Stift aus der Hand:

„Ich kann auch was Englisches!“ Und schrieb: „Wott känn ei duh vor juh?“

„So“, sagte er ohne besondere Anerkennung. „Das muß reichen.“

„Wenn sie mein Gedicht nicht verstehn, Ecki, verstehn sie auch unser Englisch nicht. Und das finde ich gut.“

Es machte ritsch-ratsch, ein neuer Knüll flog ins Ofenloch, das erste Tagewerk war getan. Der Plan lief ab.

Katharina verschwand, wie sie gekommen, heimlich raschelnd, ungehört, ungesehen.

Nach angemessener Wartezeit ging Eckart in die Küche hinunter, in der Frau Ohm hantierte. Sie hatte ihm das Frühstück hingestellt. Er konnte aber nicht schlucken. Sie sagte kein Wörtchen, sie zerschlug nur einen Teller. Es lag ein Gewitter in der Luft. Das merkte er. Und ihr flogen die Hände.

Derweil kniete Katharina im Stroh beim Kälbchen und dachte nach. Was wird Muttchen denken, wenn ich einmal abends nicht mehr nach Hause komme? Und morgen werde ich nicht nach Hause kommen. Armes Muttchen! Es muß aber sein. Begreifst du, daß du eine erwachsene Tochter hast? Sie nahm den Arm vom Kälbchenhals, gab ihm einen Luftkuß und flüsterte:

„Bis bald!“

Sie ging über den Hof in Ohms Küche und fand dort beide. Frau Ohm und den Jungen.

„Frau Oh-hom? Ach so, guten Morgen. Kann ich das Rad wieder kriegen? Muttchen ist noch unterwegs.“

Frau Ohm witterte Zweifelhaftes. „Was willst du neuerdings mit einem Rad? Du hast doch sonst nicht danach gefragt.“

„Nee, stimmt. Aber heute."
„Und wohin?"
„Oooch, nur so. Mal zum Ottokreuz."
„Sie will mir das Ottokreuz zeigen", mischte sich Eckart ein.
„Heimatgeschichte! Ist wichtig", fügte Katharina bedeutsam hinzu.
„Nimm dir das Rad meinetwegen, aber stell es nachher in den Stall, nicht wie neulich! Um zwölf gibt's Mittag."
Frau Ohm zwang sich, gleichgültig zu sein. Sie wollte sich nicht durch vorzeitiges Ausfragen verraten. Als sie aber merkte, wie sich die Kinder unter blitzschnellen Blicken etwas zutelegrafierten, wurde sie aufmerksam. Es schien ihr geraten, doch nachzuhaken.
„He, ihr zwei Schönen, welcher Tag ist heute eigentlich?"
„Sonnabend", entfuhr es beiden zugleich.
„Und morgen? Welcher Tag ist morgen?"
„Sonntag natürlich."
„Ja, Sonntag! Sehr wohl." Die Kinder rochen Braten. Also war sie es doch gewesen, die geschnökert hatte. Wird sie uns jetzt ausquetschen?
Und es ging weiter. „Was macht ihr denn so am Sonntag?"
Katharina legte die Hände auf den Rücken und tippelte mit den Füßen: „Kirche gehn, zum Beispiel!"
„Oder?"
„Angeln und so", sagte Eckart und versteckte sich laut schlürfend hinter seinem Milchglas.
Katharina funkte dazwischen: „Kann ich gehn? Oder soll ich abwaschen?"
Frau Ohm war irritiert. „Du wolltest wegfahren. Nun willst du abwaschen?"
„Dann fahr ich lieber", sagte Katharina rasch – und: „Ecki, machst du noch lange?"
Flink war sie hinaus, und Eckart sah zu, daß er ihr nachkam.

Draußen hielt sie die Hand vor die Lippen: „Hast du gemerkt? Ihre Fragen war so zielgerichtet."
„Sehr zielgerichtet", sagte Eckart, und dieses Wort gefiel ihm.
„Wir brauchen jetzt nur einen Augenblick zu warten. Die geht bestimmt rauf und glotzt in den Ofen."
„Dann haben wir sie infra glanti oder wie das heißt."
„Ja!" Er rieb sich die Hände. So hatte es ihn gepackt.
Sie warteten ab. Peppi der Hund ringelte sich vor ihnen und spielte verrückt. Da hörten sie drinnen Schritte.
„Pst! Sie geht nach oben."
Deutlich waren die Schritte auf der Treppe zu hören, Schritte, die nach oben strebten, deutlich auch das Quietschen einer Ofentür. Dann war es still.
„Mannomann, sie schnökert", kicherte Katharina und hielt die Hände vors Gesicht. Plötzlich durchzuckte sie ein herrlicher Gedanke: „Ecki, gibt es ein Wort für zurückklauen, zurückstehlen? Vielleicht zurückzappzerrappen?"
Da mußten sie beide furchtbar lachen. „Was hast du vor, Fratz?"
„Die Protokolle, die will ich zurückhaben. Sonst beruft sie sich noch darauf. Sie hat uns dann ganz in der Hand, du. Wir müssen alles tun . . ."
„Pst, sie kommt runter. Wir verstecken uns."
Als sie kurze Zeit später Frau Ohm mit düsterem Gesicht ins Dorf gehen sahen, fühlte Katharina ihre Zeit gekommen. Flugs durchschaute sie die Küche nach den wichtigen Dokumenten, riß die Schübe auf, blickte in den Geschirrschrank und tastete die Schürze ab, die am Haken hing. Nirgends. Sie faßte in den stinkenden, nassen Mülleimer, den weißen – und . . . hurra! Da waren sie! Alle holte sie heraus. Auch die von eben.
Sie stopfte das Papier in ihren Halsausschnitt und raste auf den Hof. Nur keinem begegnen jetzt! Draußen jubelte sie: „Ich hab's, Ecki. Das Wort heißt retourbambitzen. Wir haben retourbambitzt. Klingt das gut?"

„Wo hast du sie?"
„Hier!" Und ließ ihn hineingucken. „Infra glanti!"
„Nun aber weg. Wir müssen Zigarren kaufen und so. Bring endlich das Rad." Eckart drängte es weg von hier.
Sie holten das Rad, schoben es im Laufschritt den Schotterweg hinauf, stiegen auf und – in ihrer Fahrkunst fast vollkommen – rasten sie der Stadt entgegen.

Es wird ein schwülwarmer Tag heute, redeten die Leute. Heiß ging der Südwind über die Roggenfelder, die weiß wogten in reifer Frucht. Mähdrescher wühlten sich durch die Wintergerste, und die Drosseln hockten mit aufgesperrten Schnäbeln im Schatten des Laubes und schwiegen sich an. Die beiden Kinder troffen von Schweiß, als sie in der Stadt zum Stehen kamen.
Sie hielten vor einem Zigarrengeschäft, in dem es auch Schokolade und anderes Süßzeug gab und Wein und scharfe Flaschen. Eckart sagte wie selbstverständlich:
„Eine Schachtel Zigarren." Aber es muß doch wohl ein bißchen ungeschickt ausgesehen haben, denn nie in seinem Leben hatte er Zigaretten geschweige denn Zigarren gekauft. Durfte er ja auch gar nicht.
„Seit wann rauchst du, Kleiner?"
„Ach, die sind für Bootsbauer Franz. Ich bin Nichtraucher."
„Soso, für Franzen. Na, denn nimm man die hier."
Der Händler griff in ein Regal und reichte eine Schachtel hinüber mit der Aufschrift STADTWAPPEN und nannte den Preis.
Eckart zählte das Geld auf den Tisch, und Katharina sah zu.
„Damit bestechen wir ihn. Ob er anbeißt?" fragte sie.
Als sie in seine Werkstatt traten, fanden sie ihn wie immer eifrig am Wirken. Er ließ sie gar nicht erst zu Wort kommen, sondern überfiel sie mit der Frage:
„Soll ich den Kahn nun zersägen oder zerhacken?"

„Wir möchten ...“, stammelten sie zugleich.
„Eckart wollte sich bedanken. Nicht, Ecki?“ sagte Katharina. Sie gab ihm einen Knuff. „Nu mach schon, Mannomann!“
Eckart drückte dem Mann die Schachtel in die Hand, ohne hinzusehen, und sagte: „Danke für die Reparatur. Sie haben das prima hingekriegt.“
Franz verheimlichte seine Freude nicht, sondern strahlte übers ganze Gesicht.
„Ihr auch. Ist meine Sorte. Habt ihr euch aber gut gemerkt.“
Er nahm eine heraus und legte die Schachtel unter das Schild RAUCHEN VERBOTEN.
Die beiden hätten jetzt gehen können. Aber da war noch was.
„Wir – wir haben da noch eine Frage. Ist aber gar nicht wichtig.“ Katharina wippte wieder auf ihren Füßen.
„Macht schnell, ich habe zu tun.“
„Kennen Sie ein Boot namens QUALLE?“
Plötzlich blickte er sehr interessiert. „Was ist damit?“
„Nur so, nichts weiter. Kennen Sie das Boot?“
„Die QUALLE“, sagte er mit einem Anflug feierlichen Ernstes, „die QUALLE ist ein schönes Boot, ein schnelles Boot, ein sehr schnelles Boot. Sie hat braune Segel und zwei Masten, war früher ein Fischerboot, ich hab sie umgebaut. Warum?“
„Siehste?“ platzte Katharina heraus.
„Weil Sie doch alle Schiffe kennen müßten. Wir haben uns das so gedacht!“
„Ihr Radieschen ihr – wolltet ihr mich examinieren?“ lachte er.
„Ja, wollten wir. Eine Frage noch: Wo liegt die QUALLE? Kann man sie mal sehn? Vielleicht stimmt das gar nicht, was Sie gesagt haben.“
„Nun muß ich aber lachen. In Westklüne, da liegt sie am Pfahl. Aber da laßt sie man schön liegen. Sie gehört nämlich mir.“
„Ihnen? Au weia!“ Betroffen blickten sie sich an. Dem Mann fiel das auf.

„Wieso?“ fragte er.
Katharina spielte ihre kleines Theaterchen hübsch und fein weiter. „Oooch, weil das schön ist, daß Sie ein so schönes Boot haben dürfen. Dürfen wir nun gehn?“
Ein hingeworfener Gruß, ein Stolpern in der Tür, einer trat dem andern in die Hacken. Hinter ihnen fiel die Tür ins Schloß.
„Mannomann, Ecki, ich werd verrückt. Die QUALLE ist sein Kahn.“
„Wir müssen uns überzeugen! Wie kommen wir dahin?“
Katharina wußte die Richtung. Hups, aufs Rad, einen Feldweg über Wilhelmshof. Bald hatten sie das Dörfchen vor sich. Aber was heißt Dörfchen? Klüne, durch einen schmalen Kanal in Ost- und Westklüne geteilt, bestand aus ein paar Häuschen, Fischreusen, Stallungen, herumstreunenden Kindern in Unterbüxen, die durch Gärten und Entenschiet rannten, und bellenden Kötern. Das war Klüne.
Sie lehnten das Rad gegen einen Lichtmast. Kinder kamen angetrollt, die Höschen rutschten, die Rotznasen zogen Fäden, Gänse fibberten und rupften Gras, Enten mit ewig lächelndem Gesicht schnatterten ihr Genäsel ab, eine Frau trug Wäsche im Korb, und aus dem Usedomer See kroch dumpfer Modergeruch, denn das Wasser warf Blasen.
„Ich fahr gern in die Gegend, aber hier war ich noch nie“, sagte Katharina.
Eckart meinte, jetzt sei keine Zeit zum Schwärmen. Seine Augen suchten die QUALLE, ein Schiff mit zwei Masten. Sie fanden es sofort zwischen den Heuern und Plastikbootchen.
„Ein schnelles Schiff, man sieht's“, sagte er mit kluger Miene. „Außerdem hat Bootsbauer Franz das gesagt.“
Sie hatten sich also davon überzeugt, daß es ein Boot namens QUALLE wirklich gab und daß dieses Boot hier lag. Das war eigentlich genug. Gerade wollten sie sich wenden, als sie

hinter sich Stimmen vernahmen, eine helle und eine dunkle Stimme, und Schritte, die zu den Stimmen gehörten – schwer und schlurrend. Sie sollten den Kindern bekannt vorkommen!

Doch ohne Argwohn drehte Eckart sich um und warf einen Blick in die Richtung, aus der die Stimmen herandrangen. Wie ein Blitz zuckte es in ihm auf, und er hätte beinahe eine verräterisch hastige Bewegung gemacht:

„Hinsetzen, Fratz, nicht mucksen! Das sind die beiden."

Sie hörten sie kommen, näher, ganz nahe, bis auf wenige Meter. Jetzt nur nichts versäumen, dachte Eckart.

„Tu was, Fratz, tu irgendwas, nur unauffällig! Und hör hin!" raunte er ihr ins Ohr, stand auf und warf Steinchen ins Wasser.

Katharina, geistesgegenwärtig, rutschte auf dem Hintern zum Wasser, streifte Schuh und Strümpfe ab und zog mit ihren Füßen im Wasser Kreise, spielend, versonnen. Ihre Ohren aber hatte sie nach hinten gedreht. So taten die beiden Kinder offensichtlich nichts anderes als das, was andere Kinder auch tun, wenn sie sich langweilen. Sie waren da, eben nur da, wie die kleinen Nacktbäuche weiter oben auch nur eben da waren. Wer wollte es ihnen verwehren?

„Soll ich die Gören wegscheuchen?" fragte leise die helle Stimme.

„Laß sie", antwortete die dunkle Stimme, „das fällt sonst bloß auf."

Eckart bückte sich weiter nach Steinchen und Muscheln.

„Daß mir der Kahn am Sonntag klar ist!" Das war die dunkle Stimme. Einer ging zur QUALLE und zog an den Festmachleinen. „Und daß der Fischkasten leer ist!"

Eckart stand auf und strich dicht an dem Mann vorbei. Unauffällig sah er ihn sich an: volles Gesicht, stachlig, rote Suffnase, tiefschwarzer Bart. Auf dem Kopf eine speckige Ledermütze. Das also war die tiefe Stimme. Na ja!

Er setzte sich neben Katharina ans Wasser und warf keine Steinchen mehr.
„Wir decken das Zeug mit Plünnen zu. Fische obendrauf, dann ist alles sicher“, hörten sie den Mann sagen.
Die Kinder rührten sich nicht um einen Millimeter. Aber ihre Herzen überschlugen sich fast vor Freude. Und als zu guter Letzt noch kam: „Also bis Sonntagabend. Nun hau ab, damit sie uns nicht zusammen erwischen!“ – wußten sie: jetzt waren sie ihnen auf der Spur, auf der richtigen, goldrichtigen Spur!
Eckart faßte Katharinas Arm. „Nicht umdrehn, Fratz, bis sie weg sind! Ich weiß, wie sie aussehn.“
Sie guckten ihnen aber doch nach, verfolgten die beiden Gestalten, wie sie dahinwankten, bulbsig und breitlatschig der eine, etwas behender der andere. Und sie merkten sich ihre Figuren.
Als sie die beiden weit genug weg wußten, rief Katharina in unbeschreiblicher Begeisterung aus:
„Infra glanti, Ecki! Jetzt dürfen wir nicht anders, jetzt müssen, müssen, müssen wir sie kaschen. Alle Zwecke heilen die Mittel.“
„Katzpatzfratzkatzmatz, du weißt doch: tu bie orr und so weiter – unser Wahlspruch gilt.“
„Kapito. Aber wenn sie uns abmurksen?“
„Was wir tun, tun wir fürs Gemeinwohl. Kirchenraub ist strafbar. Wir werden ihn zurückerobern, zurückstehlen, retourbambitzen.“
„. . . und müssen tun, als wenn üüüberhaupt nichts ist, kein Piep, kein Papp. Wir sind die einzigen Geheimnismitbewahrer.“
„Geheimnismitbewahrer – das Wort gefällt mir, du. Aber jetzt, was jetzt zuerst?“
„Auf keinen Fall nach Hause. Wir dürfen nicht sagen, daß wir hier waren. Wir fahren zum Ottokreuz. Da fällt uns schon was ein.“

Aufgesessen, losgetrampelt, nach eingeübter Methode, gekurbelt, gewippt, gepleult – bald kam die Stadt in Sicht, der Park, das Tor, rechts an der Kirche vorbei, die Hafengasse hinunter, scharfe Kurve links, hinter den letzten Häusern angehalten. Weideland, Koppelpfähle, ein gewaltiger Hügel linker Hand, da ein wuchtiges Kreuz auf plattem Berg. Das Ganze umgeben von Schlehen, Holunder, Dornen, Dickicht.

„Oooh!" rief Eckart ganz erstaunt aus. „So groß und wuchtig!"

„Zu Ehren Ottos von Bamberg, der hier missioniert hat vor vielen Jahrhunderten." Katharina hatte das gelernt.

„Aha. Und – wie kommt man da rauf?"

„Da hinten ist eine Treppe, aber . . ."

Sie tippte sich gegen die Stirn, übersprang eine Absperrung und kletterte einen Trampelpfad hinauf. Eckart ihr nach. Sie hielten sich an Zweigen und Wurzeln fest, rutschten zurück, faßten nach und bezwangen mit Ächzen und Schnaufen den verbotenen Weg wie alle, die die Bequemlichkeit und Sicherheit mißachteten.

So gelangten sie auf eine Anhöhe, in deren Mitte man ein um einige Stufen erhöhtes Quadrat gemauert hatte. Auf diesem Quadrat stand ein dickstämmiges Kreuz, wuchtig, sturmfest und alles überragend, wie nur ein ewiges Wahrzeichen wuchtig und überdauernd sein kann – ein Denkmal, das von alter, sehr alter Geschichte erzählen will.

Eckart war von diesem Bild so beeindruckt, daß er es erst lange Zeit auf sich einwirken lassen mußte. Donnerwetter, dachte er, so ein großes Ding! Lange hätte er so gestanden, wäre da nicht eine Gruppe schwatzender Leute gewesen, Leute, die sich träge um das Kreuz herumschoben.

„Die sind die Treppe raufgekommen", erklärte Katharina. „Das ist eine Führung. Führungen kommen oft hierher und lassen sich alles erzählen, von Otto und so."

„Welchem Otto?"

„Ich sagte doch, Otto von Bamberg. Der ist nämlich ganz schön bedeutend für unsere Gegend. Aber“, jetzt tat sie sehr abfällig, „wenn man das zwei-, dreimal gehört hat, was die da immer erzählen, kann man die Geschichte bald auswendig. Das ist nämlich elfhundertachtund . . .“ Sie unterbrach sich: „Au weia, unser Pastor Tietze! Mannomann!“ Sie hielt die Hand vor den Mund, aber nur im Augenblick erster Verlegenheit. „Nein“, rief sie hastig, „nicht Mannomann! Das ist prima, Ecki, das ist unser Alibumsdabumsda.“

Eckart begriff nicht.

Husch, war sie bereits wie eine Mausekatze hinter dem Kreuz verschwunden und tauchte in der Gruppe unter. Vor dem Pastor, der mit lautstarker Rede und bedeutsamen Bewegungen kirchengeschichtliche Weisheiten von sich gab und mühsam die Menge zu interessieren versuchte, wollte sie ganz plötzlich erscheinen. Jetzt drängte sie sich bis in die vordere Reihe durch und baute sich wie selbstverständlich vor allen auf, vor die Männer, vor die Frauen, damit der Pastor sie sähe.

Eckart fragte sich, was dieser Unfug wohl sollte, und zeigte ihr einen Vogel. Als aber der Pastor das Mädchen so unvermutet unter den Fremden erblickte, unterbrach er seine Erklärungen. Denn er mußte sich erst davon überzeugen, ob er auch richtig sah.

„Ei, ei“, sagte er schließlich. „Wen haben wir denn da in unserer Gruppe? Die kleine Kathi aus Karnin. Wie bist du denn hierhergekommen?“

„Von da“, rief Katharina mit ihrer hellen Stimme, zeigte durch die Bäuche der Leute hindurch in die Gegend der Treppe und machte die Anwesenden unbefangen auf sich aufmerksam.

Der Pastor meinte etwas erklären zu müssen: „Meine Kinder sind durch die Christenlehre so fasziniert von der Heimatgeschichte unserer Kirche, daß sie schon freiwillig hierher-

kommen“, sagte er, kniff aber ein Auge zu und gab Katharina damit ein Zeichen: Stör mich nicht, sonst frag ich dich was, du Schlingel!
Katharina zog die Schultern, drehte sich hin und her und ließ den Pastor wissen, daß sie wirklich und gegenständlich hier sei. Denn das mußte sein, das war ihr Plan.
Gerade wollte sie ihm zuwinken und sich dann wieder verdrücken, als er sie tatsächlich mit einer Frage festnagelte:
„Sag mir, Kathi, auch wenn du Ferien hast – was weißt du von Otto von Bamberg?“
Katharina mußte erst kräftig Luft holen, dann aber richtete sie sich auf, kniff die Pobacken zusammen und trompetete laut in die Gegend:
„Otto von Bamberg war ein katholischer Bischof. Er kam elfhundertvierundzwanzig in unser Land. Vier Jahre später kam er noch mal an mit großem Gefolge und Pferden und machte in Usedom die ersten Taufen. Zwei Stück. An dieser Stelle nahmen zu Pfingsten elfhundertachtundzwanzig die Führer der Wenden das Christentum an. Gott will nicht erzwungenen, sondern freiwilligen Dienst. Otto von Bamberg.“
„Bravo!“ tönte es aus den Reihen. Vorne aber tuschelte jemand: „Das letzte steht doch auf dem Schild. Ablesen kann ich auch.“
„Das war eine gute Antwort auf meine Frage, Kathi“, sagte der Pastor und schmunzelte. Doch ehe er weiterfragen konnte, rief sie und schlenkerte mit ihren Armen: „Kann ich gehn? Ich habe Ferien. Tschü-hüs, Herr Tietze.“
Der Pastor lachte laut, und alle lachten mit. „Ach du“, sagte er und machte eine verabschiedende Bewegung. „Geh bloß los!“
Wie sie gekommen, so tauchte sie wieder unter, schlug den Bogen hinter dem Rücken der Leute, die sich nach ihr umdrehten, und verschwand mit Eckart im Gestrüpp. Die Treppe nahmen sie natürlich nicht.

„Jetzt nach Hause und nicht zu spät gekommen! Muttchen wird sonst grantig."
„Hast du prima gemacht, Fratz!"
„Jetzt haben wir viel geschafft. Wir sind nach vorn und hinten abgesichert, und unter meinem Hemd knistert das Protokoll. Hörst du?"
Die Kette knirschte, die Reifen bollerten über das Pflaster, und die Mäuler pusteten Atem. Eckart hörte es nicht. Er sang indessen ein Lied, und seine Stimme überschlug sich:

Vergißmeinnicht mit Stulpen,
Fratzikatzimausischwanz,
Stiefel ohne Tulpen,
Eierkuchenpfeffertanz,
Metterschienenlingsgedropse,
Rathakina, die frißt Mopse.

Noch vor der gesetzten Zeit kurvten sie auf den Hof. Niemand achtete auf sie. Alles war gut abgelaufen. Katharina verzog sich in den Kälberstall, Eckart ging auf sein Zimmer.
Daß sich über sie während des Essens aber ein Gewitter besonderer Art entladen würde, dessen Ende weder Himmel noch Hölle kannten, ahnten die beiden nicht – nicht Eckart, nicht Katharina. Es stand doch alles so wunderbar . . .

Schon zu Beginn des Mahles strahlte Frau Ohm eine Spannung aus, wie man sie selten bei ihr erlebt hatte – eine Spannung, die sich keiner erklären konnte. Vater Ohm nicht und Onkel Willi nicht, und Erika sicher auch nicht. Die Kinder, die ihre Gastgeberin heimlich beobachteten, kriegten aber das Grinsen bis über beide Ohren. Sie waren augenscheinlich Herr ihrer Gefühle.
Mißtrauen stand im Raum. Die Erfahrung, daß sich in letzter Zeit hinter den Erzählungen der Kinder immer etwas Ge-

heimnisvolles, Halbwahres, Undurchsichtiges zu verbergen schien, hatte die Erwachsenen, ihnen voran die Wirtin, kribbelig gemacht – um so mehr, als Frau Ohm sich um den Sinn der mysteriösen Papiere erfolglos bemüht hatte.

Sie eröffnete das Gespräch mit dem Satz: „Erika, seitdem deine Tochter mit dem Jungen zusammen ist, ist was im Busch. Frag sie, was sie heute getrieben hat."

Die Art, in der sie das sagte, in der sie den Löffel führte, verriet ihre Erregung.

Also forderte die Mutter einen zusammenhängenden Bericht, sozusagen einen lückenlosen Ablauf von Katharinas Vormittag. Sie forderte das von ihrer Tochter, wie gute Mütter, die es mit der Erziehung ernst meinen, es immer tun sollten, wenn sie am Leben und Trachten ihrer Kinder teilzunehmen wünschen.

Katharina erzählte. Sie verfing sich heute in keiner Weise im Netz fadenscheiniger Ausflüchte. Im Gegenteil. Ein fließender Bericht über die Besichtigung des Ottokreuzes wurde Gegenstand ihrer weit über das gewöhnliche Maß hinausschießenden Erzählung. Selbst Eckart bekam das helle Staunen beim Anhören ihrer Phantastereien. Und die anderen kauten mit offenem Munde – was sich nicht schön anhörte.

Diese dreiste Sicherheit aber erschien Frau Ohms gereizten Ohren ein Alarmsignal zu sein. Plötzlich fuhr sie dazwischen, sie, die sich so gut wie nie am Mittagstisch äußerte:

„Brabbel nicht so viel, sabbel nicht so viel. Was du da erzählst, ist reiner Quatsch. Du warst ja gar nicht da."

Die Männer blickten auf, Erika rief: „Ohmsche!"

„Sie lügt. Sie hat gelogen. Alles Quatsch. Heute früh hat sie sich das Fahrrad von mir gepumpt. Wenn sie wirklich in der Stadt gewesen sein will, kann sie nicht jetzt schon zurück sein. Nicht in der kurzen Zeit. Und dann noch Vorträge halten!"

„Oho!" sagte Katharina und tat sehr wichtig. „Zweimal sogar kann man das. Hin und her und hin und her. Das schafft man, Frau Ohm."

„Quackel nicht, Quade! Man schafft das nicht. Ich brauche zu einer Fahrt mindestens eine Stunde. Und dann noch Vorträge halten!“
„Schafft man doch!“
„Und wo hat der Junge das Fahrrad her? Seit ihr etwa zu zweit...?“
Eckart verkroch sich in seiner Suppe. Die Männer legten die Löffel beiseite und zeigten ihr Erstaunen über die aufgebrachte Hausfrau. Erika begann mit den Zähnen zu malmen. Den Blick gesenkt, quetschte sie zwischen fast geschlossenen Lippen hervor:
„Du meinst doch nicht, daß meine Katharina lügt? Meinst du das oder meinst du das nicht, Ohmsche?“
„Sie lügt. Ich weiß das. Ich weiß überhaupt noch mehr.“
„Was weißt du mehr?“ fragte Erika und blickte zwischen ihr und ihrer Tochter fragend hin und her. Jetzt wäre Katharina am liebsten unter den Tisch getaucht.
„Ich weiß, daß sie lügt. Und der da auch!“ Und zeigte auf Eckart. Der war sich seiner gar nicht sicher. Er fühlte die Blicke aller auf sich gezogen und mußte husten.
Erika trommelte ihr Tirrimtimtim auf den Tisch. „Drück dich gefälligst deutlicher aus, Ohmsche. Es geht ja schließlich mich an. Meine Tochter lügt also!“
„Uns allen flaust sie die Hucke voll. Ich fühle das, weil ich's weiß.“
„Quatsch! Was man fühlt, fühlt man bloß, man weiß es nicht.“
Sie sah ihre Tochter an. Die aber legte den Kopf auf die Seite und schaute ihr Muttchen engelreiner an als das treuherzigste Unschuldslamm, so daß die Mutter ihr mit liebevoller Hand übers Haar strich und sagte: „Armer Fratz, was machen sie mit dir!“
Frau Ohm aber blieb stahlhart bei ihrer Behauptung und schnarrte: „Deine Tochter lügt.“

„Postdausendnichnochmal!“ Erika knallte ihre fleischige Hand flach auf den Tisch. Vater Ohm zuckte zusammen, und Onkel Willi sah sie strafend an. „Jetzt geht's um Beweise. Sieh mich an, Kattarinna! Sieh mich an, Junge! Antwortet ohne Wenns und Abers. Wart ihr beide heute vormittag zusammen?“

Eckart suchte Antwort bei Katharina. Die nickte nicht, die verneinte nicht, die hatte den Kopf auf die Schultern gelegt, zeigte ein glänzend rundes Kinn und lächelte wie ein junges Entlein.

„Ja“, sagte Eckart, „wir waren zusammen heute vormittag.“

„Wart ihr am Ottokreuz?“

„Ja, wir waren am Ottokreuz.“

„Hat Katharina bei der Fremdenführung was gesagt?“

„Ja, sie hat was gesagt.“

„Was hat sie gesagt.“

„Sie hat einen Vortrag gehalten, auswendig.“ Damit übertrieb er zwar, aber unwahr war es doch nicht.

„Und – der Pastor war dabei oder nicht?“

„Doch, der Pastor war dabei. Sie können ihn fragen.“

„Ich werde ihn fragen. Stantepede. Ohmsche, ich telefoniere. Es geht um die Wahrheit.“

„Bitte sehr, bitte sehr. Steht auf dem Schrank.“ Soll sie nur telefonieren! Sie wird die Wahrheit erfahren!

Erika hatte rote Flecken im Gesicht. Frau Ohm strich sich über den Rock, den Kindern zitterten leise die Herzen, und die Männer sahen sich um. Alle wurden Zeuge des Gesprächs.

Erika stellte die entscheidende Frage ohne Umschweife. Die Antwort gab sie geschickt in einer Wiederholung an die anderen weiter . . .

„Sie war also wirklich da, Herr Tietze, sieh an . . . am Kreuz, ja . . . ihre helle Stimme hat die Leute erfreut, sieh an . . . auswendig, sieh an . . . alles auswendig . . . kirchengeschichtlich

interessiert, sieh an . . . eine liebe Kleine, danke . . . war nur eine mütterliche Frage, Herr Tietze."
Klick. Ende.
Wie ein Richter das Urteil verkündet, stand Erika vor Frau Ohm. „Sie hat gelogen? Du hast gelogen." Setzte sich nieder und aß ihre Suppe.
Die Angeklagte wollte nichts mehr glauben. „Abgekartete Sache. Ich hab's doch schwarz auf weiß!" Sie fuhr sich mit dem Arm über die Stirn, stieß den Stuhl zurück und tobte hinaus.
Die beiden Männer zogen Gesichter. Totenstille im Raum. Von Erikas Löffel kleckerte die Suppe, von draußen tickte die Uhr herein, den Kindern schlugen die Herzen. Da begann in der Küche ein Tumult wie nie zuvor. Teller klapperten, Bestecks klirrten, Türen schlugen, Stühle schurrten über den Fußboden, es knallte hier, es klatschte da. Auf einmal kam Frau Ohm hereingefegt, in der Hand den stinkenden Abfalleimer.
„Hierdrin hat's gelegen! Sieh rein, Erika, was siehst du?"
„Bähkse, den Matschdreck!"
„Und das bei Tisch!" tobte Vater Ohm los. „Raus damit!"
Sie aber, kochend vor Zorn, schwenkte am quietschenden Henkel den Mülleimer vor sich her und zeigte immer wieder hinein: „Hierdrin hat's gelegen, schwarz auf weiß!" Wischte sich die Stirn, sammelte sich und wurde still.
Erika konnte nicht an sich halten. „Erst war's da, dann war's weg. Schade, Was war's denn wirklich?"
„Haaach!" machte Frau Ohm, und es klang, als griffe ein fuchtiger Schwan seine Feinde an. Damit drehte sie sich um und schob eimerschwenkend hinaus. So hatte sie noch niemand gesehen. Der Rätselei war kein Ende.
Eckart trat Katharina auf die Füße. Sie funkte ein Zeichen zurück. Beide waren sich einig: Das haben wir prima hingekriegt. Vater Ohm dagegen widmete sich wieder seiner Suppe. „Die sind ja alle verrückt", murmelte er.

Nach dem Essen setzte sich Erika entgegen ihrer sonstigen Gewohnheit auf die Bank vor der Haustür, um mit ihrer Tochter ein Wörtchen allein zu reden, denn sie war der Meinung, das wäre nun dringend geraten.

Schon kam das Mädchen herausgesprungen. Daß Muttchen gerade jetzt auf sie wartete, war ihr ja nun gar nicht recht. Die Mutter aber hielt sie am Arm fest, so daß sie sich ihr nicht entwinden konnte.

„Und nun, Kleine, setz dich!“

„Was ist, Muttchen?“ Katharina setzte sich nur mit halber Pobacke auf die Bank. Sie hatte doch sooo viel vor . . .

„Ich weiß, mein Kind, du bist ein braves Kind, und du sprichst ja auch nur die Wahrheit zu deiner Mutter.“ Ihre Stimme hatte den Ton gespielter Überzeugung, wie es das Töchterlein sehr wohl heraushörte.

Katharina wippte mit den Füßen und jagte einer Fliege nach.

„Morgen hilfst du mir beim Johannisbeerpflücken, nicht wahr? Ich will einwecken.“

„Ja, Muttchen, aber . . .“

Die Mutter sah sie an. Da war also doch etwas Verstecktes.

„Morgen vormittag, nicht wahr? Ich will dich mal ein bißchen bei mir haben.“

Das Mädchen streckte wie ihre Mutter die Beine weit von sich, legte die Hände zwischen die Schenkel und ließ den Kopf sinken. Sie bot das Jammerbild eines plötzlich verdorrten Blümchens. Ihre Brille tanzte unmerklich, das Kinn ging auf und nieder, und hinter ihrer Stirn arbeitete es fieberhaft.

Eckart trat aus dem Haus, hinter ihm Vater Ohm. Der wollte dem Jungen einen Farbrest für die Jolle geben. Der Mann war froh, daß das Boot so schnell repariert werden konnte, denn damit würde ja der Spuk in seinem Haus zu Ende gehen. In der Kammer aber, in der er Teer, Farben, Treibstoff und andere Pötte aufzuheben pflegte, forderte er den Bengel noch einmal für sich zur Rede:

„Sag eins", fragte er, „war das so mit dem Mädchen, wie die das gesagt hat, oder war das nicht so? Ehrlich."
„Das war so", beteuerte Eckart, „ich saufe den Farbtopp aus, wenn das nicht so war."
Vater Ohm zeigte sich beruhigt. „Die sind ja alle verrückt", wiederholte er seine Behauptung und schlug dem Jungen wohlwollend auf die Schulter.
Eckart sagte erleichtert danke für die Farbe und lief zum Boot. Dort fiel ihm ein, nicht auch um einen Pinsel gebeten zu haben. Rasch rupfte er Grasbüschel aus, drehte sie zu einem brauchbaren Pummel zusammen und bestrich damit so lange das Holz, bis die Farbe in dicken fetten Lecknasen zu Boden tropfte. Was über die Finger lief, wischte er ins Gras.
Dann tat er einen heiligen Schwur: Nun soll uns nichts mehr halten. Morgen abend, morgen abend, morgen abend! Und diese beiden Worte schlang er wie eine Kette um die noch verbleibende Zeit.
Onkel Willi hatte sich zu Erika und Katharina auf die Bank gesetzt. Jetzt ließ die Mutter ihn, wie sie es gern tat – sonderlich in Sachen der Kindserziehung –, an ihren Problemen teilhaben.
„Warum soll mir das Kind nicht pflücken helfen?" fragte sie. „Sie hat doch Zeit."
Katharina zog mit den Füßen Kreise im Kies. „Hab ich nicht."
„Tjä, Erika", sagte Onkel Willi. „Du willst sie vormittags zum Pflücken haben, ich will sie nachmittags zum Schleudern haben. Da ist solch Sonntag wirklich ausgefüllt. Da hat sie keine Zeit."
Katharina zuckte zusammen. Nachmittags auch noch angebunden? Lieber Gott, das darfst du nicht zulassen! In ihrem Hirn mahlten Mühlsteine. Alle Pläne wurden, in Tagen aufgebaut, in Sekunden zerrieben. Wir brauchen doch den Sonntag unbedingt!

Und wenn sie sich nicht so fest in der Hand gehabt hätte, wären ihr die Tränen gekommen. Nun war alles festgelegt. Was tun?
Eckart bekam den anderen Tiefschlag. Von der Farbkleckserei zurückgekehrt, fand er auf seinem Zimmer einen Brief aus Wolgast. Den Brief hatte Fidi geschrieben.

„Lieber Ecki. Mir geht es gut, dasselbe hoffe ich von dir auch. Ich muß immer Karnickel füttern. Das macht garkeinen Spaß. Geht ihr immer noch nachts spatzieren? Heute hat Vati geschrieben. Er kommt sonntag. Montag kommen wir dich abhohlen. Wie geht es der Alraune. Hat sie noch Bauchschmertzen. Ich glaube Papa haut uns die Jacke voll. Grüße alle Flöhe. Es grüßt dich lieb mit einem Piep Fidi."

Eckart bekam vor Wut fast die Trommelsucht. Wie ein Irrer beballerte er den Tisch mit seinen Fäusten. Montag! Montag! Dann sind wir doch nicht da! Wir können doch die Kerls nicht einfach laufen lassen. Ausgerechnet am Montag! Was sollen wir nur machen. Mist!
Er beschloß, sofort Katharina aufzusuchen und ihr von dem Brief zu sagen. Er traf sie auf dem Weg, sie wischte sich die Augen und blickte drein, als hätte sie Schlafmittel genommen.
„Fratz, hier lies!" sagte er bloß.
„Nee, mag nicht", lehnte sie ab.
„Papa kommt am Montag. Am Montag aber sind wir weg."
„Sind wir nicht. Alles ist aus."
Jetzt begann sie wirklich zu heulen. Sie klagte sich aus. Ihrem Muttchen soll sie helfen und Onkel Willi auch! Alle wollen was von ihr. Alle haben's auf sie abgesehen. Was soll nur aus ihrem Plan werden!
Eckart konnte ihr Heulen nicht ertragen. In ihm regte sich Trotz.

„Fratz", sagte er, „nicht so, bitte! Du weißt doch: tu bie orr nott tu bie. Daran müssen wir uns halten, im Leben und im Sterben."
„Ja, ich weiß", sagte sie leise und biß sich auf die Zunge.
„Das eine tun, das andere nicht lassen."
„Wir schaffen das nie, nie, nie." Sie war ganz verzweifelt.
„Wir müssen noch eine Nacht drangeben, wenn's sein muß. Paß auf, wir kriegen das hin. Ich glaub's selber kaum, aber ich glaub's. Das Schicksal fordert es einfach von uns."
Das eben war ein gutes Wort. Sie schämte sich ihrer Entmutigung.
„Gut", sagte sie. Eine letzte Träne rann über die Wange, und ihre Stimme gewann an Zuversicht. „Ich bin zu allem bereit. Jetzt sollen sie Fratz kennenlernen. Wir setzen uns durch. Wir tun alles. Wir tun, was sie wollen, wir tun auch, was wir wollen."
Zum erstenmal gaben sie sich die Hand. Das war mehr als irgendein Händedruck. Das war auch mehr als ein Versprechen. Das war ein Eid, wie er ernster nicht hätte sein können.
Katharina begann den im Protokoll erwähnten „Prowijant" zusammenzukratzen und durchstöberte heimlich Muttchens Speisevorräte. Was sie für brauchbar erklärte, schaffte sie mit einem Beutel in ihr Versteck: unter die Turmtreppe.
Eckart rief größere Jungen aus dem Dorf zusammen und schob für eine Tüte Bonbons mit ihnen seine Jolle ins tiefe Wasser, von wo aus er die ALRAUNE in den Hafen ruderte und neben Onkel Willis Ruderboot vertäute.
Stück um Stück arbeiteten sie ihren Plan ab und sahen immer zuversichtlicher seiner Erfüllung entgegen.

An jenem Sonnabend ging es in OHMS GASTHAUS lustig her. Bis spät in die Nacht hinein wurde getanzt. Die bekannten Brüder Heinz und Werner Krach spielten auf, ein Schlagzeuger, ein Harmonikaspieler. Da kamen die Fischer, da kamen die Bauern, da kamen die von Mönchow, Wilhelmshof und Zecherin, da machte der Polizeileutnant Walter seine Stippvisite, da stampfte die Jugend sich in hopsenden Verrenkungen gegenseitig um, da versackten die Alten hinter ihren Gläsern in sinnlosem Gerede, da suchten Pärchen draußen ein mückenfreies Alleinsein, da hatten Ohms alle Hände voll zu tun, da hielt Erika die brutzelnde Pfanne und bereitete die Bratwürste nach Bestellung und sagte zu ihrer Freundin: „Laß sein, Ohmsche, kassier du man ab, ich mach das fertig . . .“

Bei solchem Lärm konnte noch nicht einmal Eckart schlafen. Das Trampsen der Tanzbeine, das Rumsen der Paukwerkzeuge, der schneidende Ton der Harmonika, das auf und ab schwellende Geraune, alles drang durch die Dielen, durch die Wände, ja, es brachte zeitweise sogar das Bett zum Erzittern.

Der Abendschein war längst verblichen, die Fledermäuse taumelten, der Mond begann im Osten seine Bahn, da kratzte es am Fenster. Katharina kam herein und flüsterte:

„Die Gelegenheit ist günstig, sie sind alle beschäftigt. Muttchen hilft unten und kommt vor Mitternacht nicht zurück.“

Eckart sprang in seine Sachen und folgte ihr übers Dach. Oben auf dem Turm konnten sie sich alles sagen, oben fand sie niemand, oben sah sie niemand, oben hätten sie verhungern können, die Welt hätte es nicht bemerkt.

Gewittrige Schwüle lastete über den Wiesen, warmer Hauch nach Verbranntem vom Anklamer Müllplatz würzte die Welt. Die Kinder standen stumm, atmeten aus, schauten, kamen zur Ruhe und schöpften neue Kraft.

„Du?“ sagte Eckart irgendwann. „Ich denke gerade dran. Morgen um diese Zeit könnten wir schon unterwegs sein. Wir stehn doch für eine gute Sache ein?“

„Für eine echt gute. Kirchendiebe fangen ist immer gut.“

„Versprichst du mir, daß nichts schiefgeht. Fratz?" beschwor Eckart seine Freundin.
„Ich verspreche es dir."
Sie bedachten noch ihre Kleidung. „Ja nichts Helles anziehen, damit es uns nicht verrät."
Und sie betrachteten ihre Vorbereitungen als vollkommen und abgeschlossen.
„Kapito!" sagte Katharina, und das klang so wie ein Amen. Von nun an hatte es zu laufen, wie es laufen sollte, allen Widerständen zum Trotz.
Sinnend blickte sie in die warme Sommernacht hinaus. Es wird mit Ecki das letztemal sein hier oben, dachte Katharina, und ihr Herz wurde traurig. Wenn sie erst im Gefängnis sitzen, darf er sie nicht besuchen. Da gibt es ja nur getrennte Zellen ...
Es wird das letztemal sein mit Fratz, hier oben, dachte Eckart. Sie werden mich mit dem Auto abholen, werden die Schulden bezahlen, und die Ferien kann ich mir aus den Backen pusten.
Darüber und über anderes sannen sie nach.
Der letzte im Nordwesten vergessene Tagesschein war nun endgültig versunken. Goldsilbern blitzte das Haff. Es war, als spielte das Wasser mit den verschwenderisch ausgestreuten Strahlen des Mondes. Die Welt war zauberhaft schön.
„Bist du oft hier oben bei Nacht, Fratz?" fragte Eckart leise.
„Oft nicht, aber öfter", erwiderte sie.
„Ja, so."
„Immer wenn mir's unten zu stickig wird, zu eng."
„Wieso stickig?" Eckart verstand nicht.
„Wenn Muttchen das Heulen kriegt. Dann hau ich ab."
Eckart fragte nicht weiter. Das ging ihn nichts an.
In der Ferne rief ein Kuckuck. Ein anderer antwortete. Kurz darauf flatterte es über sie hinweg. Aus dem Schilf von weit unten kam das Kräkäkä-morksmorks eines liebedurstigen Fröschleins, gespenstisch zickzickten flitterflatternde Fleder-

mäuse, zum Fangen dicht. Abgerissen drang Musik vom Gasthaus nach oben.

„Willst du mein Gedicht mal hören, Ecki? Ich hab's mit."

„Hm", sagte Eckart. Gedichte, dachte er, passen in diese Stunde.

Er sah ihr zu, wie sie aus ihrer engen Gesäßtasche ein Blatt zupfte, auffaltete und schräg gegen das Mondlicht hielt.

„Es ist aber romantisch und ist kein Quatschgedicht. Du darfst nicht lachen, kapito?"

„Hm", machte Eckart. „Lies doch vor."

Katharina räusperte sich ihre Beklemmung von der Stimme und begann:

Im Wald, da ist ein großer Ball.
Die Gäste machen viel Krawall.
Es singen auch die Tierlein all
dazu ein' richtigen Chorall.

Der Sprosser singt die Melodei,
die Nachtigall ist mit dabei.
Die Drossel zwitschert Stimme zwei.
Das gibt ein schönes Dudeldei.

Im Nachbarwald, da wird's gehört.
Die Tiere dort fühln sich gestört.
Schnell kommen sie herbeimarschört
und machen mit, wie sich's gehört.

Für ein paar Augenblicke hielt sie das Blatt still und sah hinein. Sie wartete auf eine Zensur. Weil Eckart aber nichts sagte, stopfte sie es mit aufgeregten Fingern zurück und war traurig. Sie fand ihr Gedicht gut.

Nach geraumer Zeit flüsterte er: „Fratz, kann ich's haben? Als Andenken oder so? Ich kann mir nämlich richtig vorstellen, die Vögel, wie sie singen, die Tiere, das mit dem Chorall. Das gefällt mir. Und das Heranmarschört finde ich ulkig. Es ist aber kein Quatschgedicht."

Da reichte sie es ihm und flüsterte: „Behalt's! Es ist mein bestes."

Dann standen sie wieder lange still nebeneinander.

„Fratz", fragte Eckart nach einer Weile.

„Hm?"

„Ist dein Vater eigentlich tot?"

Katharina zögerte mit der Antwort. „Ich habe keinen Vater."

„Aber – jeder Mensch hat doch einen Vater. Biologisch meine ich."

„Ja, schon. Einen biologischen Vater hab ich. Aber ich habe eben keinen."

Er sah, wie sie an den Nägeln spielte.

„Ich habe", sagte sie nach einer Weile leise und betont, „eine ganz, ganz liebe Mutter."

Eckart überlegte sich seine Worte gut. „Ich finde, manchmal ist sie aber ganz schön gnatzig. Finde ich."

„Manchmal hat sie wohl ihren Grund. Aber – Muttchen ist lieb, ganz lieb."

„Wenn du das sagst, glaub ich das."

Pause.

„Du hast richtige Eltern, was?"

„Ja. Die sind auch lieb, muß ich zugeben."

„Manchmal – sag's aber nicht weiter, Ecki, manchmal hab ich richtige Sehnsucht nach einem Vater. Und dann bete ich, weil ich einen haben möchte. Immer, wenn Muttchen heult. Ich glaube, das hängt zusammen."

„Ist deine Mutter denn geschieden?"

„Nein. Aber sag's keinem, ja?"

„Scheiden ist immer beschissen."

„Ich weiß, wo mein Vater ist. Ich hab's rausgekriegt. Aber ich mag ihn nicht." Sie zwickte knick-knick an den Nägeln herum.

„Ja so“, sagte Eckart. Er war bemüht, sich in ihr Leben hineinzudenken.

„Manchmal“, sagte sie, „manchmal bin ich richtig krank. Dann denke ich, ich hab einen Vater. Ich male mir dann einfach einen aus. Der tobt mir mir rum, macht meine Puppe heil, zeigt mir, wie ich ein Fahrrad repariere, trägt mich auf den Schultern und so. Manchmal, du darfst jetzt nicht lachen, Ecki, gehe ich mit ihm auch schwimmen. Ich lege mich dann auf seinen Bauch und halte mich ganz fest. Und das finde ich schön. Aber – bestimmt, das sage ich nur dir, weil du mein Freund bist. Das ist mein innerstes Geheimnis.“

Eckart konnte nichts sagen. Er fühlte, er darf hier nichts sagen. Keine Frage mehr, keine Erklärung, keine Meinung.

Und weil er nichts sagte, konnte sie noch einen Satz dranhängen: „In der Bibel steht – das weiß ich von Pastor Tietze –, du sollst nicht ehegebrechen und nicht seinen Gemahl abdringen, abspannen oder abspenstig machen und so. Und das stimmt.“

„Ja, das stimmt“, flüsterte Eckart.

„Ich weiß, wie Muttchen leidet. Er hätte ja nicht abzuhauen brauchen. Aber ihm war eine andere lieber als ich und Muttchen.“

Jetzt brach in Eckart eine kleine Gefühlswelt auf:

„Ach, Fratz, das geht ganz schön in mir durch.“

„Du sagst keinem was, nicht?“

„Keinem. Bestimmt.“ Und um sie darin zu versichern, legte er seine Hand auf ihre. Und sie hielt still.

Bis ein kühler Windhauch kam und sie durchschüttelte.

„Komm runter, mir wird kalt. Wir müssen schnarchen gehn.“

Nachdem Eckart ins Bett gestiegen und die Decke gegen den Lärm der Kapelle Krach vergeblich über die Ohren gezogen hatte, tanzte alles hinter seinen Lidern nach, die Bilder von

eben, die Spannung von morgen – und das Herz wollte keine Ruhe geben.
Dem Mädchen aber zogen Träume durch den Sinn. Und daß sie ihre Hände unter der Bettdecke faltete, wußte ab heute nur einer. Und der, der wird sie nicht auslachen.

11

Sonntagmorgen.
Die Lerche stieg mit unnachahmlichem Tirili in die Lüfte, verweilte hoch oben und fiel herab, um mit immer neuem Fleiß den steilen Aufstieg zu beginnen. Ein lustiges Spiel. Tirili. Bienen summten um die Linden und ihre leuchtenden Sommerkronen, still stand mit weißem Haupt das Korn und wartete auf den Mäher, ein Schleppzug stampfte durch die Brückenenge, und das Tucken seiner Maschine mischte sich in den Wohlklang all der Laute, die der Morgen in sich barg, in das Fiepen der Feldmäuse, in das Mahlen der Rindermäuler, in das Klirren schleppender Kuhketten, die gegen die Melkeimer schabten, in das rhythmische Ticken der Relais am Elektrozaun ... Und im Hafenwasser kringelten die Fische.
Sonntagmorgen.
In der Küche von OHMS GASTHAUS hob ein müdes Tellerklappern an, der Abwasch der durchfeierten Nacht. Der Kehrbesen stieß gegen Tischbeine, gackelnde Hühner wagten sich auf den Korridor, die Uhr über ihnen gongte den Stundenschlag.
Sonntagmorgen.
Ein erschöpfter Schläfer warf sich im knackenden Bettgestell auf die andere Seite, kämpfte mit einer aufdringlichen Fliege, kam ans Licht mit wirrem Bewußtsein, schaffte Ordnung im Denken und setzte sich kerzengerade auf. Heute ist Sonntag,

der letzte Tag hier. Der Tag der Entscheidung. Der Tag des großen Geheimnisses. Der Tag, der eine kleine Unwahrhaftigkeit rechtfertigen wird vor der Weltöffentlichkeit. Eckart erkannte, daß es gut sei, trotz aller Müdigkeit aufzustehen. Müßiggang durfte es heute nicht geben. Die ALRAUNE mußte für die Reise bereit sein, für die Verfolgungsjagd. Proviant, Decken und dazu all das, was er in seinem Zimmer liegen hatte für wer weiß wieviel Tage, mußte verstaut werden. Das hatte er übernommen, weil Katharina durch die Aufträge ihrer Mutter kaltgestellt worden war. Die ALRAUNE mußte überdies so hergerichtet werden, daß sie sich in Sekundenschnelle vom Pfahl lösen ließ und segelklar war. Und das alles hatte heimlich zu geschehen . . .

Sonntagmorgen.

Ja, ein Sonntagmorgen wie die einundfünfzig anderen des Jahres. Da wurde keine Post ausgefahren, da unterblieb das frühe Hantieren bei Frau Erika, da wurde längst fällige Hausarbeit in Angriff genommen, da wurde auch mal die Kirche aufgesucht, nur heute nicht. Die Johannisbeeren waren reif und mußten geerntet werden, bevor die Amseln in die Gärten drangen und sich mit den Staren um die roten Früchte stritten. Doch weil der Festabend in OHMS GASTHAUS auch dieser Frau einige Stunden Nachtschlaf geraubt hatte, lief der Tag tranig und müde an.

Schlimm für Katharina. Denn was jetzt verdöst wurde, mußte nachgeholt werden. Die Sträucher mußten abgeerntet werden. Das stand fest. Aber auch ihr Körper verlangte noch immer nach Ruhe, nach lässigem Ausstrecken, nach Nochmal-Umdrehen, auch wenn die Klingeluhr in der Küche schon hurtig neunmal ping gerufen hatte.

Plötzlich aber schlug sie die Decke ab, stiepte Muttchen aus den Federn und erinnerte an die Pflichten. Und bald, nach abgebrochenem Frühstück, in dem gegen alle Gewohnheit heute das Mädchen zur Eile antrieb, ging's hinaus in den Garten, unter die Büsche, einen Klapphocker zum Bequemmachen einen Napf zwischen die Beine geklemmt, und eifrig Beeren gemolken. Katharina sagte immer Beerenmelken, und daran tat sie recht, denn sie streifte die vollfruchtigen Traubenstiele einfach durch die Finger, daß oft der kostbare Saft die Hand herunter auf die Erde tropfte.

Es war kein angenehmes Geschäft, dieses Beerenmelken. Mücken sirrten wie verrückt, die Sträucher standen in praller Sonne, die heute besonders stechend war und Schweiß trieb. Und der Schweiß juckte und war lästig und zog die Fliegen an, und Katharina mußte nach ihnen schlagen mit ihren tropfnassen Händen, und das Schlagen hinderte sie in ihrer Arbeit und machte, daß sie mit Hocker und vollem Napf auf den Rücken fiel und die Beeren sich ins Gras ergossen, aus dem sie nun zum zweitenmal geerntet oder gezupft werden mußten – ach, war das Leben schwer!

Derweil hatte Erika in Haus und Küche herumgewirtschaftet, die Gläser gereinigt, die Ringe bereitgelegt und – zum Fenster hinaus – alle naselang nach dem Erfolg der Pflückarbeit gefragt.

Anfangs zeigte Katharina ja noch vollen Eifer. Als sie aber drei Büsche leergezupft hatte, verlor sich allmählich der Schwung. Langes Krummsitzen verlangte nach Aufrichten, das anstrengende Unter-die-Blätter-Gucken suchte sich Abwechslung in flüchtenden Gedanken, und beim vierten Busch ging alles nur noch halb so flink von der Hand. Dabei wies die Uhr schon auf Mittag.

Katharina war sich darüber klar: was sie jetzt nicht schaffte, mußte am Nachmittag gebracht werden. Dieser aber gehörte für eine Stunde dem Onkel Willi. Die andere Zeit ihrem Geheimvorhaben.

Und ihre Gedanken flogen aus: Heute ist der letzte Tag hier im Haus, bei Ohms, bei Onkel Willi und überhaupt. Es wird entschieden über Leben und Tod. Bilder schwammen vorbei,

Bilder von bösen Kämpfen mit Beil und Enterhaken, von Schlachten und Siegen, und nur, als Muttchen ihr zurief, sie sei eine Trantüte, kehrte sie in die Wirklichkeit zurück. Nur gut! Sie wäre fast zum zweitenmal hintenübergerollt, diesmal selig entschlummernd . . . Bei dieser Hitze! Wie sollte sie da keine Trantüte sein.

Ach, ist das Leben schwer!

Sonntagmorgen.

Eckart hatte sich aus seinen Sachen das rotweißkarierte Hemd gezogen. Neue Wäsche war geboten. Er hatte so das Gefühl: sonntags, und dann vor den Leuten . . . ist schon ein besonderer Tag . . . Auch war das Waschen heute gründlicher vorzunehmen. Darum schrubbte er sich von oben bis unten und fand sich hinterher sauber und erfrischt. Wer weiß, wann es wieder dazu kommen wird? Ganz bewußt wurde nun jeder Schritt vollzogen. Große Dinge erfordern große Konzentration, hatte er einmal gelesen. Und: Was du tust, das tue ganz.

Der Mittag kam.

Zum erstenmal saßen sie in Ohms Küche zu viert. Eckart bekam seinen Platz neben Onkel Willi, der frisch rasiert und mit offenem Hemd richtig schick aussah und viel jünger als sonst. Onkel Willi erzählte von dem Bienenschwarm an Eckarts Arm und wie heldenhaft er sich benommen hatte. Frau Ohm schien versöhnt zu sein. Sie schob ihm die Schüssel Pudding zu.

„Iß nicht so viel“, sagte Onkel Willi, „du darfst heute Honig naschen, ich will schleudern. Ihr sollt mir helfen.“

Der Mittag ging vorüber.

Katharina, die Beerenmelkerin, hatte ihre Aufgabe erfüllt und ihr Muttchen vollauf zufriedengestellt. Da Frau Erika nur das Einkochen vornahm und danach im Liegestuhl den schönen Herrgottstag genießen wollte, ließ sie das Mädchen ziehen. Mochte sie doch Reißaus nehmen, wohin sie wollte. Und wenn sie zum Bienenwilli ging, wäre ihr doppelt lieb. Es war ein guter Mann.

Als hätten sie Weisungen unsichtbarer Instrumente geleitet, traf Katharina auf den Schlag genau mit Eckart vor der Tür des alten Freundes zusammen. Eckarts Augen fanden die Stelle von neulich, wo sie beide gestanden hatten, als er fast zerstochen worden wäre.

„Da war das mit den Bienen, weißt du noch?" sagte er.

„Hör bloß auf!" erwiderte sie und wehrte mit beiden Händen ab. „Nicht noch mal so was."

Onkel Willi in seinem Häuschen hatte sich für die Kinder etwas ausgedacht. Er ahnte ja nichts von ihrem geheimen Programm, von ihrer Unruhe, von ihren Zeiteinteilungen. Er wollte sie erfreuen mit ganz andersartigem Spaß, wollte ihnen Kurzweil verschaffen mit ein paar Stunden sonntäglicher Geselligkeit. Honigschleudern war keine Arbeit. Honigschleudern war ein Vergnügen. Honignaschen war was für Kinder, und dazu schien ihm der Sonntag am besten geeignet zu sein.

Daß Eckart und Katharina ihrerseits vor Onkel Willi nicht undankbar und ungeduldig erscheinen und sich auf keinen Fall verraten durften, sondern unbedingt Ruhe bewahren mußten, war ihnen sehr wohl bewußt. Artig wie zwei Schulkinder einer taubenbraven Mädchenklasse traten sie in die lichtgedämpfte Kammer, ließen sich – bitte, danke – hin und her schieben, auf die Sitze befehlen und antworteten mit schüchternem Ja und Nein, wenn sie gefragt wurden. Sonst sagten sie nichts. Vielmehr schien es so: die Stunde der Einladung, das Hierverweilen, es wurde höflich ertragen wie eine gehorsam zu erfüllende Pflicht. Der Geist der Kinder aber verweilte bereits draußen, ihre Sinne wanderten schon durch den Abend, und ihre Herzen schlugen ganz woanders, außerhalb ihrer Körper.

Der kluge Onkel Willi hielt ihr auffälliges Verhalten für ein Zeichen der Übermüdung. Er wußte, daß der fehlende Schlaf durchwachter Nächte nicht in ein, zwei Tagen nachzuholen ist, zumal die drückende Sommerhitze das Wachsein nicht förderte. Zum andern wußte er auch: Kinder in Rabaukenklamotten sind Rabauken und gebärden sich so. Kinder aber im Sonntagsstaat wissen sich zu benehmen, wenigstens in der ersten halben Stunde. Eckart in seinem rotweißkarierten Hemd! Und Katharina erst! In halblangem Hüftrock und der sehr hübsch kleidenden Bluse, die bewies, daß sie bald eine kleine Dame sein wird.

Onkel Willi also fand seine Erklärungen.

„Setzt dies auf, bis über die Ohren!" Er gab jedem einen riesigen Schleier. „Heute wollen wir Honig schleudern, und ihr sollt zusehen, damit ihr lernt, den Honig zu schätzen, den ihr im Laden kauft."

Und was er nun vor ihren Augen trieb, beschrieb er wie ein guter Lehrmeister.

„Dieses hier ist die Schleuder." Damit stellte er eine metallene tonnenrunde Maschine auf den in der Mitte des Raumes gerückten Schemel. „Keine Wäscheschleuder, aber sie arbeitet genauso. Sie arbeitet mit Zentrifugalkraft. So wie Waschwasser durch schnelle Drehung aus der Wäsche geschleudert wird, so wird der Honig aus den Waben geschleudert. Versteht ihr?"

Die Kinder verstanden.

„Ich stecke mir jetzt eine Pfeife an. Das Geraspel darin ist kein Tabak, sondern morsches Weidenholz. Der herbsüße Duft narkotisiert die Bienen, und sie werden ruhig. Man darf aber nicht zuviel rauchen, sonst werden sie wild. Ihr seht, alles hat seine Geheimnisse."

Auch das verstanden die Kinder.

„Nun nehme ich aus den Beuten die vollen Waben heraus. Beuten, das sind die Stöcke, die eigentliche Wohnung der Bienen. Eine Wabe – wartet, ich will die Bienchen erst abfegen mit dieser Gän-se-flü-gel-fe-der. So, das war's . . . Eine Wabe also ist ein ungeheuer kunstvolles Gebilde aus Wachs, genau sechseckig, eine so exakt wie die andere. So schön, wie

Menschenhand sie ohne Maschine und Lineal gar nicht bauen kann. Die Wabe hängt in einem Rähmchen, das ich aus kleinen Hölzchen gezimmert habe, wie ihr seht. Hier, die weißen Gebirge sind die Waben; sie sind aber zugedeckelt, wie man sagt. Jedes Kästchen wird von unseren Bienen voll Nektar getragen. Damit haben die Insekten tagelang zu tun. Denn sie müssen neben dem, was wir ihnen wegstehlen, noch die Brut versorgen und Wintervorrat schaffen. Außerdem, zwei Drittel von dem Nektar sind unbrauchbar, sind Wasser. Dieses Wasser muß erst verdunsten, bei fünfunddreißig Grad im Stock, oder die Tierchen müssen es aufsaugen."

Onkel Willi hatte es geschafft, die Aufmerksamkeit der Kinder ganz auf sich und seine Worte zu lenken. Gespannt verfolgten sie, was er tat.

„Wenn der Nektar reif ist, also entwässert", fuhr er fort, „nennt man ihn Honig, reifen Honig. Nur die reifen Waben werden zugedeckelt. Der Honig bleibt dann drin, bis wir bösen Menschen ihn stibitzen. Schlimm, nicht wahr?"

Eckart stieß ein leises Lachen aus.

„Ist nun der ganze Rahmen zugedeckelt und lohnt es sich, die Beute, also den Bienenstock, aufzunehmen, dann können wir schleudern. Und das beginnt so: Ich nehme die Entdecklungsgabel – seht ihr? – und hebe die weißen Hütchen ab. Vorsicht! Nicht kippen, sonst fließt dir der Honig aufs Kleid. Nun häng ich die Rähmchen – seht ihr? – eins nach dem andern in die Zentrifuge und schließe sie oben ab. Nachher müssen wir die Waben wenden, denn sie sind durch eine Mittelwand in zwei Hälften geteilt."

Eckart beugte sich über die Schleuder. „Ist das aufregend! Onkel Willi, du kannst was!"

„Darf ich auch mal rauchen?" fragte Katharina.

„Nein! Bengel, halt mal die Schüssel unter das Ausflußloch, und du, Liebchen, hältst das Doppelsieb darüber. Da fangen wir alle Wachsteilchen und allen Schmutz mit auf. Und jetzt werde ich drehen."

Die Art, in der Onkel Willi die Kinder mit in sein Werk hineinnahm, war lieb und fürsorglich. Kein Wunder also, daß bei jedem Schwall, der in den Napf seimte, die Lust stieg, auch einmal die Kurbel zu drehen, den Finger in den goldgelben Schmand zu tauchen und abzulutschen.

Da trat er beiseite und sah die beiden väterlich und herzensgut an.

„Ich habe nachher noch aufzuräumen", sagte er, „aber das tu ich am liebsten allein. Wir wollen den Honig jetzt mal richtig genießen. Die Immen waren so fleißig in diesen Tagen, und ihr seid gute Kinder. Wir wollen das feiern. Ihr sollt essen, soviel ihr wollt. Mich macht ihr nicht arm."

Ungläubig sahen sie sich an und fragten mehrmals: „Wirklich? Dürfen wir?" Und dann ging es los, das Lutschen und Lecken, das Schmatzen und Hm-hm-Sagen. Katharina bekam bald ein Kratzen im Hals und sagte: „Ich mag nicht mehr."

Eckart aber wollte sich als Held erweisen und schöpfte mit Eßlöffeln heraus, was er fassen konnte. Und wenn ihm das Schlucken auch schon schwerfiel, und wenn ihm das ganze Maul zugeklebt zu sein schien, er überspielte das und fragte wieder und wieder. „Darf ich? Darf ich?" Bis Katharina ihn anstieß und zur Vernunft rief:

„Hör auf, sonst geht das schief!"

„Was soll schon schiefgehn?" fragte er, leckte aber den Löffel ab und legte ihn auf den Tisch.

Jetzt füllten sie den Honig in die bereitgestellten Gläser. Sie schraubten die Deckel auf und etikettierten mit Hinweisen auf Monat und Jahr.

Als das geschehen war, fragte Katharina unvermittelt:

„Onkel Willi, jetzt dürfen wir aber gehn, nicht?" Unruhig trippelte sie mit ihren Füßen.

„Aber nein, Kinder, ihr bleibt noch ein bißchen. Denn wenn ihr schon hier seid, dann sollt ihr wenigstens noch ein paar Geheimnisse erfahren über das Leben unserer Bienen, Geheimnisse, die längst nicht alle Kinder kennen und – glaube ich – auch nicht euer Biologielehrer. Setzt euch schön hin."
Und weil Eckart so vollgestopft und satt war und Katharina dem Onkel Willi nicht weh tun wollte und weil es so gemütlich in dem Zauberladen war, schickten sie sich drein, zogen keinen Flunsch, sagten höflich ja, Onkel Willi, nein, Onkel Willi, und richteten sich aufs Zuhören ein.
„Der Bienenhonig", belehrte er sie, „gehört ohne Zweifel zu den wertvollsten Dingen in Gottes Schöpfung. Das wissen die Menschen schon seit Jahrtausenden, davon erzählt uns die Bibel wie auch die Wissenschaft. Vielleicht versteht ihr, was der sowjetische Schriftsteller Jossif Chalifman meint, wenn er den Honig ‚das Lächeln der Materie' nennt."
„Verstehe ich", sagte Eckart, und Katharina nickte.
„Kaum einer weiß, daß Honig ein gutes Konservierungsmittel ist, natürlich eines recht eigener Art, bei Lebenden und bei Toten. Die Assyrer zum Beispiel haben vor vielleicht dreitausend Jahren ihre vornehmen Toten in Honig eingelegt, um sie vor Fäulnis zu bewahren, denn der Honig tötet die Bakterien. Und Alexander der Große soll den Berichten nach eine Honigmumie sein."
„Bäh", rief Katharina, „schmeckt der aber eklig."
Onkel Willi machte eine abwehrende Handbewegung. „So erklärt sich gewiß auch, daß die ältesten Leute in der Sowjetunion fast alle Imker oder Hirten sind, wie auch in Aserbaidshan der älteste Mensch mit seinen hundertsechzig Jahren Imker war."
„Donnerwetter", fiel es Eckart ein, „wie alt werde ich nun, wo ich so viel Honig gefressen habe?"
„Täglich einen Löffel, das ist gut und gesund. Aber nun weiter. Die Biene selbst ist ein seit Jahrtausenden hoch-

geschätztes Insekt. Wegen ihrer Nützlichkeit und sonstigen beispielhaften Eigenarten hat man ihr hübschere Namen gegeben als sonst einem Tier – um einige zu nennen: Gottestierchen oder Herrgotts- und Marienvogel. Und selbst vom Tod der Bienen spricht man ehrfurchtsvoll: alle Tiere krepieren, die Biene aber stirbt. Und dann – wehe dem, der sich an den Bienen vergreift! Wißt ihr, daß man nach einem alten sächsischen Recht den Bienendieb, wenn er sein Verbrechen innerhalb fremden Gebietes verübt hatte, mit dem Tode bestrafte? Genau wie einen Kirchendieb?"
„Wieso Kirchendieb? Zum Tode?" entfuhr es Eckart, und auch Katharina zuckte zusammen.
„Da braucht ihr doch nicht zu erschrecken, ihr seid doch keine Honigdiebe, und Kirchendiebe auch nicht. Oder?" Onkel Willi lachte und blickte ihnen ohne Arg ins Gesicht.
Katharina saß plötzlich da, als jucke es sie von oben bis unten.
„Wir müssen nun gehn, es wird Zeit, wirklich, Onkel Willi."
Und sie dachte, das mit dem Kirchendieb hätte er nicht sagen dürfen. Das steht auch nicht in seinen Bienenbüchern. Das war auf uns gemünzt. Besorgt blickte sie zu Eckart hin, aber der knöpfte sich das Hemd zu und sah sie nicht an.
„Aber nein, Kinder, ihr macht mich traurig. Warum wollt ihr schon gehen? Ich muß euch doch erzählen, wie heutzutage Honig als krebshemmend empfohlen und auch sonst als Medikament verschrieben wird bei Atem- und Kreislauferkrankungen. Man kann" – er wackelte dozierend mit emporgehobenem Zeigefinger –, „man kann nie genug von den Kräften wissen und lernen, die in der Natur schlummern und über die so viele Menschen verächtlich lachen. Wißt ihr eigentlich, wie fleißig eine einzige Biene ist? Ich will – nun Fratzkind, was hast du denn, sitz doch ein bißchen still –, ich will es euch sagen. Eine einzelne Biene fliegt am Tag etwa fünfzehn- bis zwanzigmal aus. Dann bringt sie nach etwa zwanzig Minuten Nektar, an Gewicht halb soviel, wie sie selber wiegt. Über-

tragen auf einen Menschen heißt das, daß ein Mann, der achtzig Kilo wiegt, alle zwanzig Minuten mit einem Korb angelaufen kommt, in dem er vierzig Kilo Obst hat und eine Strecke von einem Kilometer zurücklegen muß – und das bis zu fünfundzwanzigmal am Tag. Und das Obst muß er auch noch pflücken, ausruhen kann er sich nicht. Eine Biene hält das nur drei Monate aus, dann stirbt sie."

„Ich hätte nicht einen Tag ausgehalten!" rief Eckart bewundernd.

„Siehst du, es ist doch gut, wenn man erkennt, daß auch andere fleißig sind. Aber was hast du, Kind, du bist ja von einer Unruhe erfüllt! Ist dir der Honig durchgeschlagen?"

„Neinein, Onkel Willi, aber wir müssen jetzt gehn. Morgen erzählst du uns mehr, ja? Morgen, das heißt, wenn Eckart dann noch da ist."

Onkel Willi kniff die Augen zu und sah sie an. Irgendwas stimmte da nicht. Er ging auf Katharina zu, nahm ihr kleines Gesicht zwischen Daumen und Zeigefinger, drückte es leicht zusammen und sah ihr tief in die Augen. Sie hielt still, guckte aber weg.

Und Eckart sagte, mehr beiläufig als dankbar und von Herzen kommend:

„Bis bald, Onkel Willi! War sehr interessant." Und war sich selber nicht gut.

Katharina schubste ihren Freund richtiggehend hinaus. Onkel Willi hatte es bemerkt. Er verstand das nicht. Das war ja geradezu unhöflich. So was war ihm bisher noch nicht begegnet!

An diesem unvermittelten Aufbruch hatte der Mann nun lange zu rätseln. Planten sie etwas Geheimes, die Kinder, etwas Gefahrvolles? Das war den beiden zuzutrauen. Ja – aber was?

Ein Stein, der sich an hohem Hang aus seinem Erdreich löst, der andere Brocken mit sich reißt, Widerstände bricht und zu Tal donnert, den wird keine Macht der Welt in seinem Lauf aufhalten können. Er wird hinabrollen, hinabrollen müssen, bis er seinen Schwung verloren hat und dort aufschlägt, wo er von sich aus Ruhe findet.

So und nicht anders löste sich der Abend dieses Sonntags, dieses vielmals erwähnten Sonntags, er löste sich aus dem festen Boden all der anderen Tage ringsherum, begann wie ein rollender Stein seinen Lauf, rollte, rollte, weil er rollen mußte, und war nicht mehr aufzuhalten, von nichts und niemandem. Was Katharina und Eckart erdacht, heimlich geplant und vorbereitet hatten, drängte jetzt jeden Widerstand beiseite, es stob davon und ließ alles hinter sich. Der Abend hatte seinen Lauf begonnen. Nun wird er einem Ziel entgegenstürzen, einem Ende, das die Kinder am allerwenigsten ermessen oder vorausberechnen können.

Die beiden waren zu einer Zeit, die ihnen geraten schien – es ging schon auf acht –, nach Mönchow geschlichen, um auf dem Friedhof an der Kirche den Männern aufzulauern. Eine Frau, die noch zu später Stunde einige Gräber pflegte, machte sich mit Harke und Gießkanne zu schaffen. Bevor sie sich nicht entfernt hatte, durften sich die zwei nicht sehen lassen. Also schlenderten sie, die Zeit totzuschlagen, in der Nähe des Mausoleums herum, blickten durch den Türspalt, durch die spinnwebverhangenen Fenster und warteten ab.

Eckart wurde zapplig. „Hoffentlich ist sie bald fertig, sonst kommen die Kerls und kaschen uns."

„Geduld, Ecki", mahnte Katharina mit vorsätzlicher Ruhe, als wäre sie Herr der Lage. „Es kommt, wie es kommen soll." Aber ihre Hände flogen vor innerer Erregung.

Endlich zog die Frau davon, umständlich Kanne und Harke in ihre unsicheren Hände nehmend.

„Sie haut ab!" Eckart gab Zeichen: „Komm!"

Die Sonne stand schon unterhalb der Pappeln. Es wurde höchste Zeit. Die Männer mußten bald kommen, bald, bald . . . Sie werden in die Kirche schleichen, ihr Diebesgut an sich raffen, die heiligen Geräte, und sich davonstehlen . . .

„Komm!“ rief Eckart leise und machte beschwörende Bewegungen mit Armen und Händen: ducken, nicht blicken lassen!

Als wären hundert Verfolger hinter ihnen her, rannten sie über die Straße, hin zur Kirche, und warfen sich in eine von einer fast mannshohen Thujahecke umfriedete, ungepflegte Grabstelle. Ihre Herzen schlugen laut, schlugen mutvoll und angstvoll zugleich, und einen Augenblick sahen sich die Kinder mit aufgerissenen Augen an. Ist es auch gut, was wir hier machen? fragten die Blicke . . .

„Ecki“, flüsterte Katharina, „wir sind auf dem Friedhof.“

„Pst, nicht reden!“

„Gleich wird es ganz dunkel.“

„Ja.“

„Ob unter uns ein Toter liegt?“

„Bestimmt.“

„Oder mehrere?“

„Die Namen stehn auf dem Stein, hinter dir. Mußt dich umdrehn.“

„Ist das schlimm, wenn wir hier liegen?“

„Pst, nicht reden!“

„Schlimm ist das bestimmt nicht, Ecki, weil . . . wenn die Kerls kommen . . . du weißt schon, Ecki.“

„Pst, nicht reden! Kannst du die Eingangstür sehn? Ich ja.“

„Ich auch. Da müssen sie rein, wenn sie rein wollen.“

„Wenn sie nun aber schon da waren, und wir haben's nicht gemerkt?“

„Ich seh mal nach.“

Hurtig sprang Eckart auf und preschte zur Kirchentür. Sie war fest verschlossen. Einen Augenblick stand er unschlüssig

da, dann kehrte er rasch zurück. Einen Satz über die Hecke – pschsch – landete er neben Katharina.
„Die Tür ist zu. Ich folgere daraus: sie waren noch nicht da."
„Kapito", sagte Katharina. „Warten wir. Und wenn sie kommen, beobachten wir sie infra glantri."
„Was heißt das eigentlich, infra glantri."
„Ich weiß nicht, aber so ungefähr."
„Ich glaube, das heißt anders, als du es sagst."
„Macht doch nichts. Hauptsache, wir wissen, was es bedeutet: auf frischer Tat – in flagranti, glaub ich."
Katharina schwieg. Ein Goldrandkäfer hastete über dürres Laub und nahm Kurs auf ihren Finger, die mit Blättern spielten. Sie ließ sich bekrabbeln und fand es unterhaltsam, den Käfer mal hierhin, mal dorthin zu stupsen. Eckart sah ihr zu. Plötzlich flüsterte er: „Hör mal – Schritte! Nicht hochsehn! Nur hören!" Er linste durch eine Lücke in der Hecke. Was er erblickte, ließ sein Herz für ein paar Schläge aussetzen. Er sah die beiden Männer, in dicke Mäntel gehüllt, auf die Kirchentür zueilen, geduckt und vorsichtig nach allen Seiten ausspähend.
„Fratz, ich . . . du . . . sie sind da."
„Ja", hauchte sie und hielt sich die Hand vor den Mund. „Ich seh sie auch."
„Sie knacken die Tür."
„Einer hat einen Beutel unterm Arm."
„Jetzt sind sie drin."
„Mannomann!"
„Hast du Bange?"
„Ich? Wieso?"
„Pssst, nicht reden! Warten, bis sie rauskommen."
Das Tageslicht hatte schon tüchtig abgenommen, doch war es noch hell genug, um zu erkennen, was an der Kirchentür geschah. Hineinzuschleichen, den Einbrechern heimlich zu folgen, wagten sie nicht. War auch nicht nötig. Sie mußten ja

wieder herauskommen, heraus mit ihrer Beute. Und das, allein das beobachtet zu haben, wird ihnen volle Gewißheit geben.

„Die bleiben nicht lange drin, Fratz!"

„Bestimmt nicht."

„Pst, nicht reden!"

Nein, sie brauchten in der Tat nicht lange zu warten. Zwei, drei kurze Minuten nur, da traten sie schon heraus, die beiden Männer, scheu, Gefahr witternd, eilig. Sie nahmen den Weg hinten um die Kirche herum und entschwanden den Kindern aus den Augen.

Eckart stieß Katharina an. „Hast du gesehn?"

„Ja. Der Beutel war ganz voll."

„Lausevolk! Oh, wir werden euch!" Eckart ballte die Fäuste.

„Sie haben Gott bestohlen", sagte Katharina.

„Ja, und wie!" bestätigte Eckart.

„Das ist Sünde!"

„Und wie!"

Katharina wischte sich die Nase mit dem Handrücken. „Wohin jetzt?"

„Zum Turm, abwarten, wann sie mit der QUALLE kommen, und sie nicht mehr aus den Augen lassen!"

„Kapito, nicht mehr aus den Augen lassen."

„Los!" Ein Wink, und sie sprinteten davon. Niemand bemerkte sie, wie sie die Chaussee nahmen, hinter jedem Baum Deckung suchten, sich an den Turm heranpirschten, mitten zwischen den Häuschen von Karnin hindurch. Niemand. Es war ja Sonntagabend, wo alle ihre Ruhe haben wollten. Leise ging die eiserne Tür, knarschte in den Angeln und schloß mit dumpfem Laut. Weg waren sie, die Bewahrer eines gefährlichen Geheimnisses.

Gestern, bei anbrechender Nacht, war ihr Turm Zeuge letzter wichtiger, schrecklich wichtiger Entschlüsse geworden. Gestern, in der Meinung, der Blick von hier oben könnte der letzte gemeinsame Ausblick sein, hatten sie Abschied von ihrer kleinen Welt behüteten Kinderlebens genommen, um sich in eine Gefahr zu werfen, der sie um ihres Stolzes willen niemals hätten ausweichen dürfen. Da hatten sie alle Seile, die sie noch hielten, abgeschnitten, alle Türen hinter sich zugeschlagen, und talab ging's mit ihnen – sie kullerten wie der Stein, der sich aus seinem Gefüge löst und rollt, weil er rollen muß.

Heute abend bestiegen sie den Turm, aber es war nicht ihr Turm mehr. Ja, sie hatten ihm gestern den Abschied gegeben. Jetzt standen sie nur auf Beobachtungsposten, auf „neutralem Boden", niedergekauert hinter den die Plattform umspannenden Geländerrohren.

Was würden die nächsten Stunden für sie bringen?

Schwül drückte die Nacht. Im Südosten baute sich eine finstere Wand am Himmel auf, vom Mond mit goldenen Zacken umzeichnet. Mehrmals schon war es den Kindern, als zuckte ein Schein von dort herauf. Sollte es das angekündigte Gewitter geben?

Katharinas und Eckarts Augen wanderten unablässig über die schlafende Silberfläche des Haffs, über Bülten und Rohrkämpe, über Schilfnasen und Buchten und spähten aus nach jenem unheildrohenden Schiff mit den dunklen Segeln und den zwei Masten.

Eckart sagte: „Wir haben leisen, aber stetigen Wind. Die QUALLE wird, wenn sie wirklich kommt, auf jeden Fall segeln. Und weil sie ein schnelles Schiff ist, werden wir nicht mehr lange warten dürfen, sobald wir sie gesichtet haben. Wir werden sie vielleicht breitseits ansteuern."

Ihre Mühe sollte nicht unbelohnt bleiben. Alle ihre Berechnungen gingen auf wie ausgeklügelte mathematische Formeln. Ein Geisterschiff, ein dunkler, dahingleitender Schatten aus der Bucht von Klüne, schob sich, halb verdeckt von

hohem Schilf, hinaus auf das Haff, drehte bei und nahm Kurs auf die Brücke. Um ganz sicherzugehen, verwarteten sie noch ein paar Minuten; doch die dunklen Segel hoben sich vom glitzernden Hintergrund so deutlich ab, daß keine Zweifel mehr bestanden. Es war die QUALLE.

„Das Schicksal hat gesprochen, Fratz", sagte Eckart. „Gib mir die Hand und sprich mit mir mit: ‚Wir halten zusammen, ob's regnet, ob's schneit, wir halten zusammen in Liebe, in Leid.'"

„Hast du das gedichtet?" fragte Katharina hastig und war innerlich mächtig bewegt davon.

„Ja, eben. Ist mir so eingefallen."

„Klasse! Aber nun los. Tschüs, lieber Turm!"

Die beiden wendelten sich die Treppe hinunter, die Tür fiel bollernd ins Schloß, der Schlüssel blieb stecken. „Wir brauchen ihn nicht mehr", sagte Katharina zu sich selbst und folgte Eckart, der schon, wie von Teufeln gehetzt, hinunter zum Hafen rannte. Weiche Schuhe auf weichem Wiesenweg, die Nacht schluckte alle Geräusche. Nur am Himmel zuckte es hin und wieder auf, und das Grummeln eines entfernten Donners drängte sich in die Stille.

Das Dorf schien zu schlafen.

Einer aber hatte sie doch vernommen: Peppi der Hund. Wie ein Wollknäuel hatte er sich auf ihre Fährte gewuselt und stand so unerwartet und plötzlich neben ihnen am Bollwerk, daß selbst Katharina erschrak. Er ließ sich nicht fortscheuchen, weder durch Klapse noch durch zischende, scharfe Worte. Er fiepte und jaulte und bestand darauf: Ich komme mit.

„Spring ins Boot!" rief Eckart. „Ich löse die Leine, dann bleibt er zurück."

Peppi der Hund aber machte einen verwegenen Satz und – batz – war er mit an Bord. Mit dem schlechtesten Gewissen, das je ein Hundegesicht verraten hatte, duckte er sich nieder und erwartete die verdienten Schläge.

„Schmeiß ihn ins Wasser!" schimpfte Eckart. „Der verpatzt uns alles, wenn er bellt."
Katharina biß sich auf die Finger und kämpfte mit sich. Die guten Hundeaugen rührten sie. Da kroch Peppi unter das Vorderdeck, rollte sich wie ein Mops zusammen, und nur zwei glänzende Punkte zeigten an, daß da etwas Lebendiges war. Nicht die dickste Wurst hätte ihn hervorzaubern können.
„Nun hast du den Salat!" beschwerte sich Eckart. „Aber immer noch besser, wenn ein Hund an Bord kommt, als wenn die Ratten gehn."
„Und wenn er mal muß?" fragte Katharina. „Hunde müssen öfter mal."
„Ich muß auch, ich hab's im Bauch. Ist aber nicht schlimm."
Nun – der Startschuß war gegeben. Sachte schob ein leiser Wind die ALRAUNE vom Bollwerk weg. Links blieb der ausgedehnte Schilfgürtel im Dunkel liegen. Nur das Rascheln verriet, wie sich die Halme aneinanderrieben und daß da etwas war ...
„Nehmen wir sie wirklich breitseits?" wollte Katharina wissen.
„Nein, lieber nicht", sagte Eckart. „Wir überfallen sie aus dem Hinterhalt, wie alle Seeräuber es tun."
„Aus dem Hinterhalt? Ist das nicht feige?"
„Feige? Für uns ist das mutig. Wir sind die Schwächeren. Die QUALLE ist schnell, außerdem hat sie zwei Masten. Wir können nur aus dem Hinterhalt kommen."
„Aber wenn Peppi nun losbellt?" gab sie zu bedenken.
„Peppi hat nicht zu bellen! Sag ihm das." Nach einer Bedenkpause: „Uns bleibt zunächst nur eins, Fratz. Wir müssen sie an der Weiterfahrt hindern. Ich werde ..."
Zick-zack! Ein Blitz! Noch einer!
„Mannomann, das Gewitter! Jetzt erwischt es uns."
Eckart hatte das Licht genutzt. Ein Blick zurück: die QUALLE war nur noch fünfhundert Meter entfernt.

„Sie kommen", sagte er. „Wir werden uns hinter dem Fundamentsockel verkriechen."

„War das eben hell, was? Mannomann!"

„Keine Angst, Mädchen, ich bin hier", tat sich Eckart wichtig. Sie sah, wie er die Hände in die Bauchgegend drückte.

„Was ist? Hast du Schmerzen?"

„Er zieht so durch, macht aber nichts."

Dem Blitz war ein langanhaltender Donner gefolgt. „Zähl die Sekunden zwischen Blitz und Donner, und dann durch drei teilen, dann hast du die Entfernung in Kilometern, Es kommt sehr schnell herauf."

Jetzte schaukelte die ALRAUNE wie ein Zwerglein unter dem Brückenquadrat, das in der Nacht noch schrecklicher aussah mit seinem offenen Maul als am Tag. Das kleine Boot drehte über Steuerbord ab und packte sich hinter den Pfeiler. „Hier müssen sie vorbeikommen", sagte der kleine Kapitän. „Wenn sie so dicht dran sind, daß ich sie mit den Händen greifen kann, dann – piep-piep-piep . . ."

„Was – piep-piep-piep? Verstehe ich nicht."

„Piep-piep-piep, mehr sage ich nicht. Weil ich nicht weiß, ob's klappt."

Wieder ein Blitz – zick-zack – und bald darauf ein Donnerrollen, drohender als bisher.

„Willst du entern?" wollte sie wissen und drückte sich die Ohren zu.

„Mal sehn."

„Dann enter ich mit. Wenn sie dich abmurksen, Ecki, fall ich ihnen in den Arm und reiß den Schatz an mich."

„Du verkennst die Gefahr! Warte erst mal ab."

Wieder drückte er die Hände gegen den Leib und bog sich ein bißchen. Das Ziehen im Gedärm wurde unerträglich.

„Ist dir schlecht? Mußt du brechen?" fragte Katharina bekümmert.

„Nein, ich glaube – auf der andern Seite ... Der Honig will raus."
„Na, denn mach doch, ich seh nicht hin."
Für eine kleine Zeit hatte Eckart unangenehm mit sich selbst zu tun. Peppi der Hund schlich aus seinem Versteck und schnupperte an Katharinas Hand und suchte eine Liebkosung.
„Ist ja gut, Peppi, ist ja gut. Darfst aber nicht bellen, kapito?"
Peppi der Hund legte die Ohren an und kniff ein Auge zu: Ich weiß doch, ich weiß doch ...
Wieder ein Blitz, Donner krachte nach mit plötzlichem Schlag.
Katharina hatte vier Sekunden gezählt. „Macht einskommadrei Periode Kilometer ..."
Eckart zog den Hosengürtel zu und meinte, die QUALLE müsse jetzt schon ganz nahe sein, sie dürften nur noch flüstern.
Noch immer stand der Wind aus gleicher Richtung. Bald aber wird er nach einem Gesetz, das nur der Seemann kennt, in sich zusammenfallen und plötzlich mit harten Böen aus der anderen Richtung über sie herschlagen. So hatte Eckart einmal gelernt. Längst hatte er darum das Segel geborgen. Nicht allein darum, sondern weil das Hell des Tuches sie hätte verraten können.
Eckart spähte über den Brückenpfeiler: „Sie kommt!"
Peppi der Hund wurde unter das Vorschiff gewiesen.
„Keine dreißig Meter mehr!" flüsterte er.
Wieder mußte er sich krümmen, sich den Bauch halten. Er mußte aus der Hose: Verdammter Honig von Onkel Willi, hätte ich bloß nicht ... zu spät, es fiel einfach durch.
„Ich hab eingemacht, Fratz!" flüsterte er, weil er meinte, sie müsse das wissen.
„Macht nichts", flüsterte sie zurück, „ist doch menschlich."
Ein Blitz, ganz dicht – ein Donnerschlag – Katharina rechnete: „Nullkommasechs Periode Kilometer."
Im Licht erblickte Eckart die erste Mastspitze der QUALLE.

„Pst, sie kommt! Noch eine Minute!"

Was ist eine Minute? Eine Ewigkeit? Wenn das Herz im Halse stampft, wenn der Puls platzen will? Wenn sich der Bauch vor Schmerzen krümmt, wenn die Hände nicht mehr wissen, was sie anfassen, weil sie zittern, weil der ganze Leib zittert, weil der Atem stockt und die Augen brennen . . .

Jetzt war der Wind in sich zusammengefallen. Die Segel der QUALLE schlugen Falten, sackten lasch durch und gaben dem Schiff keine Fahrt mehr. Das Boot trieb noch ein wenig dahin, langsamer werdend, bis es endlich zum Stehen kam. Vier, fünf Meter neben dem Fundamentsockel, hinter dem sich die ALRAUNE verborgen hielt.

Katharina drückte Peppi das Maul zu. Dunkelheit, stockschwarze Finsternis, zog einen Vorhang zwischen den Schiffen und ihren Menschen, und nur der Schatten schwarzer Segel blieb gespenstisch irgendwo hängen.

Jetzt war Eckarts Zeit gekommen. Er streifte sich die Kleidung vom Leib und griff nach den Gummieimer, den er vorhin so dringend gebraucht hatte, und ließ sich ins Wasser gleiten, lautlos, wie ein Senkblei. Blitze zuckten, Donner knallten, die ersten Tropfen klatschten aus dunkler Wolke aufs Wasser – da näherte er sich dem Heck der QUALLE und knotete an ihr Ruder den Eimer, kaum atmend, kaum einer Bewegung fähig. Er spielte wahrhaftig mit dem Leben, der Junge. Der Eimer am Heck der QUALLE, er wird sie bremsen, er wird einen Quirl schaffen, einen Widerstand im Wasser, und die QUALLE wird ihnen nicht entwischen können. Die ALRAUNE wird Schritt halten, jawohl!

Jetzt prasselte der Regen herab, warf Springbrunnen auf – schnell zur Jolle. Gleich wird die erste Bö einsetzen!

Da kam es schon herauf. Mit einem Blitz und Donner zugleich wehte es auf, erst einmal, dann mehrfach, dann rüttelte sich das Wasser auf, und der Regen dazu, und die Segel auf der QUALLE schlugen auf – Eckart setzte nur die Fock, und schon, losgelöst die Leine, schob sich das kleine Boot auf die Spur der Verfolgten in das Kielwasser.

Die Männer auf der QUALLE, unerfahren im Segeln, hatten ihre Mühe, die Segel zu bergen und ihr Boot auf Kurs zu halten. So konnten sie nicht nach hinten blicken, wo im Schein der Blitze ein kleines dreieckiges Segel hinter ihnen herschlich, immer in gleichem, sehr gewagtem Abstand, doch nicht zu nah, doch nicht zu fern ...

„Was hast du gemacht?“ fragte Katharina, als der Junge kladdernaß in seine Sachen stieg.

„Piep-piep-piep, Experiment Wassereimer, sagte ich doch. Ich hab ihnen eine Notbremse angehängt. Fein, was?“

Eckart, so naß wie er war, rieb sich die Hände vor Freude.

Dabei segelte er die Jolle sicher unter dem kleinen Segel, gefahrlos und verantwortungsvoll, wie er es einmal gelernt hatte. Und wenn sich der Himmel auch ausschüttete mit Güssen, mit Krach und unheimlicher Nacht, empfand Katharina doch so etwas wie Lust bei all dem Tumult. Abenteuer wollen durchstanden sein. Tu bie orr nott tu bie.

Und sie steckte den Leuten auf der QUALLE die Zunge raus: Wenn ihr wüßtet, was wir wissen!

Das Wetter schien bald abziehen zu wollen. Der Regen mäßigte sich, im Südosten zeigte sich der Himmel schon fahl, das Mondlicht qäulte sich durch Dunst und Nacht, und der Donner verrollte in der Ferne. Peppi der Hund hatte eine heiße Nase. Eckart fror, sein Magen kniff, und Katharina tropfte wie eine aus dem Wasser gezogene Katze.

Die QUALLE trieb ihre Bahn, die ALRAUNE zog ihr nach. Wie lange noch? Werden sie die ganze Nacht hindurch segeln? Die Kinder brauchten trockenes Zeug. Noch eine Stunde, dann sind sie durchgefroren!

Dem Himmel sei Dank! Die QUALLE legte Ruder und nahm Kurs auf Kamp.

„Das ist gut!“ rief Eckart aus. „Da laufen sie uns in die Hände. Sie haben einen Fehler gemacht.“
Der Wind hatte nachgelassen, der Regen gänzlich aufgehört. Dennoch steckte in Luft und Kleidung und wo auch immer eine unheimliche Nässe. Es ist gut, daß wir an Land kommen. Dort werden wir weitersehen, dachte Eckart und tröstete das kleine Mädchen mit allen guten Worten, die sich für sie finden ließen.
Katharina aber machten nun doch Nässe und Kälte und fehlende Nachtruhe mächtig zu schaffen. Oh, wie wünschte sie sich jetzt ins Bett, in trockene, wärmende Federn; kurz dachte sie auch an Muttchen und an Onkel Willi und an alle. Und wennschon – sie durfte jetzt nicht aufgeben, durfte Eckart nicht verlassen, auch nicht mit privaten Wünschen behelligen. Eckart gab ja sein Leben dran, genau wie sie. So überspielte sie tapfer ihre kleinen, immer häufiger wiederkehrenden Schwächeanfälle – und schämte sich nicht.
Die QUALLE ging aufs Ufer zu und legte am Bollwerk bei Kamp die Leinen über. Hatten die beiden Männer die Verfolger noch immer nicht entdeckt? Zwei Minuten später wird es sich zeigen!
Eckart packte die ALRAUNE so dicht neben die QUALLE, daß sich die Bordwände aneinanderrieben. Katharina sprang an Land und warf die Leine über den Poller, rief Peppi den Hund und verschaffte ihm Auslauf.
Die Männer guckten blöde und begriffen nicht, woher diese Jolle kam. Sie hatten sie in der Tat nicht ausgemacht.
„Tolle Nacht, was?“ eröffnete Eckart ein unverfängliches Gespräch.
„Hau ab mit deinem Äppelkahn, mach Mücke!“ rief die helle Stimme.
Das war der letzte Beweis! Die helle Stimme, ihre Art zu reden . . .
„Dicker Regen, was? Seid ihr auch naß?“

„Ich ramm dir einen Pfahl in die Rippen, sollst abhauen mit deinem Kahn!"
Eckart stellte sich taub und pfiff vor sich hin, obwohl ihm keineswegs danach zumute war. Denn auch er fror durch und durch und wünschte sich nichts Lieberes her als ein trockenes, wärmendes Zudeck und ein bißchen Heißes für den Magen.
Jetzt überschlug sich die Stimme neben ihm: „Ich zähle eins ... zwei ... drei ..." Und der Kerl versuchte doch wirklich die Leine, die beide Boote bereits fest miteinander verband, abzumachen.
Eckart schlug dem Mann auf die Hand: „Lassen Sie das. Das ist gegen Seemannsbrauch."
„Hör auf, Mann", röhrte jetzt die tiefe Stimme. „Die Bengels sind naß. Es ist Nacht. Morgen früh schicken wir sie weg."
Die helle Stimme murmelte etwas Unverständliches und ließ von ihm ab.
Für zwei Stunden zog Burgfrieden ein zwischen den sich im offenen Kampf befindenden Parteien. Diese belauerten sich, wenn auch mit ungleichen Waffen. Die Leute von der QUALLE hatten keine Ahnung von ihren Gegenspielern, die ihnen auf der Spur waren. Sie hielten sie für Gernegroße, für verrückte Sportheinis oder Wer-weiß-wasse, möglicherweise für Ausreißer. Nur, daß sie ihnen hinderlich sein könnten, das wußten sie.
Die Kinder aber, nachdem sie sich an Land warm gelaufen hatten, konnten sich sehr gut ausrechnen, was passieren wird, wenn sie den Männern den Diebstahl, den Einbruch, den Kirchenraub nachweisen. Entweder Kloppe und Totschlag – oder heldenhafter Sieg. Eckart erinnerte sich genau an das Wort Fischkasten. Und er wußte, was ein Fischkasten ist.
Sie umschlangen sich an Bord wie Rollmöpse in der Dose, legten Arme und Beine übereinander, durcheinander, die Wangen gegen Wangen gepreßt, und suchten sich auf diese Weise das bißchen Wärme im Leib zu erhalten. Schlaf kam

über sie nur für Minuten, denn die Zähne klapperten, die Füße schmerzten, es war eben saukalt. Und als ihnen doch einmal die Augen zugefallen waren, wachte Peppi der Hund. Seine flinken Augen gingen von Boot zu Boot und begriffen, daß sich nebenan etwas tun wird, sobald sich die Männer, die bösen fremden Männer, aus ihrer Persenning herausschälen, die sie sich flüchtig über die Bäuche gelegt haben.
Im Osten graute es bereits. Ein neuer, fröstelnmachender Tag – ein Tag, an dem sich alles, alles entscheiden wird...

12

Zieht ein Gewitter über Land, bleiben Hausbesitzer und Bauern wachsam. Sie kontrollieren ihre Ställe und Dachböden, sie schließen die Fenster, sie ziehen die Stecker von Kühlschrank, Fernseher und Radio aus den Netzanschlüssen und schauen nach dem Himmel. „Falls es einschlägt", sagen sie.
„Falls es einschlägt", sagten auch Ohms, sprangen aus ihren Betten und machten sich daran, Haus und Hof in Obhut zu nehmen. Hans Ohm ging in Latschen durch seine Stallungen, legte dem erregten Kälbchen die Hand übers Maul und redete ihm gut zu, riegelte alle Türen auf, damit im Fall eines Brandes das Vieh sich selber retten konnte. Gelassen beobachtete er den flammenden Himmel.
Erna Ohm überprüfte Fenster und Türen im Haus und zog die Stecker heraus. Leise, wie es sonst nicht ihre Art war, betrat sie auch das Giebelzimmer, in dem der Junge sein Nachtquartier hatte. Um ihn nicht zu wecken, tastete sie sich vorsichtig ans Fenster und schloß es, stieß zurückgehend an einen Stuhl und warf schnell einen Blick auf das Bett. Sie hatte ihn nicht wecken wollen. Aber – täuschte sie sich? War das Bett nicht leer?

Sie beugte sich darüber, sie hob die Decke an, sie riß die Decke vom Laken ... Als blieb ihr ein Kloß im Hals stecken, schrie sie auf: „Was ist das? Was bedeutet das?" Und sie kollerte los und trampelte mit ihren Füßen, daß es seinen Schick nicht mehr hatte: „Der Bengel ist weg! Hans, der Bengel ist weg!"

Schneller als die Beine sie tragen wollten, nahm sie die Treppe und stürzte auf den Hof: „Hans, er ist weg!"

„Waaas?" Empörung sammelte sich in seinen Augen. Er ballte beide Fäuste und fauchte: „Und das ist der Lohn für alles! Komm du unter meine Fuchtel, du Lumich!"

Frau Ohm kombinierte kurz und scharf: Ist der Bengel nicht hier, ist er bei dem Mädchen. Ich muß nachsehn gehn.

So wie sie war, nur rasch einen Morgenrock übergeworfen, stolperte sie los, den Schotterweg hoch zu Erika, und bollerte gegen ihre Haustür.

„Erika, der Bengel ist weg. Ist er bei dir?"

Und die Erde bebte nicht nur von den rollenden Donnern, die über die Dächer gingen – bei Ohms waren Vulkane ausgebrochen.

Erika konnte und wollte erst nicht verstehen. Dann aber nahm sie sich keine Zeit mehr, sich anzukleiden. Sie riß die Tür zu Katharinas Zimmer auf und stieß hinein:

„Gott im Himmel! Das ist doch ...!" Wütend, als sei sie selber schuld daran, schlug sie auf die Klinke und tobte los: „Du auch! Oh, warte, Freund, warum hast du mir das getan!"

Jetzt standen sich die beiden Frauen gegenüber, mit aufgelösten Frisuren, spärlich behemdet, wenig ansehnlich in ihrer Unvollkommenheit. Ihre Augen sprachen alles, Angst gepaart mit Zorn – Zorn der Überlisteten, Angst, wie nur Mütter Angst haben können.

Zu alledem begann Erna Ohm noch zu faseln von Zetteln, die im Ofenloch gesteckt hatten, von Quallen und Proviant, von Kirchenschatz und Stulpenstiefeln und von Dingen, die die

arme Erika schließlich völlig die Beherrschung verlieren ließen.
„Spinn nicht rum, Ohmsche!“ schrie sie die andere an. „Sag lieber, wo die beiden stecken.“
„Sonntagabend, stand auf dem Zettel, ich weiß es doch, und heute ist Sonntagabend. Und Kirchenschatz und was weiß ich.“
„Sie werden doch nicht nachts in die Kirche gegangen sein? O du liebe Zeit!“ Plötzlich hielt sie inne. „Kirche, sagst du? Sonntagabend? Wir müssen hin. Vielleicht sind sie da bloß eingeschlossen worden?“
Der leise Wind, der vorhin noch die Pappeln rascheln gemacht hatte, war still geworden. Drohend stand er über dem Land, das den Schlag vom Himmel in nächster Sekunde erwartete. Da schlappten zwei Frauen die Chaussee entlang nach Mönchow, bogen ein auf den alten Friedhof, stolperten die in der Finsternis nur geahnten Steige entlang und faßten an die Kirchentür. „Mein Gott, die ist ja offen!“ entfuhr es Erika.
Mit vorgehaltenen Armen traten sie in das Dunkel des Vorraums wie leibhaftige Schlafwandler und schämten sich ihres eigenartigen Verhaltens nicht. Nur geahnt hing im großen Schiff der Kirche ein Lichtschein, der genügte, sie bis zum Altar zu leiten. Am Altar aber erwartete sie die Bescherung.
„Wo sind die Leuchter, wo das Kreuz, wo die ...“ – ihr Blick ging in die Sakristei – „... wo die Abendmahlsgeräte?“
Erna Ohm umschlang ihre Freundin wie eine Schlange und schrie ihr in die Ohren: „Die Gören haben eingebrochen, sie sind Kirchendiebe, ich habe es schwarz auf weiß!“
„Laß mich los, du bist verrückt!“ brüllte Erika. „Niemals, niemals! Mir wird schlecht vor Angst und Schande!“ Und ein grenzenloses Heulen packte sie, und sie riß die alte Freundin an sich und drückte sie aus reiner Verzweiflung.
Jetzt war Frau Ohm die Stärkere: „Komm“, sagte sie schroff, „wir melden es der Polizei.“

„Ja, Erna, tu das! Wenn mein Kind ein Dieb ist, tu das! Nein, meine Katharina!"
In der Nähe des Leuchtturms trennten sie sich. Frau Ohm kehrte ins Haus zurück, Erika eilte, Onkel Willi zu wecken. Vielleicht weiß der . . .?
Jetzt fauchte der Wind übers Land, in stoßenden Böen stieg er über die Höhen, riß Papier und Blätter mit sich fort und brachte herbe Kühle. In den Pappeln rauschte es auf, der Lindenblütenduft verwehte wie nichts, und die ersten Tropfen fielen, hart und kalt.
Erika bullerte gegen die Scheiben von Willis Fenster. Sie hämmerte pausenlos wie eine Besessene, bis sich drinnen die Gardine verschob und ein verschlafenes Gesicht heraussah, blinzelnd und unverständig.
„Wo sind die Kinder?" schrie sie ihm entgegen.
Der Mann verstand schnell. „Ich komme, Erika."
Und während er hastig in seine Hose stieg, zimmerten seine Gedanken das endlich fest, woran sie seit Stunden herumgebastelt hatten: die Ungeduld am Nachmittag, die Reaktionen der Kinder, Katharinas Verschwinden ohne Gruß und Erklärung . . . Das war's.
Sie sind weg, sind ausgerissen. Sie haben etwas Schlechtes getan. Darüber war er sich jetzt klar.
„Geh ins Haus", rief er ihr zu, „ruf die Polizei. Ich geh nach dem Boot des Jungen sehen."
Und der Himmel schüttete sich aus, es prasselte, donnerte und blitzte, alles in einem, und der alte Onkel Willi hastete auf ausgetretenen, durchweichten Latschen hinab zum Hafen.
Frau Ohm hatte sich ans Telefon gehängt, Leutnant Walter hatte nur „Aha" und „Ich komme sofort" gesagt, sich in seine Uniform geschmissen und auf den Weg zu OHMS GASTHAUS gemacht.
An der Tür stieß er mit Onkel Willi zusammen. „Gut, daß du da bist. Sie sind beide weg, und das Boot dazu."

„Da haben wir gleich einen Hinweis, wo wir suchen sollten. Aber die Sache mit der Kirche, die ist mir nicht klar. Laß uns das besprechen."

Das war eine sonderbare Versammlung um Mitternacht im sonst so gemütlichen Gastraum. Da standen sie halb angezogen, mit verstrubbelten Haaren, in Pantoffeln und Nachtbekleidung, tropfnaß zum Teil, an Tische und Stühle gelehnt. Aber sie beratschlagten kurz und sachlich, was zum ersten zu tun sei. Erwägen, verwerfen, bejahen, verneinen – alles wechselte ab. Beinahe wären sie zu einem brauchbaren Schluß gelangt, als etwas Unvorhergesehenes eintrat.

Draußen knatterte ein Motorrad vor, die Tür wurde aufgerissen, Bootsbauer Franz trat ein, pitschmadennaß.

„Gut, daß noch Licht ist!" rief er aufgebracht, wischte sich die Brille trocken und schob sich zum Telefon. „Ich muß telefonieren! Die QUALLE ist weg! Mein Boot. Und – entschuldigt, aber ich habe ganz stark die beiden Gören in Verdacht, nachdem, was sie mir heute . . . Mann, Walter! Du bist ja auch hier. Was ist denn los?"

Er sah sie der Reihe nach an. Aber auch den anderen blieb nun der Mund offenstehen. Was? Die QUALLE auch weg? Und die Kinder verdächtigt er? Was sollen die noch alles gestohlen haben!

„Das hängt doch nicht togesser!" bollerte Vater Ohm los und schlug klatschend auf die Theke, daß die Gläser hüpften. Die Frauen zuckten zusammen.

„Wer weiß?" fragte Leutnant Walter und schaute sehr nachdenklich drein.

Und Bootsbauer Franz meinte: „Da müssen wir was erfinden."

Nun ging das Rätselraten von vorne los.

„Karascho", rief Franz und nahm das Wort. „Wieviel Boote kriegen wir zusammen?"

„Mein Polizeiboot", sagte Leutnant Walter.

„Mein Kahn. Hat einen starken Motor", sagte Hans Ohm. „Wir müssen sie suchen."

Walter übernahm das Kommando. „Ins Ruderboot von Ohm steigen Franz und du, Hans. Zu mir kommt Willi. Ihr Frauen bleibt an Land, hütet Haus und Telefon, wenn's nötig ist. Und informiert den Pastor, damit er sein Unglück nicht verschläft. Sagt ihm, wie sind bereits im Gange."

Erika protestierte scharf: „Denkste, mein Lieber! Es geht um Katharina, das ist meine Tochter. Mein Fleisch und Blut. Ich steige bei Ohm mit ein. Da gibt's nichts."

Ohne sich aufhalten zu lassen, stapfte sie in die regennasse Nacht hinaus, wie sie war . . .

Sie hatten sich geeinigt, zuerst die Haffufer abzusuchen, später dann sollte das Polizeiboot in Richtung Wolgast vorstoßen. Zwei Segelschiffe wären ja wohl bald zu erkennen.

Los ging es, ohne Verzug.

Rascher als gedacht hatte sich das Wetter verzogen. Durch die Nacht burrten zwei Motore und zerrissen die Stille. Der Motor vom Polizeiboot mit seinem hellen, metallenen Klang, der von Ohms Ruderboot mit dunklem Klopfen. Ohm trieb sein Schiff, ununterbrochen angefeuert von Erikas Anweisungen, an den Schilfrändern entlang, in die Ausbuchtungen des Ufers, in jeden Meter rauschenden Röhrichts hinein, mal hierhin, mal dorthin, bis Erika schließlich mutlos und müde wurde und sich mit unergründlichem Gemurmel begnügte. O ja, fünf Augenpaare durchforschten Nacht und Dunkel, und las Verzweifeln in ihren Herzen hielt Schritt mit der Kälte, die allmählich durch Jacken und Hüllen bis auf die Knochen drang.

Nach Stunden, als es sich am Horizont lichtete, drehte Leutnant Walter bei. Er gab Zeichen: „Ich suche jetzt in Richtung Wolgast weiter, und ihr hier. Der Erdboden wird sie ebensowenig verschluckt haben wie das Wasser. Da bin ich sicher!" fügte er beruhigend hinzu.

Dann trennten sie sich, und bald darauf zog das Polizeiboot unter dem stummen Brückenquadrat hindurch, das am Himmel hing wie eine gespenstische Wolke. Mit stark gedrosseltem Motor gurgelte das kleine Fahrzeug dahin. Scharf waren die Augen der Männer auf Wasser und Ufer gerichtet. Werden sie die Schiffe finden?

Ohms Ruderboot blieb zurück. Erika hockte in der Schiffsspitze auf schmalem Brett, bleich, in sich zusammengesunken. Manchmal ging ihr Blick nach oben, durchstieß den Himmel mit ihren Gebeten und rief nach einer tröstenden Stimme. Aber ihr Herz blieb kalt. Gott, dachte sie, Gott, warum schweigst du so furchtbar! Und ihr Mund war hart geworden.

Durch Dunst und Morgendämmer zeichnete der Tag seine Welt mit ersten feinen Strichen.

Nässe und Nachtkälte hatten den Kindern nur einen durchschüttelten Schlaf gegönnt. Schmerzen in verkrümmten Beinen, Bauchweh bei dem einen, eiskalte Füße bei der anderen, holten die beiden bald wieder aus ihrem zitternden Halbschlummer hoch. Katharina tastete nach den zubereiteten Stullen. Ein Glück, der Plastikbeutel hatte das Brot vor dem Regen geschützt. Trotzdem mochte niemand essen. Ihnen fehlte der Appetit zu dieser ungewohnten Zeit. Allein Peppi der Hund bekam sein Teil.

Im Osten, weit über dem Haff, rötete sich der Himmel. Der Tag wollte kommen. Eckart warf einen Blick auf die QUALLE. Unter ihrer tropfnassen Plane nebenan ging der Atem der Männer. Eckart beobachtete lange, wie es sich dort hob und senkte, ein Zeichen für ihren tiefen Schlaf.

„Die pennen noch“, flüsterte er.

Katharina war das egal. Sie fror bis auf die Knochen und hatte ein kleines farbloses Gesicht, und in diesem Gesicht den Strich blauer Lippen und das Dunkel todtrauriger Augen.

Eckart aber betrachtete aufmerksam das fremde Boot, ließ seinen Blick über Deck und Kockpit wandern, nahm die Takelage fachmännisch in Augenschein, dazu die Segel und die Leinen. So in sich versunken, durchfuhr ihn ein herrlicher Gedanke, der ihm Nu das Blut durch die Adern jagte und sein Herz belebte. Wenn ich . . ., dachte er. Und kaum gedacht, entschloß er sich zur Tat. Mit äußerster Vorsicht zog er sich auf die QUALLE hinüber, hütete sich, auch nur das kleinste Geräusch zu verursachen – und dann, dann tat er etwas ganz Gewitztes. Ein Auge auf die Schläfer gebannt, eins auf seine flinken Finger gerichtet, löste er einen für die Segel besonders wichtigen Schekel bis auf den letzten Millimeter. Er dachte, wenn die Leine auf Druck kommt, sich bewegt und den Schekel belastet, dann muß sich der Stift lösen und herausfallen. Dann gibt es an Bord ein Durcheinander. Juchhei, das wird ein Heidenspaß!

Und weil ihm das so fein gelang, löste er noch andere Schekel an wichtigen Stellen der Takelung. Eckart kannte sich aus. Ha, der Gummieimer hing noch immer am Heck der QUALLE. Sie haben ihn noch nicht entdeckt! Sind die aber dämlich! Jetzt haben sie noch andere Notbremsen an ihrem Dampfer. Wenn es zu einer Verfolgungsjagd kommen sollte – uns können sie niemals entwischen! Triumphierend krümmte er sich vor heimlicher Freude, rieb sich die Hände und grinste von einem Ohr zum anderen wie ein leibhaftiger Spitzbube.

Das alles flüsterte er Katharina zu, die ihn bei seiner Rückkehr mit starrem Blick anschaute. Sie konnte seine Begeisterung nicht teilen. Sie verstand nichts davon. Sie sagte nur: „Ich friere."

Da legte sich Eckart ganz dicht neben sie und gab ihr von seiner Decke ab. „Komm, wärme dich an mir. Wir müssen durchhalten, du, wir müssen!" Und Peppi der Hund kam angekrochen und kuschelte sich auf ihren Bauch. Das tat gut.

Diesmal trug ein festerer Schlaf, ab und an nur von Kälterieseln durchschauert, die beiden Kinder für kurze Zeit von dannen.

Der Horizont hatte sich nach und nach aufgehellt, als Peppi der Hund unruhig wurde, den Kopf hob und ganz zart winselte. Er hat vernommen, wie sich die Leute auf der QUALLE zu regen begannen. Doch weil seine beiden Menschenfreunde so fest schliefen wie eine Katze vor dem Mauseloch, mußte er sie wecken, mußte alle seine Hundekünste anwenden, die ihm zu Gebote standen. Und weil sie sich noch immer nicht regten, beleckte er Katharinas Wange und stieß mit seinem schwarzen Schnäuzchen an ihre Knubbelnase, und weil das anscheinend auch nicht helfen wollte, schlug er Eckart seinen Wuschelschwanz um die Ohren. Schließlich schnappte er nach der Decke und zottelte sie den Schläfern einfach vom Leib: Aufstehnhauhau, es ist höchste Zeithauhau!

Eckart faßte sich als erster. Er bemerkte auf der QUALLE hektische Geschäftigkeit. Die Männer machten klar zum Ablegen. Sie räumten in ihrem Boot um und um, Leinen, Fischkästen, Bretter, und polterten und rumpumpelten, daß es nur so dröhnte. Der Bursche mit der tiefen Stimme hob gerade eine Klappe an und wühlte mit langen Armen in der Tiefe des Kastens, wühlte und wühlte und sagte schließlich leise vor sich hin: „Gut, gut, das findet keiner. Aber wir legen noch die Dreckplünnen drüber und die toten Fische. Besser ist besser."

Jetzt bemerkte der mit der hellen Stimme, wie sich die Kinder auf der ALRAUNE regten. Bissig rief er hinüber: „Aufstehn, ihr faulen Gören, und in fünf Minuten ... ab ... marsch ... weg!" Und drohte wahrhaftig mit beiden Fäusten. Peppi der Hund knurrte und bleckte die Zähne, und Eckart wußte: Hier ist kein gut Kirschenessen. Das kommt hart auf hart. Jetzt löste der Kerl sogar die Leine, die beide Boote seit dem Anlegen gestern nacht miteinander verband, und gab der

ALRAUNE einen Schubs in die Seite, daß sie abgetrieben wäre, hätte sie nicht noch eine Leine vorn an einem Bollwerkspfahl festgehalten.

„Macht, daß ihr wegkommt!" brüllte nun auch die tiefe Stimme. Der Ärger war dem rauhen Mann deutlich anzumerken. Aber solange er noch ein Gewurschtel von Leinen, Netzen und Schiffsteilen in seinen Armen trug und damit herumfuhrwerkte und nicht zu Rande kam, konnte er sich nicht rühren. Er stand mittendrin in lauter Kram und Gemöle. Das war gut.

Die Kinder begriffen. Katharina hatte nun auch die letzten Schlafteufelchen aus ihrem Gesicht gestrichen. Sie tippte Eckart auf die Schulter und sagte laut, damit die Männer es hörten:

„Ecki, wir sind ihnen im Wege. Das zeugt von ihrem schlechten Gewissen!"

„Ja, Fratz", sagte Eckart ebenso laut. „Der Kampf beginnt. Paß auf, was ich jetzt mache."

Mit einem Satz sprang Eckart an Land, löste dort die Festmachleine der QUALLE und gab dem Boot, ehe es die Männer verhindern konnten, einen kräftigen Tritt gegen den Vorsteven. Die QUALLE trieb zurück, trieb vom Ufer weg und war einfach nicht mehr zu halten. Der Kerl mit der hellen Stimme machte noch einen verzweifelten Hechtsprung, wollte das Boot stoppen, verfitzte sich aber im Leinengewühl und schlug krachend gegen irgendein Holz. Eckart hörte es dröhnen. Fast wollte ihm der Mann leid tun, als er so dalag, ächzend und stöhnend.

„Verfluchter Bengel, warte!" Da wußte Eckart, daß er dem Schuft nicht in die Krallen geraten durfte – und alles Mitleid war schnell verflogen.

Jetzt gab der Bursche mit der tiefen Stimme seine Befehle, verzweifelt und eilig: „Segel hoch und los! Abhauen!" Das war unmißverständlich. Aber da er noch immer mit der Unordnung an seinem Fischkasten zu tun hatte, schien nun alles durcheinanderzugeraten.

Da ritt Katharina einer ihrer kleinen Teufel: „Winkewinke!“ rief sie und zappelte vor Lust. „Bis nachher, bis nachhe-her!“ Und Peppi der Hund durfte bellen nach Herzenslust, und das tat er auch laut und kräftig, und seine Hundeaugen sprühten Feuer und Schwefel.

Eckart sprang ins Boot zurück. Um jetzt auf alles gerüstet zu sein, setzte auch er die Segel. Die ALRAUNE legte ab. Ein leichter Wind trieb sie wie eine Feder davon. Die Männer auf der QUALLE hatten dagegen ihre Schwierigkeiten. Das Ablegen mußte erst vorbereitet werden. Die heillose Unordnung auf dem Schiff war vollkommen und brachte sie immer mehr in Wut. Darum dauerte es lange, lange, bis das erste große Segel in die Höhe stieg. Wie aus tiefem Schlaf aufgestört, versuchte die QUALLE erste müde Bewegungen vorwärts, schwerfällig, bedächtig. Und aus dem Segel tropfte noch das Regenwasser von gestern.

Die Augen der Kinder waren von nun an ganz auf ihre Feinde gerichtet. Aufmerksam verfolgten sie alles, was sich auf der QUALLE zutrug. Eckart bemerkte auf einmal, wie der Mann mit der tiefen Stimme nervös nach vorn zeigte und seinem Komplizen etwas zuflüsterte. Was, das konnte er natürlich nicht verstehen. Er wandte seinen Blick dorthin und gewahrte ein Motorboot, ein kleines, graues, flaches Motorboot, so wie es die Wasserschutzpolizei fährt. Für einen Augenblick setzte sein Herz aus, denn mit der Polizei durfte er jetzt nicht in Berührung kommen. Jetzt nicht! Doch plötzlich brach es in ihm auf vor Freude.

„Fratz“, rief er fröhlich und hampelte dabei mit allen Gliedern, „sieh doch, es ist Walter. Wir sind gerettet!“ Und ruhig und bestimmt setzte er hinzu: „Jetzt, Fratzifratz, jetzt gilt es zu handeln.“

Er hörte, wie drüben die tiefe Stimme kommandierte: „Gib die andern Segel dazu. Beeil dich, Mensch! Wir müssen machen, daß wir wegkommen.“

Der andere riß und zerrte an den Leinen, zog, stemmte, ein Segel stieg am Mast hoch, und kratschtsch fielen Leine, Block und Schekel an Deck zurück. Das Segel kam nach und schlenkerte auf halber Masthöhe wie ein dummes Wäschestück kraftlos hin und her. Das war Eckarts Werk! Das hatte er gewollt.
Nein, die QUALLE kam einfach nicht in Fahrt. Da konnte die ALRAUNE sie nach Herzenslust umkreisen, überholen ... Jetzt war alle Müdigkeit davon und verraucht. Hei, war das lustig, war das spaßig!
Eine Schimpfkanonade, ein unvergleichliches Donnerwetter, prasselte auf den hilflosen, entgeisterten Segelstümper nieder. Jetzt griff der Kerl mit der tiefen Stimme selber zu und rackte und wütete, denn er wollte weg von hier, weg vom Land, weg von den Lümmels da und weg von dem kleinen Motorboot dort vorn. Weg überhaupt!
Eckart hatte die Segel dichtgeholt. Katharina erhielt ein paar seemännische Anweisungen, an die sie sich zu halten hatte. Und er selbst streichelte seine ALRAUNE: Nun mach-chen, lauf-chen, wir holen sie ein, wir lassen sie nicht frei, liebes, gutes Bootchen. Das Boot aber, als hätte es verstanden, setzte sich in Fahrt, und eilig-eilig-eilig pitschte es durch die winzigen Wellen, die der Morgenwind aufgekrüselt hatte.
So trieb Eckart die Jolle bis auf wenige Meter an die QUALLE heran. Es reizte ihn, die Männer zu ärgern:
„Passen Sie auf, daß Sie Ihre Segel nicht verlieren!"
„Verdammte Bengels, haut ab, sonst ...", kam es zurück.
Eckart kurvte in angemessenem Bogen um sie herum.
„Was haben Sie denn an Ihrem Achtersteven?"
Verdattert faßte sich der Mann mit der tiefen Stimme an den Hintern – Eckart hatte aber das Heck der QUALLE gemeint.
„Huch nein, einen Eimer fahren Sie spazieren. Wollen Sie mit dem Eimer Fische fangen?"

„Daß euch der Deibel hole!" grunzte der Mann, und der andere drohte mit der Faust.
So kamen sie immer weiter vom Ufer weg, und so näherten sie sich immer mehr dem Motorboot, das jetzt rasch Kurs auf sie nahm.
Der mit der tiefen Stimme riß an einer Leine, und plitschklick fiel wieder ein Schekel aus, und der Großbaum fierte weg, und das Großsegel flatterte. Die QUALLE war auf einen Streich segeluntüchtig geworden.
Da wurde Eckart leichtsinnig und steuerte die ALRAUNE so dicht an die QUALLE heran, daß er sie fast mit den Händen greifen konnte. Und er erlaubte Peppi dem Hund zu bellen und Katharina zu tanzen, und die Kinder schrien vor Vergnügen und klatschten in die Hände und riefen:
„Eimerschlepper, Fischekäscher, Eimerschlepper, Fischekäscher!" – und reizten die Männer bis zur Weißglut.
Die balgten sich noch mit den Segeln herum und stellten mit Entsetzen fest, wie sich das Motorboot genähert hatte. Ja, es kaum auf sie zu.
Bei ihrem Tanzen und Singsangmachen hatten die Kinder aber nicht bemerkt, daß der Kerl mit der hellen Stimme etwas Boshaftes im Schilde führte. Plötzlich schwenkte der einen Wurfanker und schleuderte ihn auf die ALRAUNE, zog an und holte dicht. Ratsch, die ALRAUNE flog auf die QUALLE zu, bolzte gegen das andere Schiff, und schon griff eine Hand herüber, zwei Hände, ein Körper kam gekrochen und . . . Zu spät! Die Kinder waren steif vor Entsetzen, ehe sie überhaupt begriffen hatten.
„Ecki!" schrie Katharina und wollte fliehen.
Wohin!
Wäre nicht ein kleiner Teufel herausgeflitzt mit blitzenden Augen und weißbleckenden Zähnen und hätte nicht Biß um Biß um Biß . . .

„Au, verflucht!“ Ein Schrei, die Hände ließen los, Blut troff aus dem Arm, und rücklings landete die jammernde Gestalt auf dem Boden der QUALLE.
Ein zweiter Angriff, der Anker flog, die Leine zog nach, zu kurz, verfehlt. Ein Fluch ...
Katharina war blaß wie eine Kalkwand. „Mannomann!“ Dann sackten ihr die Knie weg. Doch schon hörten sie vom Motorboot her einen langen Ton, das Martinshorn der Wasserschutzpolizei. Eckart mußte sich setzen, Schweiß stand ihm auf der Stirn. Auf der QUALLE aber beobachtete er nur noch Hektik, Fluchen, sinnloses Hantieren. Was sollte das noch ...
Jetzt, da der befreiende Ton erschollen, kamen die Kinder wieder zu sich. Jetzt mußten sie zeigen: der Sieg ist unser! Sie strampelten los, und Katharina tanzte, was sie nur tanzen konnte, in dem kleinen Schiff.
„Eimerschlepper, Fischekäscher, Kirchenräuber, Leuchterklauer, Kirchenkäscher, Eimerfresser, Fischeschlepper, Käscheräscher ...“
Und als sie dann sogar auf dem Polizeiboot auch noch Onkel Willi entdeckte, kannte ihre Freude gar kein Ende mehr: „Huhu, Onkel Willi, wir haben sie.“
Und wieder ging es los: „Leuchterklauer, Kirchenräuber ...“
Durch ein Megaphon erscholl die Stimme Leutnant Walters: „Die Wasserschutzpolizei fordert Sie auf: Kommen Sie längsseits!“ Als er aber sah, daß die QUALLE manövrierunfähig war, rief er: „Ich komme längsseits. Halten Sie sich bereit!“
Schon rauschte es auf, der Motor kurbelte, die QUALLE wurde festgenommen, vorn und achtern.
Leutnant Walter fragte kurz nach ihrem Woher und Wohin, bekam aber solche patzigen Antworten, daß sich jeder Verdacht nur noch bestätigte. Doch als die Männer sich über die Kinder ausließen, ja sogar behaupteten, sie hätten ihnen ihre QUALLE demoliert, konnte Walter nur lachen.

„*Ihre* QUALLE? Was heißt *Ihre*?"
Und um das Maß voll zu machen, logen sie, sie wären zwar auf verbotenem Fischfang und sie würden die Fische ja auch zurückgeben, aber den Kindern sollte der Hintern versohlt werden.
„Hahaha!" lachten die Kinder, und Katharina tanzte wieder: „Kirchenräuber, Leuchterklauer . . ."
Leutnant Walter horchte auf: „Was sagt ihr?"
„Sehen Sie nach, Herr Leutnant, sehen Sie nach", ereiferte sich Eckart und zeigte auf den Fischkasten. „Da drin! Bestimmt! Wir wissen's genau."
„Machen Sie auf!" Das war ein Befehl und richtete sich an den Mann mit der tiefen Stimme und dem blutenden Arm.
„Bitte", sagte der mit einer solchen Selbstsicherheit, daß urplötzlich den Kindern der helle Zweifel kam. Wußten sie es wirklich so bestimmt?
„Packen Sie aus!" befahl der Leutnant.
Der Mann griff in den Holzverschlag und zog nasse, schmutzige Klamotten ans Licht. „Bitte sehr."
„Weiter!"
Er zog einen schuppenverkleisterten Käscher heraus. „Bitte sehr."
„Weiter!"
Er zerrte an einem Sack, öffnete das Band und faßte hinein: „Fische, Plötzen, Barsche, ein paar Aale. Noch was?"
„Wie alt sind die denn? Die stinken ja schon!"
Leutnant Walter blitzte die Kinder an. Eckart hatte die ALRAUNE an der QUALLE festgemacht und alles bisher gut verfolgt. Sollte er sich wirklich so geirrt haben?
Mit einem verzweifelten Sprung setzte Eckart über.
„Ich weiß es aber, ich weiß es aber!" schrie er und stieß den Mann mit der tiefen Stimme einfach beseite. Er blickte in den Fischkasten tief hinein und entdeckte in einer darunterliegenden Etage, sozusagen in einem Geheimfach, einen grünen Beutel.

Er richtete sich auf und sah Walter an: „Da ist noch was drin!“

„Verflucht!“ schrie der Mann mit der tiefen Stimme und wollte ihm einen Tritt versetzen. Ein Handgriff des Polizisten genügte – der Mann faßte in die Luft und torkelte zu Boden.

„Rausholen!“ befahl Leutnant Walter. Der Kerl mit der hellen Stimme bequemte sich jetzt, auch ein bißchen mitzumischen. Er faßte mit langem Arm in den Kasten hinein und zog es heraus. Beim Anschlagen an den Rahmen hörte es sich an, als wenn dünnes Metall beng-beng aneinanderschlägt.

Der mit der tiefen Stimme sagte nichts mehr.

Eckart fiel Katharina um den Hals, nur so. Onkel Willi hatte Tränen in den Augen, und der Leutnant sagte: „Wir nehmen die QUALLE in Schlepp. In einer Stunde sind die beiden auf Nummer Sicher.“

Die Leine ging über, der Motor kurbelte an. Und an die QUALLE hängte sich die ALRAUNE, und Eckart setzte die Kapitänsmütze auf, die noch troff von der Nacht, und Katharina streichelte Peppi den Hund, und es war wohl der seltsamste Schleppzug, der je an einem Sommermorgen die alte, zerborstene Brücke passiert hatte.

Weit hinten über dem Haff ging die Sonne auf, und die ersten Lerchen stiegen in die Luft und begrüßten die Welt mit ihrem wunderschönen Tirili.

Noch am gleichen Morgen beförderte ein grüner Polizeiwagen zwei ruppige Männer in Begleitung eines Polizeileutnants in die Kreisstadt.

13

Vor der Tür des Stalles mit der weißen, auf grünem Grund gehaltenen Aufschrift TUBERKULOSEFREIER RINDERBESTAND lag Peppi der Hund. Zusammengerollt wie eine Schnecke lag er da, die Schnauze auf die Pfoten gelegt und die Augen wachsam auf den Hof gerichtet. Er lag da, als wäre es heute seine einzige Aufgabe, nur eben so dazuliegen. Denn dies war sonst nicht sein Platz. Er wich nicht, als Vater Ohm, mürrisch nach einer durchwachten Nacht, den Handwagen dicht an ihm vorbeizog, er wich nicht, als der Hahn mit Scharren und Kratzfuß sich in gefährliche Nähe wagte, er schnappte nicht wie sonst nach den Schwänzen der Enten. Er lag da, offen seine Augen für alles, was geschah, und wachte, wachte wie ein richtiger Hund.

Auf dem Hof von OHMS GASTHAUS herrschte Stille. Nach einem verspäteten Aufstehen hatte Frau Ohm das Schild MONTAG RUHETAG über die Klinke der Haustür gehängt und gesagt: „Heute könnt ihr uns alle mal. Nach solch einer Nacht! Die möchte ich nicht noch einmal erleben!"

Ganz so leicht aber konnte sie die Eindrücke der Nacht nicht von sich abschütteln. Auch wenn die Hände träge dies und das taten, im Kopf zog es in anderer Weise rund: Wie die mit dem Ruderboot zurückgekehrt waren, naß bis auf die Knochen und seelisch wie tot, die Männer verstört und ratlos, Erika am Zusammenbrechen vor innerer Leere . . . wie dann die andern gekommen waren und der Tumult losging, das Erzählen, das Umarmen . . . wie sie eigenhändig den Jungen in sein Bett gesteckt und das Fenster im Giebelzimmer geöffnet hatte, damit er Sauerstoff bekäme und gut schliefe . . . wie das Polizeiauto die beiden Kerls wegschaffte . . . „Kinder", sagte sie zu sich selbst und wischte mit dem Arm die zottligen Haare aus ihrem Gesicht, „war das eine Nacht!"

Eckart aber hatte, verfolgt von den ihn noch ganz in den Fängen haltenden Ereignissen, so schnell nicht Schlaf finden können. Ah, mit welch großem Gefühl kostete er die errungenen Siege aus, die sein Herz immer wieder neu in Aufruhr versetzten. Mit welch herrlichen Phantasien verstieg er sich in Höhen heldenmütiger Kämpfe, die die wahre Geschichte weit, weit übertrafen.

Nicht anders war es Katharina ergangen, die lange mit offenen Augen in ihrem Bett lag und mit nachträglichem Bangen all das Gewesene überdenken mußte. Die Mutter, das liebe Muttchen, hatte sie vorhin wie eine bewahrende Glucke nach Hause geführt, hatte sie in die Badewanne gesteckt mit der Bemerkung: „Kind, du stinkst nach draußen!" und ihr eigenhändig und mit den mütterlichsten aller Worte die Decke über die Ohren gezogen. „Und hier bleibst du liegen, bis ich von meiner Tour zurück bin."

Katharina aber hatte einfach nicht einschlafen können. Als sie morgens die Mutter aus dem Haus wußte, stieg sie schnell in neue Wäsche und lief den Weg, ihren Weg, hinaus, vorbei am Turm, in dem noch der Schlüssel steckte, den Schotterweg hinab, über Baum und Dach ins Fenster.

Eckart lag, als hätte er sie erwartet.

„Ist es wieder so stickig und eng bei euch, Fratz?"

„Nein, diesmal ist es anders. Kommst du mit?"

Mit ein paar Sprüngen nahmen sie den Weg ungesehen über den Hof, in den Kälbchenstall, die Stiege hinauf, deren Sprossen sich bogen, und hinein in das raschelnde Heu.

„Hier hat es angefangen", sagte Katharina.

„Ja." Eckart grinste nur schwach.

Der aber, der sie hatte verschwinden sehen, rollte sich wie eine Schnecke vor die Tür, packte die Schnauze auf die Pfoten und übernahm die Wache.

Ein wenig wisperte es oben noch:

„War Muttchen sehr aufgebracht, als du kamst?"

„Es war schlimm zuerst, aber nachher hatte sie sich beruhigt. Sie sagt, du hättest Schuld an allem. Wenn du nicht gekommen wärst, wäre ihre gute Welt noch heil, aber jetzt hätte ich sie zerstört, ihre Gutgläubigkeit wäre dahin, hat sie gesagt. Und gesagt hat sie noch, wenn ich einen Vater hätte, wäre so was nicht vorgekommen. Und dann hat sie wieder geheult. Und darum konnte ich nicht schlafen. Wenn Muttchen heult, ist es bei mir aus."
„Das ist schlimm, Fratz."
„Bin ich denn so ein schlechtes Mädchen?"
„Ich bin ja viel schlechter als du. Ich hab dich doch zu allem angestiftet."
„Hast du nicht, Ecki."
„Doch."
„Nein, Ecki."
„Nicht?"
„Nein."
Da sagte er nichts mehr. Er legte seinen Kopf auf ihren Arm, langsam fielen die Wimpern zu, der Kopf wollte nicht mehr denken . . .
Endlich, endlich kam der richtige Schlaf über sie und trug sie fort.

Um die Mittagszeit rumpelte ein Auto über die Zecheriner Brücke – mit der Wolgaster Brücke eine der beiden festen Verbindungen zwischen Festland und Insel – und bog gleich darauf rechts ab.
„Vier Kilometer noch bis Karnin", las die Frau neben dem Fahrer. „Ich kann es nicht mehr erwarten." Nervös fuhren ihre Hände über das Kleid, über die Frisur, über das Handtäschchen, und unruhig flatterten ihre Augen hinaus und suchten den Unglücksort, von dem der Junge neben ihr, der Kleine, mit den struppsig blonden Haaren, erzählt hatte.

„Da siehst du die kaputte Brücke, Mama, und da war das Riff, und der Untergang. Und gleich daneben liegt das Hotel."
„Immer erzählst du von einem Hotel, Fidi. Ich sehe kein Hotel. Ich sehe nur Bäume und Roggenfelder."
„Groß ist es ja nicht, aber so klein auch wieder nicht."
Dann wies er den Weg: „Am Turm, Papa, rechts runter, den Schotterweg. Siehst du nun das Hotel, Mama?"
Die Frau aber flüsterte: „OHMS GASTHAUS. Das ist doch kein Hotel! Mein armer Junge."
Das Auto hielt an der Ecke neben der Bank.
In der Tür erschien Frau Ohm mit einem prall gefüllten Waschkorb über dem Arm. „Hier können Sie nicht halten, Parkplatz ist oben!" Und verwies auf das Schild MONTAG RUHETAG, das am Drücker baumelte. „Ich habe Wäsche."
Die Frau trat ihr entgegen: „Ich suche mein Kind. Haben Sie einen Jungen hier beherbergt?"
„Ja, habe ich. Ist es dringend?"
„Dringend? Natürlich ist es dringend. Es ist mein Kind. Wie geht es ihm?"
Frau Ohm musterte die junge, sehr gut gekleidete Frau mit abschätzendem Blick. Die ist nicht vom Land, dachte sie. „Um den brauchen Sie sich keine Sorgen mehr zu machen, das ist alles vorbei. Der schläft einen Schlaf, wie er ihn noch nie geschlafen hat."
„Was heißt das, mein Gott, was heißt das!" stieß die Frau hervor.
„Na ja", sagte Frau Ohm wie beiläufig, stellte den Korb ab und strich sich die Haare aus dem Gesicht. „Wenn einer die ganze Nacht im Wasser gelegen hat, wird er eben schlafen müssen, wohl oder übel."
In die Augen der Frau traten Angst und Entsetzen:
„Wo finde ich ihn, sagen Sie es, Frau Ohm – Sie sind doch Frau Ohm?"
„Ich bin Frau Ohm, ja."

„Ich will ihn sehen, sofort."
„Aber, aber, gute Frau, nicht so hitzig! Der schläft so fest, daß Sie ihn nicht wecken können, sage ich."
„Wo ist er? Ich will ihn sehen, mein Mann und ich."
Frau Ohm warf ihre Hände. „Bitte, Sie sollen ihn sehen. Kommen Sie mit."
Fidibus, der sich bisher versteckt gehalten hatte, trat hervor und sagte: „Tach!"
„Ach, du lebst auch noch?" begrüßte ihn Frau Ohm.
„Natürlich, warum nicht", erwiderte er und grinste.
Frau Ohm trat ins Haus und stieg die Treppe voran. Die Stufen knackten unter dem Gewicht ihrer Tritte. Sie öffnete oben die Tür, behielt die Klinke in der Hand und ließ die Eltern an sich vorbeigehen. Da! Erstaunen und Schrecken der Eltern.
„Wo ist er?"
Was sie jetzt sahen, verschlug ihnen allen den Atem. Da lagen auf der Erde, über der Stuhllehne, neben dem Bett, wie ein Haufen weggeworfener, wertloser Fetzen, was die Mutter nur zu gut wiedererkannte: ein rotweißkariertes Hemd, die Sonntagshose, Strümpfe, die Segelschuhe, naß, verdreckt, liederlich fallen gelassen . . .
Sie riß ein Stück nach dem anderen hoch und hielt es der sprachlosen Frau Ohm unter die Nase: „Was bedeutet das alles? So reden Sie doch!"
Statt einer Antwort, die der verstörten Mutter die Ruhe hätte wiedergeben können, fauchte Frau Ohm wie eine Tigerkatze los:
„Jetzt reicht's mir aber, jetzt reicht's!" Und die Treppe hinunter gellte sie: „Hans, der Bengel ist schon wieder weg!"
Sie stürzte fast die Stufen hinab, und die Mutter folgte ihr auf dem Fuß, der Vater fuhr sich über den Kopf und flüsterte: „Da scheint ja allerlei im Busch zu sein." Und Fidibus feixte wie eine Horde Affen.

Unten hielt die Mutter Frau Ohm am Kleid fest und beschwor sie:
„Was ist los, so reden Sie doch! Wo haben Sie ihn?"
„Hängen Sie mir die Wäsche auf! Da ist die Leine! Ich komm wieder."
Weg war sie in ihren Holzpantoffeln, hochgestolpert zu Erika. Die war noch unterwegs. Zu dem Bienenwilli. Der war nicht im Haus. Zurück zu ihrem Mann: „Hans, verstehst du das?"
Der machte nur Verrenkungen vor Ratlosigkeit.
Aber Peppi der Hund fiepte und stellte die Ohren auf. Denn hinter ihm knarrte die Stalltür, die Tür, die er bewacht hatte, die Tür mit dem Schild TUBERKULOSEFREIER RINDERBESTAND. Und einem vor Müdigkeit triefenden Mädchengesicht bot sich das seltsamste Bild, daß sich je auf diesem Hof gezeigt hatte: eine fremde Frau, feingekleidet, hängte auf fremdem Land fremder Leute Wäsche auf, ein fremder Mann hielt ihr den Korb, und ein Junge reichte die Klammern zu.
Jetzt aber kam Eckart hervor:
„Mama, was machst du denn hier!"
Ein Schrei der Freude, das Laken entglitt ihren Händen und fiel in das, was Hühner und Enten machen, und schon umschlangen ihn mütterliche Arme: „Ecki, mein Ecki!"
„Laß mal los", meinte Eckart und versuchte sich zu befreien. „Das ist Fratz, meine Freundin. Wir haben uns gegenseitig das Leben gerettet."
Katharina kam mit verklebten Augen angewankt und trante vor sich hin: „Tach!" Sie versuchte es mit einem Knicks.
Da lag die Wäsche im Schmutz, da standen Menschen herum, große, kleine, da grinste ein Fidibus sich eins, und ein Peppi wuselte zwischen aller Leute Beinen und machte auf sich aufmerksam. Und an der Tür pendelte das Schild MONTAG RUHETAG.
„Wenn Sie bei uns essen wollen, müssen Sie helfen", sagte Frau Ohm und winkte der Mutter, in die Küche zu kommen.

Und sie blieb bei der Frau Wirtin drinnen, bis das Essen in den Schüsseln dampfte, reichlich und schmackhaft.
Nachher griff der Vater sich seinen Jungen. Sie gingen einen Wiesenpfad entlang, der sich zwischen hohen Nesseln und Wildkirschenbüschen, zwischen Rinderweiden und Heckenrosen schlängelte. Dort redeten sie miteinander, ohne sich etwas vorzumachen.
„. . . und du nimmst mir das wirklich nicht übel, Paps?"
„Ach, weißt du, Junge, als ich so alt war wie du . . . aber lassen wir das."
„Ich habe mein Versprechen nicht gebrochen, ich habe immer verantwortlich gehandelt. Glaubst du mir das?"
„Ich glaube es dir", versicherte der Vater – und das tröstete den Jungen wohltuend.
Bald darauf brachen die Eltern auf. Der Vater beglich zuvor die Schulden, und die Mutter fand kein Ende des Dankes. Den Kleinen wollten sie für eine Nacht zurücklassen, damit er am nächsten Tag mit seinem Bruder die ALRAUNE nach Hause segle.

Im Bett, viele Stunden danach, bei einem bis spät in die Nacht dauernden Flüstergespräch oben im Giebelzimmer, lernte Fidibus als erste unumstößliche Lebensregel verstehen, was es heißt: Tu bie orr nott tu bie – und bekannte darauf mit grenzenloser Hochachtung: „Ei-ei-Ssörr!"
Was Eckart jedoch dem Kleinen verschwieg, war sein allergeheimster Wunsch, ein Wuschelkopf mit Brille möchte doch noch einmal, einmal nur, über den Fensterrand schauen, einmal noch. Doch so oft er auch den Kopf hob und lauschte und hoffte – der Wuschelkopf erschien nicht in dieser Nacht. Der Wuschelkopf erschien überhaupt nicht mehr.

Katharina war zu ihrer Mutter ins Bett gekrochen.
„Ich kann nicht schlafen, Muttchen, ich hab so viel zu denken."

Die Mutter legte ihr die Hand über die Augen, wie sie es früher getan hatte: „Komm, mach die Augen zu. Es war zu viel in diesen Tagen."

„Ich kann wirklich nicht schlafen, Muttchen. Ich muß immer an etwas denken."

„Du sollst jetzt nicht denken, du sollst schlafen."

Eine Zeitlang blieb sie still, aber in ihrem Herzen arbeitete es weiter und gab keine Ruhe. Plötzlich schlang sie ihre Arme um Mutters Hals und drückte sich fest an ihren weichen, großen Körper: „Muttchen, ich – ich bin manchmal so allein."

Das verwirrte die Mutter. „Aber, ich bin doch da, Fratz, alle Tage bin ich doch da."

„Das ist es nicht, Muttchen, das nicht."

„Sondern?"

„Der Eckart, weißt du, der Junge, der hat mich gestern was gefragt. Er hat gefragt, ob du eine liebe Mutter bist, und ich habe ihm gesagt, daß du eine liebe Mutter bist. Da hat er gefragt, wo mein Vater ist, und ich habe ihm gesagt, daß ich keinen Vater habe, nur einen biologischen. Warum habe ich keinen richtigen Vater wie die andern alle?"

Wie schlug der Frau das Herz, wie mußte sie an sich halten, um nicht aufzuseufzen. Warum hört diese Frage nie auf zu brennen? Immer war sie vor ihr geflohen, hatte sie gefürchtet wie einen Feind. Nun war sie wieder da.

„Warum sagst du nichts, Muttchen?"

„Kind, Kind, das verstehst du nicht."

„Doch, Muttchen, ich verstehe alles. Du mußt einen Mann haben, der dich liebhat und den du liebhast, und ich muß einen Vater haben, den ich liebhabe und der mich liebhat. Gibt es den denn nicht?"

„Katharina!" Ihre Hand fuhr dem Mädchen zitternd über die Stirn.

„Und du bist doch auch immer allein, Muttchen. Oder nicht?"

„Was hast du plötzlich für Gedanken? Sollst lieber schlafen."
„Und immer das Essen bei Ohms. Wie lange soll das noch dauern!"
„Hör doch auf, Kind, was ist mir dir!"
„Gleich höre ich auf, Muttchen." Sie stieß das Deckbett ab, packte sich der Mutter auf den Bauch, nahm ihr Gesicht fest in die kleinen Hände und kam mit ihren Augen ganz dicht heran: „Ich will dir nur das eine sagen. Der Onkel Willi, den hab ich lieb, wie keinen andern."
„Ich weiß ... ich weiß ..."
„Und jetzt geh ich schlafen. Und nun kann ich auch schlafen. Und noch eins, Muttchen. Herr Tietze hat neulich gesagt, jeder Mensch wird mal eine hungrige Seele haben. Jetzt weiß ich, was er damit meint. Hast du eine hungrige Seele, Muttchen? Ich habe eine. So, und nun geh ich schlafen. Nun kann ich auch schlafen."
Sie drückte ihr einen festen Kuß auf die Wange und tippelte in ihr Zimmer zurück. Sie zog die Decke über die Ohren und hörte den Grillen zu, bis der Schlaf sie einholte.

Am anderen Morgen hatte sie verschlafen. Elf schlug die Klingeluhr in Muttchens Küche, als sie die Augen aufschlug.
„Mannomann!" Ein Sprung in Hose und Hemd – und ungewaschen den Turm hinauf. Da – da segelten sie. Deutlich erkannte sie das Boot und die beiden darin.
Ob er auf sie gewartet hat? Ob er gewinkt hat? Ob er mich sieht? Erst war er da, nun ist er weg. O Gott, lieber Gott, warum ist das alles so!
Ihr kleines Kinn rundete sich und zitterte ein bißchen nach, weil es in den Augenrändern naß zusammenlief.
Und wie sie so dastand und all ihre Gedanken unter dem weiten Himmel keinen Halt finden wollten, erblickte sie unter sich auf dem Weg zu Muttchens Haus einen Mann, in der Hand einen Korb voller Honiggläser.

„Onkel Willi", rief sie, „Onkel Willi, ich komme!"
Und sie wirbelte die Spirale hinunter und sprang aus der Eisentür und lief auf ihn zu und umschlang ihn mit ihren Armen und mit ihrer ganzen vollen Seele.
Von OHMS GASTHAUS herauf aber drang der Schlag einer Axt.
Und der Baum, dessen Ast sich am Saaldach wundgeschubbert hatte, senkte sich zur Seite.
Und bald darauf rief Frau Ohm:
„Kommt, Kinder, das Essen wird kalt!"